知识生产的原创基地
BASE FOR ORIGINAL CREATIVE CONTENT

颉腾商业
JIE TENG BUSINESS

直播电商

带货王修炼真经

熊友君 著

Live E-Commerce
Bringing the King to practice the truth

中国广播影视出版社

图书在版编目（CIP）数据

直播电商：带货王修炼真经 / 熊友君著. -- 北京：中国广播影视出版社, 2021.1

ISBN 978-7-5043-8523-9

Ⅰ.①直… Ⅱ.①熊… Ⅲ.①网络营销 Ⅳ.
①F713.365.2

中国版本图书馆CIP数据核字(2020)第211935号

直播电商——带货王修炼真经
熊友君 著

责任编辑	王 佳　刘雨桥
责任校对	龚 晨
出版发行	中国广播影视出版社
电　话	010-86093580　010-86093583
社　址	北京市西城区真武庙二条9号
邮　编	100045
网　址	www.crtp.com.cn
电子信箱	crtp8@sina.com
经　销	全国各地新华书店
印　刷	文畅阁印刷有限公司
开　本	710毫米×1000毫米　1/16
字　数	300(千)字
印　张	20
版　次	2021年1月第1版　2021年1月第1次印刷
书　号	ISBN 978-7-5043-8523-9
定　价	69.00元

（版权所有　翻印必究·印装有误　负责调换）

PREFACE | 前言

对于新商业、新零售的探索从来都没有停止，只是现在考题更加明确，在宅经济、她经济的当下如何提高销售业绩，无论是2020年的新冠肺炎疫情，还是当下的新零售危机，对整个商业零售市场尤其是比较依赖线下渠道的实体零售来说，无疑都是重大考验。商场关门、教育停摆、门店歇业、交通停运、消费者禁足……企业各自变幻魔术，上演各种各样的故事！但有一点是确定的，那就是凡是进行数字化转型线上线下融合的企业都得到了大的发展，凡是观望的企业都错失了发展的良机！

直播电商"忽如一夜春风来，千树万树梨花开"。前有"口红一哥"李佳琦，后有"古风美食博主"李子柒的现身说法，他们都来自草根，一个曾是美妆专柜的美妆顾问，一个曾是一名酒吧DJ，通过直播和短视频实现了人生的逆袭。还有网红罗永浩选择做直播，从新东方出走到英语培训创业，从创办锤子科技到负债累累，再到直播翻身，首开就带货1.1亿元。CEO这个特殊的群体本来应该在后方运筹帷幄，却把战场转移到了直播间，他们或许没有庞大的粉丝基础，但这些略显"笨拙"的CEO们，却和直播间发生了奇妙的化学反应：格力董明珠直播带货65亿元；携程梁建章脱下了西装穿上了汉服，一人刷了公司半年销量；银泰商业CEO首开直播4小时引来22万人次观看；"林清轩"CEO直播首秀销售了40万元；红星美凯龙五大总裁直播首秀便狂揽112万人气，观看人次比肩千万级网红，跻身淘宝直播TOP10……

李佳琦、薇娅、辛巴、罗永浩等少数头部带货主播的爆红，让外界误以为直播卖货已经是一片"红海"。但实际上，直播电商之于电商大盘的渗透率依旧较低，2018年和2019年，直播电商渗透率分别是1.4%、4.1%，有关机构预计2020年的渗透率在 7%—9%，存在巨大流量红利和机会！

- 看一下你的工资卡，一年抵不过别人两小时直播；
- 看一下你的客户量，三年比不上别人两小时增粉数；
- 看一下公司的业绩，上百人的团队干不过两个人的带货。

新冠肺炎疫情期间，很多行业销路受阻，越来越多的商家开始研究如何进行直播，但烦琐的开通手续和各种各样的规则让人眼花缭乱。面对淘宝直播、抖音、快手、小红书、京东、拼多多、哔哩哔哩这些渠道的快速崛起和新一波流量红利，想要布局直播带货的传统商家们却不得要领！

- 想入局直播电商，团队摸索了半年，回头看还在原点踏步。
- 费尽心思布局直播电商，遇到实际操作却一头雾水。
- 相近的内容，别的商家直播粉丝爆棚，为何在我的直播间却寥寥无几？
- 每天直播超 5 小时，粉丝成交量却还在原地踏步？

很多人都学过营销，对菲利普·科特勒（Philip Kotler）营销中的"4P"理论（Product：产品，Price：价格，Place：渠道，Promotion：推销）非常熟悉，却不知时代在变，4P 理论早已让位于"AISAS"模式（Attention：注意，Interest：兴趣，Search：搜索，Action：行动，Share：分享），而今天的直播电商却是"PERI"营销理论在发挥作用。拿着过去的旧地图永远找不到今天的新大陆，学习才是最佳路径。

当下面临百年一遇的新营销挑战，新零售、社交电商、私域流量、"双微一抖"、内容广告等一系列概念泛起，让大家眼花缭乱并感到迷茫，不知该如何应对当下的世界。

我们洞悉直播电商的本质，实际上是围绕人、货、场的转变。标品控货、非标品控场；上游控货、下游控场；抖音找货，快手找人；小红书/知乎拉新、今日头条留旧、拼多多拉新又留旧；全域营销、私域成交；全域靠分发、私域靠 IP。当你知道未来一定会改变，但是不知道未来会变成什么样的时候，当你知道必须跟上趋势，但是不知道怎么跟上的时候，学习就对了。"吾尝终日而思矣，不如须臾之所学也；吾尝跂而望矣，不如登高之博见也。……假舆马者，非利足也，而致千里；假舟楫者，非能水也，而绝江河。"

CONTENTS | 目录

第一篇 营销第一战略：直播社群电商

第一章 行业骤变：直播电商机遇爆发 / 002

1.1 直播电商高速增长，生态逐渐成熟 / 004

1.1.1 疫情为商业数字化转型按下"快进键" / 004

1.1.2 直播成为营销第一入口，多倍增速 / 006

1.1.3 直播电商爆发七大原因 / 010

1.1.4 直播电商三次成长及模式五大进阶 / 014

1.2 直播电商，开启营销盛宴 / 018

1.2.1 网红引领，创造变现奇迹 / 018

1.2.2 县长、市长及CEO冲进直播间，助推商业变革 / 020

1.2.3 "直播+"赋能产业链，助学、助产、抗疫产业跨界融合 / 022

1.3 直播电商带来四大巨变 / 024

1.3.1 渠道重构：从"人找货"向"货找人"转变 / 024

1.3.2 营销重构：内容营销从图文向双向互动视频的转变 / 025

1.3.3 体验重构：从线上"封闭式窗口"向"交互式开放"体验转变 / 027

1.3.4 模式重构：实时大流量，转化高，渠道短，反向定制 / 027

1.4 发展直播电商是时代的要求 / 029

    1.4.1 流量红利趋弱，传统电商平台寻求突破 / 029

    1.4.2 短视频、直播的快速发展催生直播电商变现 / 030

    1.4.3 MCN 及优质主播体系逐步成形 / 030

    1.4.4 直播产品内容分发机会暴增 / 031

    1.4.5 大数据智能推荐算法优化提高了带货转化率 / 031

第二章 直播电商本质、逻辑、模式、分类及趋势 / 032

2.1 本质：直播带货是人、货、场的精准匹配 / 032

    2.1.1 人：从被动式购物变为互动式电商，直播红人带来极强的私域流量 / 035

    2.1.2 货：实现去中间商，拉近产品原产地 / 036

    2.1.3 场：消费场景全面升级成"千里眼 + 顺风耳" / 038

2.2 逻辑：直播电商成功转变背后 / 039

    2.2.1 直播电商解决传统电商三大痛点 / 039

    2.2.2 比拼的不是流量，而是供应链触达 / 040

    2.2.3 比拼的不是直播形式，而是高质低价爆量 / 041

2.3 模式：借助社交打通商业变现之路 / 042

    2.3.1 直播引流，粉丝滚滚来 / 043

    2.3.2 社群激活，一次引流多次使用 / 043

    2.3.3 电商变现，线上线下融合 / 045

2.4 直播电商分类 / 046

    2.4.1 网红电商 / 047

    2.4.2 内容电商 / 048

    2.4.3 社交电商 / 050

2.5 趋势：未来向左走，向右走 / 050

    2.5.1 5G、VR、AI、大数据为直播电商带来更好的体验 / 050

2.5.2 柔性化定制，C2M 反向定制 / 053

2.5.3 去品牌化 / 055

2.5.4 去平台化 / 055

2.5.5 全民带货 / 056

2.5.6 加速国货崛起 / 056

2.5.7 直播综艺化、主播明星化 / 058

第三章 直播电商平台规则及模式选择 / 059

3.1 直播平台规则选择：三大梯队比较 / 059

3.1.1 第一梯队：淘宝、抖音、快手、腾讯直播，商家主播带货 / 060

3.1.2 第二梯队：京东、微博、拼多多、哔哩哔哩，种草带货两不误 / 067

3.1.3 第三梯队：虎牙、花椒、斗鱼、蘑菇街，主打垂直电商 / 069

3.2 直播带货核心模式，IP 引领贡献大量 GMV / 071

3.2.1 KOL 模式：头部引领中部变现，小号狼群矩阵 / 071

3.2.2 高性价比模式：高频高质低价回馈粉丝 / 072

3.2.3 品牌商家模式：口碑种草忙不停 / 072

3.2.4 产品模式：爆品推动带货 / 073

3.3 直播带货走播模式：行商优于坐商 / 073

3.4 直播带货娱乐模式：适用于特定商品 / 075

3.5 直播带货合作两种方式 / 075

第二篇 直播电商高效设计

第四章 直播用户分析 / 078

4.1 直播大数据 / 078

4.1.1 直播用户画像 / 081

4.1.2 直播用户偏好 / 083

4.1.3 直播平台推广与变现建议 / 084

4.2 直播电商主播分析 / 085

4.3 直播电商决策分析 / 088

第五章 精准定位 / 091

5.1 人设定位：打造鲜明的主播人设 / 091

5.2 用户定位：精准锁定目标客户 / 093

5.3 内容定位：不懂内容定位，直播电商就没有未来 / 096

5.4 场景定位：创新直播带货场景才能激发购买 / 100

第六章 爆品策略 / 103

6.1 选品策略：选对产品，提高爆单概率 / 104

6.1.1 选品好，转化率高，信心大 / 104

6.1.2 直播选品三原则 / 105

6.2 选品武器：独特卖点让产品脱颖而出 / 106

6.3 上架技巧：上对产品，秒光 / 109

第三篇 直播电商实战

第七章 直播技巧：从素人到网红 / 112

7.1 选好平台，事半功倍 / 112

7.2 高能直播间提高成交率 / 116

7.2.1 高能直播间五要求 / 116

- 7.2.2 直播间巧用"121 竖屏构图",效果翻倍 / 118
- 7.2.3 对角线站立,直播间视觉变大 / 119
- 7.2.4 巧用后面层叠堆放物品,突出直播间长度 / 119
- 7.2.5 环境设计三技巧 / 119

7.3 直播团队分工,选对人做对事 / 121

- 7.3.1 直播高能团队打造 / 121
- 7.3.2 直播人才急缺 / 122
- 7.3.3 直播团队工作职责及岗位说明 / 123

第八章 直播电商运营:直播带货靠实力 / 127

8.1 直播带货 12 步流程,步步留神 / 127

8.2 直播设备准备及预热宣传 / 130

8.3 直播互动三技巧 / 131

8.4 推广预热:快速聚集直播流量 / 138

第九章 直播带货实战 / 140

9.1 成功主播练成记 / 140

- 9.1.1 主播被喜欢的三个原因 / 140
- 9.1.2 主播的三种核心能力培养 / 142
- 9.1.3 开播前的四项准备 / 143
- 9.1.4 新手主播攻略 / 144
- 9.1.5 吃透直播规则 / 145

9.2 开播技巧:策略用得好,产品曝光度才高 / 147

- 9.2.1 固定好开播时间,培养粉丝的观看习惯 / 147
- 9.2.2 开播时间段选得好,观众自然少不了 / 147
- 9.2.3 直播时长要控制 / 148

9.2.4 直播话题新鲜，气氛、互动自然好 / 148

9.2.5 要想效果好，预热少不了 / 149

9.3 直播"翻车"的核心原因 / 149

9.4 规避直播带货雷区 / 152

第十章 直播电商内容价值实现从 0 到 1 的飞跃 / 161

10.1 评判标准：优质直播电商内容生产指南 / 161

10.2 内容设计：优质直播电商内容炼成技巧 / 165

10.3 内容优化：直播内容质量越高，人气就越高 / 168

10.4 打造内容附加值 / 169

第十一章 数据驱动直播运营 / 171

11.1 直播前粉丝四感模型 / 171

11.1.1 用户需求精准画像 / 171

11.1.2 数据化智能选品 / 172

11.1.3 数据化智能投放 / 173

11.2 数据监测直播实时动态，适时调整直播策略 / 173

11.3 数据复盘及反馈，营造获得感 / 174

第四篇 直播电商策略

第十二章 "地摊＋直播＋社群＋电商"裂变激活收入暴增 / 177

12.1 直播间爆粉秘诀 / 177

12.1.1 直播间吸粉大法 / 177

12.1.2 直播间粉丝激活流程 / 178

12.1.3 宠粉：通过福利增加粉丝黏度和购买力度 / 179

12.2 直播社群 4.0："IP+ 社群 + 场景 + 分享"模式创新 / 179

12.2.1 从社群 1.0 到社群 4.0，你做到了几层 / 179

12.2.2 为什么要使用"社群 + 直播"形式 / 181

12.2.3 直播社群的选择技巧 / 181

12.2.4 玩转社群 / 183

12.2.5 "直播 + 社群"运营心法 / 185

12.3 激活社群：多次复用，常年运营 / 187

12.3.1 打造新人归属感 / 187

12.3.2 活动 + 话题 / 188

12.3.3 福利发放 / 188

第十三章 流量江湖生态：用好流量 / 189

13.1 流量生态：公域流量为私域流量赋能 / 189

13.2 用好直播流量 / 196

13.3 打造企业流量矩阵 / 197

13.3.1 直播新媒体内容引流矩阵 / 197

13.3.2 单平台流量矩阵 / 198

13.3.3 多平台流量矩阵 / 200

13.4 流量沉淀：持续留存促复购 / 204

13.4.1 把自己变成 KOL 引导关注公众号，深度运营 / 204

13.4.2 打造个人 IP，拉近粉丝距离 / 206

13.4.3 用心经营粉丝 / 208

第十四章 营销策略：构建直播电商创新营销路径 / 210

14.1 带货模式：不同推广渠道，不同变现操作 / 210

14.1.1 产品宣传，直接销售产品 / 210

14.1.2 解惑答疑，引导产品变现 / 211

14.1.3 企业宣传，兴趣激发购买 / 211

14.1.4 知识输出，引发知识付费 / 212

14.2 种草模式：激发兴趣与好奇心占领营销心智 / 214

14.3 互动设计：为直播电商激活流量带来新方向 / 216

14.3.1 幽默道具互动，把产品卖到消费者心中 / 216

14.3.2 话题互动，充分调动参与感 / 216

14.3.3 游戏互动，将产品植入游戏中 / 216

14.3.4 巧用连麦，激活流量 / 218

14.3.5 VR 趣味互动全景体验 / 218

14.3.6 线下互动，加深品牌认同 / 219

第十五章 掌握必杀技，提升直播带货能力 / 220

15.1 变现途径：选择适合自己的变现方式 / 221

15.1.1 自建直播间，培养自己的带货主播 / 222

15.1.2 KOL 口碑种草 / 223

15.1.3 找明星网红达人带货，付费推广 / 223

15.2 变现技巧：触发高效转化变现 / 224

15.3 变现布局：全渠道运作，提升直播电商变现力 / 226

15.3.1 多渠道直播实现最大限度盈利 / 226

15.3.2 线上线下形成交易闭环 / 229

第五篇 直播电商赋能产业链

第十六章 案例解析：领略和剖析直播电商营销智慧 / 233

16.1 欧阳夏丹、王祖蓝为湖北经济复苏带货 / 233
- 16.1.1 明星公益为产品背书 / 233
- 16.1.2 花式植入吊足年轻人胃口 / 235
- 16.1.3 自黑、自嘲、自我调侃，化解直播尴尬 / 236

16.2 锤子情怀罗永浩抖音直播，旧网红借直播云带货 / 237
- 16.2.1 话题花式炒作，以情怀打动粉丝 / 237
- 16.2.2 你有故事我有酒，平台借力发展电商 / 239
- 16.2.3 CEO 直播不丢人化解直播尴尬 / 242

第十七章 直播电商面临挑战及对策 / 244

17.1 直播黑幕 / 244

17.2 模式分配方式不健全 / 247
- 17.2.1 商业模式存在问题 / 248
- 17.2.2 利益分配不公 / 249
- 17.2.3 易导致劣币驱逐良币 / 253
- 17.2.4 直播低价模式对行业危害大 / 254

17.3 泡沫退去行业竞争加剧，资源逐渐靠拢头部平台 / 255

17.4 加强政府监管与市场引导，强化行业自律及文化建设 / 257

17.5 成本升高推动商业模式探索，多元发展成关键 / 259

第十八章 国家对直播相关政策 / 260

18.1 直播电商获官方认可，政策利好产业快速发展 / 260

18.2 直播相关法律或动态路线图 / 260

18.3 直播电商催生新职业大就业 / 263

附录1 直播相关制度规范 / 266

附录2 MCN及KOL模式创新 / 305

第一篇

营销第一战略：
直播社群电商

第一章
行业骤变：直播电商机遇爆发

技术的跨越发展和商业的转型升级带来的是行业的骤变。自 2016 年电商直播一出现，就引起了商家和消费者的广泛关注。相比传统的图片和文字，直播呈现的信息维度更为丰富，试错成本更低，表现形式更好、体验性更强而且地域不受限制、受众可以划分，以连年快速的增长带给我们很多的惊喜。如图 1-1 和 1-2 所示，根据中国互联网络信息中心（CNNIC）、前瞻产业研究院及艾媒咨询的数据，截至 2020 年 3 月，网络直播用户规模已达 5.60 亿，增长率达到惊人的 62%。2019 年，我国直播电商行业的总规模达到 4338 亿元，是 2018 年的 3.3 倍。2020 年预计我国直播电商行业 GMV（成交总额）规模有望接近万亿元，实现 111% 的增长。抖音、快手、哔哩哔哩（简称"B站"）等内容电商也在直播上持续发力，直播电商融合了直播形式与购物场景，受益于网红经济的快速增长红利，正迎来爆发成长期。

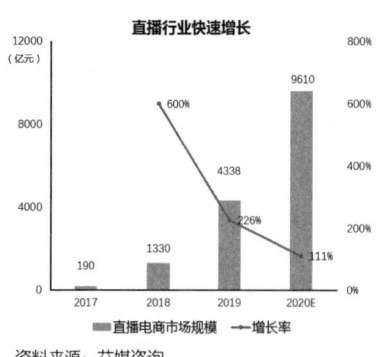

资料来源：艾媒咨询

图 1-1　直播行业快速增长

资料来源：CNNIC，前瞻产业研究院

图 1-2　网络直播用户规模及使用率

这个世界唯一不变的就是变化！新冠肺炎疫情的暴发，"直播带货"由于不需要消费者聚集更加凸显价值，加速成为电商界的黑马。

直播带来丰富的体验和更快的效率：直播电商直接改变了传统电商无法直接交流、有问题无法及时解决的痛点，打破了线上线下边界，拉近了店家、主播、消费者三者之间的距离，为消费者带来了更丰富、直接、实时的购物体验。消费者零距离参与互动，形式更为丰富有趣，一问一答的方式也促进了购买频率。

场景真实信赖度高：直播改变了交易场景，在原产地、田间地头直播，在店铺或者工厂直播带货，比传统电商场景更真实，消费者信赖度更高。根据网上公开数据，淘宝直播"一姐"薇娅2018年"双11"直播带货3.3亿元，全年带货成交27亿元；2019年"双11"其直播间观看人数最高达4310万，带货20亿元。一个直播间的带货交易额抵得上一个大型商场一年的销售额。快手"第一带货王"辛巴2019年前三季度带货约21亿元。这样令人瞠目的带货效率，一是来自粉丝对直播达人的认可和追随；二是由于所见即所得的展示方式大大提升了货品的呈现效率，让一些原本在线上难以直观体验和观察的品类，如口红、珠宝、鲜花，得到更深入和全面的呈现；三是主播达人议价得来的价格优惠，让带货的规模效应得到了进一步正反馈。

60亿用户规模与破千亿元的市场规模：第45次《中国互联网络发展状况统计报告》显示，截至2020年3月，我国网络直播用户规模达5.60亿，较2018年年底增长1.63亿，占网民整体的62.0%。而随着2020年各大直播平台积极探索"直播+"模式，电商平台纷纷布局直播领域，得益于平台端对直播的持续加码，以及产业链专业度持续提升、用户直播购物的习惯逐步养成，电商直播GMV高速增长。

直播产业链已成熟，万播平台抢先登场，直播大战一触即发：经过三四年的市场发育，直播电商的平台、规则、主播、MCN、消费者等产业链已经完整形成，直播平台现有格局为淘宝直播一马当先，快手直播、抖音直播紧随其后，腾讯直播、京东直播、微博直播、小红书直播、蘑菇街直播、哔哩哔哩直播、花椒直播、虎牙直播、斗鱼直播各大内容和电商平台跑步入场的精彩局面。主播头部、腰部、长尾已形成完整链条，MCN机构已形成完整机制，各大平台跑步入场，千播大战即将形成。

内容即生产力，电商与直播的内容不断交互，相互成就：伴随着直播电商向垂直领域的进一步渗透，未来直播电商会更加机构化、更加专业化，内容的生产力会是其中的关键。直播电商比传统电商将更有吸引力，不仅可以直观了解产品特点，还可以与主播实时交流，刷新了消费者的电商认知，也丰富了电商内容。

内容电商化、电商内容化二者边界开始融合：随着互联网产业的发展，内容日益丰富、商家的流量需求日益迫切，这两个趋势融合产生内容电商化、电商内容化的业态，一方面内容平台需要电商变现通道，如快手、抖音、哔哩哔哩；而另一方面越来越多的电商开展内容化战略，如淘宝、京东、拼多多、网易考拉。二者的融合，预示着直播电商将风起云涌。

1.1 直播电商高速增长，生态逐渐成熟

1.1.1 疫情为商业数字化转型按下"快进键"

截至北京时间 9 月 18 日 9 时 50 分，全球新冠确诊病例已突破 3000 万例，疫情正在深刻改变世界——改变了世界格局，改变了人们的生活和思维方式，也正在深刻地改变着商业运行机理。是消极等待还是主动拥抱奋起改变，化危为机？

"王先生您好！您上次预订的口罩生产不出来，已被政府征用了，请选择继续等待还是退款？"小王点了退款，长叹了一口气，这是第 N 次被告知了，除了小王，还有成千上万个人被口罩困扰。网上的段子正是眼下写照："土豪上半年送猪肉，下半年送口罩""以前戴口罩抢钱，现在带钱抢口罩""猪肉永远没有想到，它居然败给了口罩；口罩永远没有想到，自己居然成了年货；我们永远没有想到，对社会的贡献竟然是睡懒觉！"

疫情就是发令枪，中石化、比亚迪、富士康、广汽集团等超 3000 家工厂开始赛跑，加速生产口罩，通常半自动化生产线需 3—6 人进行操作，而新上马的生产线全是自化动作业，由机器人替代人工，直接实现了柔性化生产，相信不久，中国将超越德国、日本，成为自动化设备制造的佼佼者。如果说经历"用工荒"

不足以让制造业觉醒，那么经历"无人可用"的困境之后的技术变革可能会是这场新冠肺炎疫情给制造业带来的一个深远影响。2020年的开端，突如其来的"黑天鹅"——新型冠状病毒，打破了所有人的节奏，也打破了所有企业的节奏，在这场没有硝烟的战场中，数字化突然走向前台，为抗"疫"立下了汗马功劳。

数字化抗"疫"的力量分为两条主线：在抗疫前线，以AI为核心筑起的防疫城墙——非接触体温监测，AI智慧防疫解决方案，CT影像诊断，智慧诊疗平台，无人机巡视提醒、消毒，机器人配送医疗物资，云计算辅助诊断、研发新药疫苗，智能外呼信息收集、线上问答等为减少疫情感染做出了巨大贡献。直播、云逛街成为人们日常生活中的标配。

疫情提前吹响了互联网的下半场的号角，机器替代人大势所趋，中国制造业面临数字化转型中的"三荒、三门、二高、一低"和"三难"局面。"三荒"指用工荒、用钱荒、用地荒；"三门"指市场准入门槛高如玻璃门、弹簧门、旋转门；"二高"指税费高、成本高；"一低"指利润低。"三难"指业务开拓难；员工难管，好的留不住，差的用不上，新的进不来；新事物难懂，AI、区块链物联网让人搞不懂。

疫情突发，给人们上了一次生动的抗疫"数字化转型"课。抗击疫情，不仅需要一线科研和医疗工作者搭建起来的救治防线，还需要有新兴技术组成的数字化防线。此次疫情中线上问诊、远程医疗等丰富的数字化应用，很大程度上缓解了医疗资源的紧缺。抗疫不再是医疗人员的单兵作战，而是携手数字化对抗疫手段进行全面升级。未来无论是在提高诊疗精准度、改善医疗服务质量，还是在构建远程医疗服务体系、解决医疗资源分配不均等方面，数字化技术都将是医疗体系建设的基础设施。

疫情下的全面复工，让中国企业集体进入"云办公"时代。在线办公、视频会议、直播电商、远程协同、数字化管理等互联网公司常见的数字化工作方式，开始进入传统行业。更重要的是，通过这次数字化办公的大型实践，传统企业深刻感受到，数字化办公不仅是全流程在线化，而且是一种数字化的协作方式。

从某种意义上来说，此次举国抗击新冠肺炎疫情，是中国企业、政府和社会进入数字化时代的标志性事件。通过这场疫情下的大型数字化革命，"数字化"变成了商业竞争的基础逻辑，从而为中国商业社会的数字化进程按下了"快进键"。而直播电商是数字化转型中的一个核心环节，它意味着所有的营销体系从以前的行销、坐销等方式转向"云营销"，这是一次伟大的数字化转型。直播导购、直播健身、直播卖房，经此一"役"，人们突然发现数字化技术不仅让攻克疫情更快迎来了曙光，自己的生活和工作方式也正在被数字化迅速改写。丰富的数字化应用快速进入了各行各业，让几乎所有行业和企业不约而同地意识到了数字化的现实意义，并开始思考如何加速自身企业数字化业务的转型。

十几年前，联想集团创始人柳传志曾在是否上 ERP 系统（企业资源计划）时很纠结，"上 ERP 是找死，不上是等死"，今天直播电商"转不一定是找死，不转一定是等死"。这次疫情，以一种被动的方式，让全社会经历了一场数字化转型升级的实战，也让各个行业重新定义了数字化价值。在疫情的催化下，原本处于云计算全面替代传统 IT 临界点的企业，加速了上云的过程，属于中国数字化转型的拐点也提前到来了。而在疫情之后，社会的重建更需要数字经济，而数字经济需要充分利用云计算、边缘计算、大数据、人工智能、IoT 这些新技术，以及大量便捷的数字化应用和服务。

没有无法驱散的晦暗，没有无法到来的黎明。疫情防控取得的阶段性胜利，让人们看到了拐点的希望，而疫情之下滚滚而来的数字化变革，特别是直播电商的高速发展，也让人们感受到了中国数字经济发展的拐点已至。它代表的不只是一群 CEO 奔向直播间，而是整个营销体系乃至管理体系的重构。

未来已来！只是有些变化"随风潜入夜，润物细无声"。不要再经历"看不到—看不懂—跟不上"的循环了。走出来吧！疫情后报复性消费并不会马上到来，架起直播杆，随时随地，开始营销。

1.1.2 直播成为营销第一入口，多倍增速

"给我一个支点，我就能撬动整个地球。"2000 多年前，阿基米德曾这样说。如今，给你一部智能手机，你能"撬动"什么呢？

直播导购、直播培训、直播"种草"、直播健身、直播卖房，更多"直播+"不断涌现，"万物皆可卖，全民皆主播"由段子变成了现实。一场直播千万人次观看、点赞，几百万元、上千万元甚至上亿元的成交，带货商品小到口红，大到

火箭……疫情之下,凭借手机"撬动"的直播带货异军突起,赚足了人们关注的眼球,在许多商家的转型自救中一跃成为5G时代的风口行业。

直播行业近几年经历了快速发展,随着用户规模的扩大,直播已经逐渐成为一种主流的媒介形式。中国互联网络信息中心(CNNIC)发布的数据显示,截至2020年3月,我国网络直播用户规模已经达到5.6亿元,较2018年年底增长1.63亿元,占网民总数的62%(见图1-3)。全民直播时代已经到来。用户规模的扩大带来了产业经济的蓬勃发展,如图1-4所示,2019年全年我国网络表演(直播)行业营收规模由2018年的495.5亿元增至668.5亿元,增幅为35%(见图1-4)。增速持续维持在两位数水平,得益于平台端对直播的持续加码,以及产业链专业度持续提升、用户直播购物习惯逐步养成,电商直播GMV高速增长,电商直播目前已经达到电视直播10倍以上的体量。

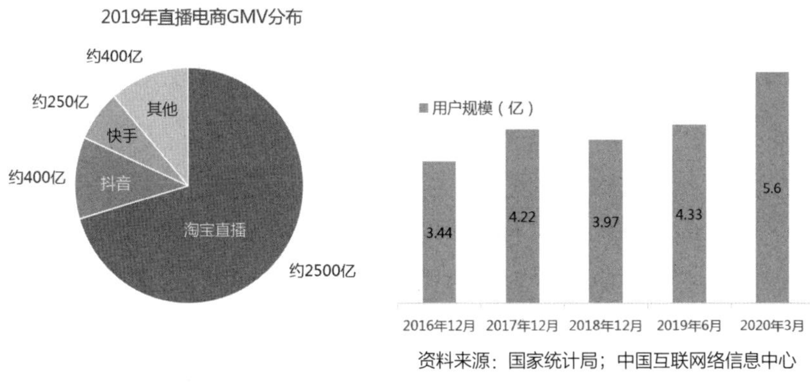

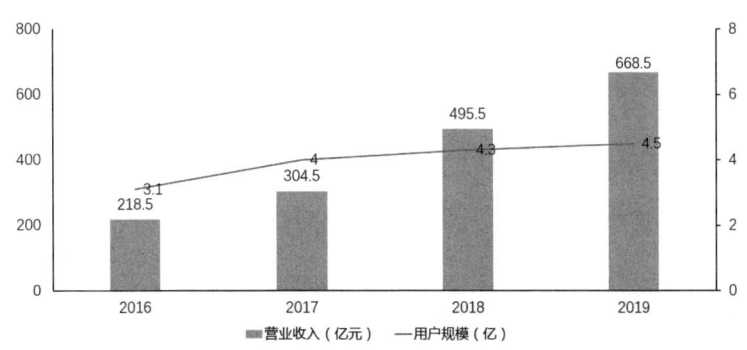

图1-3 2019年直播电商GMV分布及2016—2020年直播电商用户规模

图1-4 2016—2020年度中国网络表演(直播)行业收入及用户规模

根据艾媒咨询数据，2019年直播电商市场规模增速高达226%，为4338亿元，但仅为网上零售规模的4.1%，整体电商规模的1.1%，渗透率较低，增长空间巨大（见图1-5）。

占整体人口规模	占整体网民规模	占整体电商规模	占整体零售规模
40%	62%	1.1%	4.1%

数据来源：国家统计局；中国互联网络信息中心

图1-5　网络直播用户规模及占比　直播电商市场规模增速及占比

因为每一次趋势的改变，都是颠覆。直播电商相比传统电商，改变了商业逻辑，传统电商采用的是货架思维，追求的是商品丰富、颜色鲜艳、图文并茂、量大从优、限时免费，都是满足刚需，凭图文色泽靓丽决定购买，这种购买方式全程缺乏互动交流、单向沟通、买到的实物可能与图片差异较大，但直播电商改变了这个逻辑，把"超市"直接变成"商场"，从"人找货"变成"货找人"。实现了用户、转化率等核心效率指标的提升。直播电商改变了传统电商的购物决策路径，传统电商的消费决策程序为"自发需求—主动搜索—筛选比较—下单"，而直播电商的消费决策程序为"观看推荐—种草—下单"。直播电商作为网红经济的一种重要的应用场景，不仅为主播、KOL（Key Opinion Leader，关键意见领袖）、网红、达人等提供了流量变现路径，更能显著提升电商的转化率等核心效率指标（见表1-1）。

表1-1　直播电商与传统电商模式及效率对比

	传统电商	直播电商
模式对比		
核心	商品	主播 + 商品
消费路径	消费者—商品	消费者—主播—商品
消费需求	刚需为主	刚需 + 潜在需求（被激发需求）
消费方式	主动搜索为主	主播推荐为主

续表

	传统电商	直播电商
消费心理	物质需求满足	物质需求满足 + 好奇心
消费决策因素	商品（价格、质量、品牌等）	商品 + 主播 + 消费场景
消费反馈	工具连接、无情感联系	主播连接，建立互动关系，有情感联系
效率对比		
转化率	0.37%	淘宝直播进店转化率65%
用户黏性	日均使用时长26.9分钟；日均使用次数10.5次	日均使用时长53.3分钟；日均使用次数16次

资料来源：今日头条、克劳锐、QuestMobile、中金公司研究部

　　直播电商改变了传统电商的刚需购物习惯，通过主播交流或直播场景的代入，激发消费者非计划性的、非刚性的，甚至是冲动的潜在消费需求，且因其"所见即所得"的更优展示属性，转化效率也显著提升。如淘宝直播披露其2019年日均观看用户数同比增长超过150%，每天观看时长超过1小时的用户同比增长40%，用户进店转化率超65%（2018年），转化效率高于传统电商模式。近年来，头部电商平台及内容平台纷纷加大投入，抢占直播电商成长红利。

　　相对传统电商，直播电商改变了信息交互的方式与内容。相比传统图文式电商的单向信息交互，电商直播向用户充分展示了商品详情、优缺点及使用效果，尤其是对于非标品而言，图文展示模式远不如主播讲解高效便捷。买家高频且强交互的场景也促进了不少新型的直播内容的兴起，如直播卖和田玉现场答疑解惑、开蚌取珍珠现场加工成首饰、野生海鲜类产品原产地捕捞等，实时交互的线上化导购大幅提升了用户体验。而且现在已经不仅仅是口红、面膜等小件高频商品的带货了，而是扩展到了家具、汽车，甚至火箭。2020年4月20日，李湘出现在富力"好房星带看"的一场线上看房直播中，最高观看人数达到了1050万。这是参加100场房展会也不敢奢望的流量数据，也是一场让整个行业破局新趋势的成功试水。罗永浩抖音直播带货3小时，销售1.1亿元，正式宣布企业直播电商时代的到来。与其羡慕别人，不如让自己的企业成为直播高手。

1.1.3 直播电商爆发七大原因

1. 技术进步与新基础设施完善

技术与新基础设施的完善是支撑我国直播电商网红经济飞速发展的必要条件，其中互联网、5G、VR 等技术的进步，以及电商成熟度的深化，为直播电商发展提供了沃土；移动支付、物流等新基础设施的完善，则进一步助推了中国直播电商产业链的崛起。其中移动互联网的发展有效延伸了购物场景，使得主播与消费者、品牌商的距离更近；遍及城乡的物流体系则为直播电商提供了高效的商品配送保障。直播电商发展的上下游产业链也逐渐成熟，如图 1–6 所示，上游是品牌商家，中游是直播机构和服务商，即 MCN 机构、网红、KOL、达人，下游是电商平台和消费者。

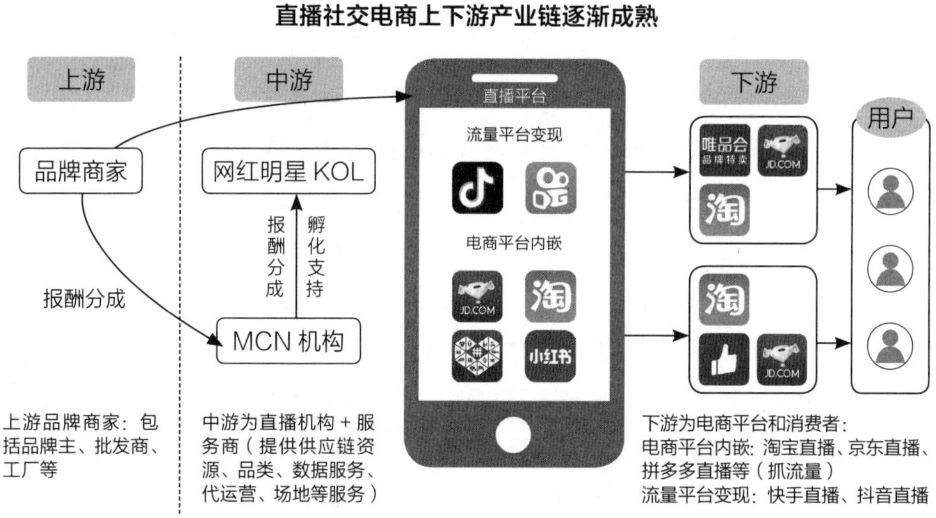
直播社交电商上下游产业链逐渐成熟
上游
中游
下游
直播平台
流量平台变现
电商平台内嵌
品牌商家
网红明星 KOL
报酬分成
孵化支持
报酬分成
MCN 机构
唯品会
品牌特卖
JD.COM
淘
小红书
用户
上游品牌商家：包括品牌主、批发商、工厂等
中游为直播机构 + 服务商（提供供应链资源、品类、数据服务、代运营、场地等服务）
下游为电商平台和消费者：
电商平台内嵌：淘宝直播、京东直播、拼多多直播等（抓流量）
流量平台变现：快手直播、抖音直播

图 1–6 直播电商上下游产业链逐渐成熟

2. 移动支付技术使得消费者“剁手”更便捷

得益于移动支付技术的快速发展，消费者不带钱包出行已成为常态。随着扫码支付、指纹支付、语音支付、刷脸支付等创新技术日益更迭，移动支付被更多的消费者接受。与现金交易相比，移动支付缺乏“肉痛感”，不少“剁手党”直到看到支付账单之后才会发出“钱到底上哪儿去了”的追问。

3. 底层驱动：电商内容化、内容电商化大势所趋，传统电商与流量平台共同推动

传统电商流量已达峰值，迫切需要寻找新的流量源，电商内容化是大势所趋；同时内容平台迫切需要变现，内容平台电商化时势不等人。直播电商就是电商内容化和内容平台电商化的完美结合。

4. 网红 KOL 效应推动

现代人生活节奏加快，网红 KOL 从消费者的角度出发，基于自身使用情况进行同类产品对比，并告知消费者如何购买，以帮助消费者决策，节约了消费者的时间成本，更容易获得消费者的认同。

5. 媒体与渠道快速迭代

网红经济的发展离不开媒体与渠道的快速迭代，当前我国线上流量分散化与媒体去中心化趋势明显，各类社交、内容媒体蓬勃发展，为网络红人积累社交资产、发展多元变现。

模式提供了新的发展机遇。营销方式迭代升级，社交媒体与互动式营销成为主流。目前我国商品的营销方式，正从简单的图文内容，快速地向短视频、直播等互动式营销升级，原有的中心化的广告营销模式，正在逐步被 KOL/KOC（Key Opinion Consumer，即关键意见消费者）营销等去中心化的社交裂变替代。

如表1-2所示，各大平台发力"直播+"随着直播对电商、社交、游戏、短视频、秀场、资讯等方面的商业模式重塑，以腾讯、阿里巴巴、百度、字节跳动为代表的互联网巨头均加大在直播领域的布局，为直播电商的快速发展提供了沃土。

表1-2 各大平台在"直播+"业务上深耕发力

	腾讯	阿里巴巴	百度	字节跳动
电商	京东+直播 蘑菇街+直播	淘宝+直播		
社交	微信直播小程序内测	微博+直播	贴吧+直播	
游戏	企鹅电竞/斗鱼/虎牙			

续表

	腾讯	阿里巴巴	百度	字节跳动
短视频	快手+直播		好看视频 全民小视频	抖音/西瓜/火山
秀场	NOW 直播			
资讯	腾讯新闻+直播			今日头条+直播
工具	QQ 浏览器+直播	UC 浏览器+直播	百度+直播	
旅游		飞猪+直播		

资料来源：网上公开资料整理

6. 品牌商与产业资本推动

时代在变，新零售大潮潮起潮落，直播电商因其互动性和体验性适应了个性化、品牌化、数字化发展趋势，品牌商与产业资本迅速涌入，品牌商的经营思路也逐渐从过往的以"货"为出发点，转变为以"人"为出发点，从经营"商品"转为经营"用户价值"，注重把潜在消费者转化为粉丝与用户，因此加大了对网红经济、直播电商、社交平台等的投入力度。

直播电商在"人""货""场"三个核心要素方面对整个商品销售模式进行重塑，以更具内容性的"人"、流量社交化的"场"以及性价比更高的"货"，对传统线上零售模式进行迭代。当前产业资本正加大力度布局网红经济产业链。以 MCN 机构为例，2019 年全行业约有 60% 的 MCN 机构接受了融资，虽然大部分投资仍处于种子轮、天使轮等早期阶段，但产业资本的进入能帮助其在资源对接、平台搭建、团队管理等方面快速发展，对繁荣整个网红经济产业链也有重要意义。

7. 企业为寻求突破推动

互联网的下半场，传统的人口红利没有了，流量红利也没有了，营销转入存量竞争阶段，谁能把握住年轻消费者的需求，谁能引领消费的变革，谁就是市场的王者。各大企业都在积极布局，寻打突破，苏宁易购近年异军突起，不仅拿下了家乐福店面又拿下了万达店面，新零售有声有色，它的新零售策略：直播引流+打通家乐福体系+社群+电商，直播电商扮演重要角色。

2020年4月17日，苏宁易购（002024.SZ）发布2019年年度报告。报告显示，苏宁易购2019年营业收入2692.29亿元，同比增长9.91%，实现净利98.43亿元。截至2019年12月31日，苏宁易购注册会员数量达5.55亿，全年新增1.48亿。同期，苏宁易购年度活跃用户数规模同比增长20.52%。

（1）大力发展直播带货：苏宁易购一方面积极与快手、抖音合作，另一方面整合品牌、店员、网红，构建自有的直播带货体系。2019年，苏宁易购持续推动门店的数字化、场景化建设，借助推客、拓客、苏小团、小程序以及直播等社交运营工具，对用户、商品、基础运营、广告资源开展数字化管理。2019年门店的苏宁推客订单快速增长，全年增长超3倍。数据显示，2020年1月25日至3月5日，苏宁推客上的买家数和卖家数分别突破千万、百万。

（2）线上线下打通：苏宁易购紧抓用户社交化、社群化、内容化的消费特点，大力发展苏宁推客、门店直播、苏小团等社交营销矩阵，打造"门店直播+网红直播"组合模式，通过这类方式提升用户留存及复购率，力求拓展用户增量。

（3）打通家乐福会员体系：2019年苏宁易购完成收购家乐福中国。家乐福全国200多家门店和3000万会员可以补充苏宁线下零售业态和流量池。

（4）激活社群体系：苏宁线下互联网门店，包括深入下沉市场的苏宁小店（社区）和零售云加盟店（县镇），都成为社交裂变玩法的物理载体，社交化的营销方式为公司带来新的增长机会。社交运营的深入，帮助品牌心智逐步形成，有效控制了广告促销投放，使得广告促销费同比下降0.74%。社交电商的发展，带来大量新增用户。苏宁易购年度活跃用户规模同比增长20.52%，整体复购频次有所增加。与此同时，截至2019年年底，在活跃用户增速上，阿里巴巴同比增长11.2%，京东同比增长18.6%。年度活跃用户增速上苏宁易购超过阿里巴巴与京东。

2020年4月1日，48岁的罗永浩再一次转行，正式在抖音开启了电商主播生涯，三个小时的时间里，带货23件，支付交易总额1.1亿元，创下抖音直播带货新纪录。

5月1日，国美零售总裁王俊洲与央视新闻主持人朱广权、撒贝宁等人，联合进行了一场家电直播活动，3小时的直播，全网超过2358万人次观看，总销售额5.286亿元。

2020 年 5 月 10 日晚，格力电器董事长董明珠再次开启她的直播带货，这次选择的平台是快手。开播仅 30 分钟，3 个产品的销售额就突破了 1 亿元，最终在 3 个小时的直播中，董明珠的这次带货金额定格在了 3.1 亿元。直播结束后董明珠表示，疫情改变了自己的思想，自己打算开一个董明珠直播间，把直播常态化。这距离她上一次在抖音"失败"的带货直播仅仅过去 15 天，距离她那句"我依然还是坚持我的线下"也不过 20 天。

不熟悉直播规则的 CEO 们靠强大的品牌背书、对产品性能信手拈来的硬实力成功突围，化身成直播间里的新生代流量，他们打破了圈内"网红难再现"的桎梏，似乎也告诉了所有人一个真理：只有和时代同频共振，才是拯救企业的不二法宝。

1.1.4 直播电商三次成长及模式五大进阶

1. 三次成长

移动互联网、5G、VR 等技术的高速发展，给视听媒介的发展带来了更多的形态，让直播的技术门槛大大降低。用户规模也逐渐壮大。

回看近年来网络直播行业的发展，我们可以将其大致分为三个阶段（见表 1-3）。

表 1-3 网络直播发展史及特点

直播发展史	时间段	电商直播阶段	特点
直播 1.0 时代	2008—2015 年	主播 + 商品	平台：秀场直播，语音直播间是一大特色，用户主要通过电脑进行收听、互动 内容：演唱、聊天为主要内容
直播 2.0 时代	2016—2018 年	消费者——主播——商品	平台：移动直播、主播用手机等便携设备，用户主要通过手机等移动设备观看 内容：游戏、体育、社交、音乐等垂直内容演化

续表

直播发展史	时间段	电商直播阶段	特点
直播3.0时代	2020年至今	刚需+潜在需求（被激发需求）	平台：传统行业利用直播技术进行转型 内容：直播电商、演出直播、教育直播、新闻直播等

直播1.0时代：以秀场直播为主，演唱、聊天、卖货为主要内容。随着用户群体的增大，并且逐渐演化出网络主播这一职业群体。2013年，如涵控股签下张大奕，初代带货达人出现。

直播2.0时代：随着移动设备普及，移动互联网用户逐渐扩大，网络直播行业进入2.0时代。庞大的用户群为垂直内容的演化提供了广阔的市场空间，2016年进入直播元年，全国涌现300多家网络直播平台。2016年3月蘑菇街首次尝试电商直播，5月淘宝直播、京东直播上线。2018年快手正式上线快手电商。游戏、体育、社交、音乐等各类垂直内容生态日渐丰富，薇娅、李佳琦等主播开始崛起。

直播3.0时代：伴随着以抖音、快手为代表的短视频平台崛起，各行各业的企业都开始入驻短视频平台，短视频平台顺势推出了直播功能，为传统产业增加了新的渠道。"云购物""云学习""云演出"等各种各样的直播创新层出不穷，2020年新冠肺炎疫情爆发助推了电商直播。4月抖音签约罗永浩，各大CEO跑步入场，董明珠、梁建章等开始直播。直播在疫情期间为实体经济向互联网转型提供了机会（见表1-4）。

表1-4 主流直播电商发展历程

电商直播平台	发展历程
淘宝直播	2016年4月，淘宝直播品牌正式发布，在papi酱的拍卖活动中，有50万人通过淘宝直播平台观看了该次直播；2017年第一届淘宝直播盛典开启；2018年打造内容生态时代，81名主播年引导销售额过亿元；2019年日均直播场次超6万场，直播时长超过15万小时
蘑菇街	2016年3月上线直播功能，打造直播+内容+电商；2020财年第一季度实现直播同比增长高达102.7%，达13.15亿元，直播占公司GMV比例为31.5%

续表

电商直播平台	发展历程
快手	2016年年初上线直播功能；2018年11月举办"快手卖货王"活动，头部主播"散打哥"3小时带动5 000万元销售额，当日销售1.6亿元；2019年2月开放全民直播
抖音	2017年11月上线直播功能；2019年2月发布主播招募计划；2019年"正善牛肉哥"在"618"年中大促期间卖出了100万瓶葡萄酒，10万箱啤酒
京东直播	2016年9月上线直播功能；2018年8月召开达人大会，宣布内容达人专属扶持计划——京星计划；2019年7月京东宣布计划至少投入10亿元资源，孵化不超过5名"红人"
网易考拉	2019年8月上线直播功能；2019年6月推出"考拉ONE物全网招募计划"，目前已有10,000+达人
拼多多	2019年11月27日直播首秀，"小小包麻麻"在拼多多平台开启第一次直播，开播15分钟直播间人数便高达15,000人，1小时后超过50,000人

2016年"淘宝直播"上线以来，电商直播行业迅速发展。2017年，快手、抖音相继上线直播功能，淘宝直播内容、流量、玩法不断升级。2018年，快手、抖音推出了一系列商业变现模式，包括热搜榜、MCN合作、企业蓝V计划等，并上线了购物车项目。通过直播营销带货变现。2019年，淘宝等电商平台直播全面爆发，拼多多、腾讯加入直播大军，电商直播朝着更大的规模、更专业的分工，以及与传统电商进一步融合的方向发展。

正是由于直播产业与传统产业的深度融合，疫情期间，直播的经济价值、社会价值得到了极大发挥。在经济层面，电商直播的带货形式吸引了各类主播的参与，甚至不少县长也亲自挂帅，通过直播帮助本地农副产品销售，成为扶贫的新形式。在文化层面，疫情期间，各大直播平台响应了教育部"停课不停学"的号召，为教师在线授课提供了免费直播平台，甚至清华大学、北京大学等顶尖学府也展开了面向全民的直播授课，让优质教育共享，为促进教育公平和教育创新迈出了一大步。

2. 五大进阶

从用户购物体验、媒介形态（表达介绍内容的方式）来说，如图1-7所示，购物主要分为5个阶段：图文带货，短视频带货，直播带货，模拟试用购物，模拟体验购物。因为是一个发展过程，所以几个阶段会存在交叉出现的情况，但下一阶段最终会成为主流，取代上一阶段。

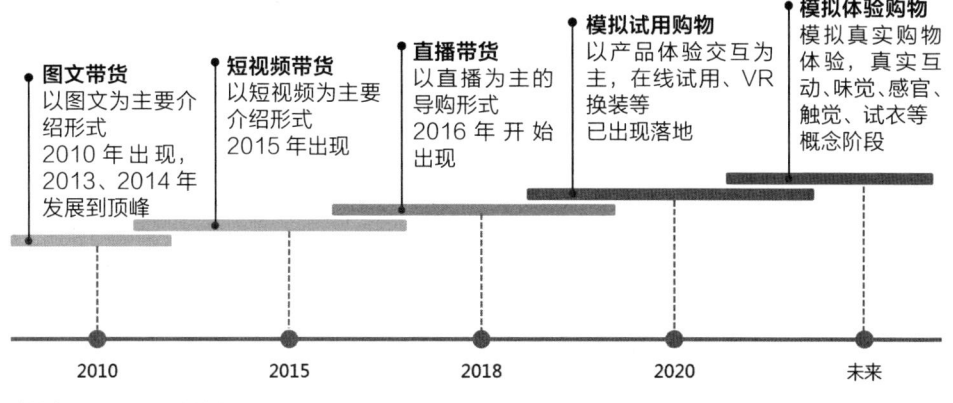

图1-7 直播带货五大进阶

图文带货：以图文为主要介绍形式。在2010年出现，在2014年达到高潮。有图有真相，比传统文字已有了一定的进步，淘宝在2010以图文带货形式开启用户图文时代。2013年，阿里巴巴入股微博，以街拍为主的初代网红电商进入大众视野，张大奕、雪梨等抓住机会，形成了自己的网红购物商业模式。

短视频带货：以短视频为主要介绍形式。爆发在2015年左右，相比图文，通过短视频可以更直观、简单地了解商品。短视频起源在微博，papi酱等网红创作的极具个性的短视频内容吸引了众多用户观看，微博美妆博主也开始制作短视频，介绍带货内容，主要形式就是盘点好物推荐。

直播带货：以直播为主的导购形式。用户可通过实时了解主播直播观看产品详情，并和主播进行实时的文字沟通。2016年开始出现，其产生发展和短视频一样，源自娱乐流行行业的转变和用户兴趣的推动，以快手为代表的直播类App的发展，推动了直播类App的爆发，衍生出直播带货的新变现商业模式。

模拟试用购物：以产品体验交互为主，如在线试妆、VR换装等，目前京东、淘宝等电商平台已有小范围的试用。

　　模拟体验购物：模拟真实购物体验，真实互动、味觉、感官、触觉、试衣等，目前还处于概念阶段。模拟试用购物、模拟体验购物区别于图文、短视频、直播带货，它以用户为主导，不需要 PGC①、UGC② 来制作相关内容，用户可通过自己的体验感受，自主完成购物流程。模拟试用购物、模拟体验购物目前都处于概念阶段，试用也是小范围的尝试，因为技术的限制，离大批量的普及、取代现有购物方式还有一定的距离。

　　直播带货不断发展，将以更贴近消费者，更好的体验不断带给我们惊喜。

1.2　直播电商，开启营销盛宴

1.2.1　网红引领，创造变现奇迹

　　网红带货进入直播电商时代，直播逐步成为电商标配。直播带货源于网红经济发展，是指网络 KOL、明星等具有较高影响力人群，通过图文、短视频、直播等互联网媒体，帮助品牌商进行产品营销与销售。从微博到淘宝直播，再到快手、抖音等，网红搭载的平台不断演变，网红变现方式多元化，尤其是结合直播方式衍生的直播电商，让网红带货产业迎来爆发式增长。5G 促进视频大爆发，电商从图文进入视频时代，淘宝、快手、抖音、哔哩哔哩、拼多多、微信等平台，都将直播电商作为核心发力点或积极探索尝试的方向。

　　辛巴、薇娅、李佳琦、李子柒、罗永浩等头部网红带货成交额巨大，年销售额超过国内部分大型线下商场。根据网上公开资料，快手第一带货主播辛巴，2019 年直播带货销售额 133 亿元，辛巴团队总销售额达 150 亿元，2020—2021 年销售目标分别为 1000 亿元、3000 亿元。淘宝直播全品类带货女王薇娅，2018 年"双 11"一天销售额超过 3 亿元，2018 年全年带货超 27 亿元，2019 年"双

---

① PGC：Professional Generated Content，指专业生产内容。
② UGC：User Generated Content，指用户生产内容，即用户原创内容。

11"期间销售额超2018年全年,2019年全年带货在70亿元左右。淘宝直播"口红一哥"李佳琦,最高纪录一天试了380支口红,2019年直播近400场,2019年"双11"销售额超10亿。

辛巴:快手第一带货主播,通过收徒、签约主播等,打造带货达人矩阵,众多小号与大号互相引流、同步带货,形成协同增长效应,提高单款商品搜索排名,促进交易额扩大。辛巴通过与粉丝紧密互动,打造"农民CEO"人设,通过展现真性情,加强与粉丝间的"老铁情谊",截至2020年4月18日,快手粉丝4781万。辛巴推出自有品牌"辛有志严选",通过搭建IP主播团队+自创品牌+自建仓储+合作工厂等,着力搭建直播电商生态。

薇娅:淘宝直播全品类带货女王,打造微缩版聚划算,带货商品几乎都是全网最低价,粉丝黏性与活跃度高。薇娅是淘宝直播最早的一批主播,曾做过淘女郎,了解淘宝生态;开过实体店,对商业有积累,懂得如何销售商品;与淘宝直播深度绑定,伴随淘宝直播发展,与平台相互成就。薇娅直播从销售服装开始,商品品类不断丰富,几乎能满足粉丝所有购物需求,使粉丝黏性与活跃度很高;重视供应链管理,严格把控选品流程,注重商品性价比。截至2020年4月18日,薇娅淘宝粉丝1859万,居主播达人榜第二;淘指数(衡量主播综合营销能力)998,居主播达人榜第一。

李佳琦:受益从抖音等淘外平台引流,成为淘宝粉丝量第一主播,主要带货美妆产品,尤其是口红,有"口红一哥"的称号。李佳琦从欧莱雅化妆品专柜美容顾问,转型从事直播带货;带货商品主要为美妆产品,尤其是口红,成功挑战"30秒内给最多人涂口红"的吉尼斯世界纪录,被称为"口红一哥";通过在抖音等平台发布与马云PK卖口红的视频,凭借极具特色的性格与人设,以及标志性文案"Oh my god,买它买它",在抖音2个月涨粉超1300万,截至2020年4月18日,抖音粉丝4260万;截至2020年4月18日,李佳琦淘宝粉丝2274万,成为淘宝粉丝量第一主播,淘指数991,居主播达人榜第二。

李子柒:在微博、抖音、YouTube等平台发布短视频,展现田园牧歌式乡村生活,被称为90后"最美网红"。李子柒是国内知名美食短视频博主,作品内容取材中国传统生活,以中华美食文化为主线,围绕衣食住行展开,还在视频中展示很多被现代人遗忘的传统手艺,如亲手制作笔墨纸砚等。作品在YouTube

等海外平台爆红,成为中国文化输出的使者,被央视等主流媒体点赞。截至2020年4月18日,李子柒抖音粉丝4076万、微博粉丝2427万、快手粉丝661万。李子柒自创李子柒品牌,开设天猫旗舰店,销售其视频里出现过的食物等,收入主要来自YouTube广告分成与天猫旗舰店。

罗永浩:签约抖音,入局直播电商,抖音借此强化电商业务布局。罗永浩是带着流量、关注度入场,转行电商主播的"流量选手"。2020年4月1日,罗永浩直播带货首秀成绩亮眼,累计4892万人观看,同时在线观看人数最高290万,单场涨粉215万,带货销售额达1.1亿元,但第二、第三场直播数据,相比第一场下滑明显。抖音处于短视频领域头部地位,流量资源突出,但电商业务发展不如淘宝、快手。抖音签约罗永浩,希望借用头部大V流量,撑起电商直播业务,补齐电商领域短板。

1.2.2 县长、市长及CEO冲进直播间,助推商业变革

县长、市长和CEO是两类特殊的群体,他们撸起袖子来到直播间是直播界的标志性事件,"县长、市长直播带货"在2019年就已经"试水"。2020年年初,在疫情影响下,淘宝、拼多多、抖音、快手等直播平台纷纷加码"战疫助农",将"县长、市长直播"推向一波又一波高潮。

先从中央电视台开始,从"小朱配琦"到"祖蓝夏丹",前有央视段子手朱广权连麦"口红一哥"李佳琦,在淘宝直播为湖北卖货;后有央视名嘴欧阳夏丹化身"带货官"与演员王祖蓝组成"谁都无法祖(阻)蓝(拦)我夏(下)丹(单)"组合,在快手上演带货首秀。"没为湖北拼过命,就为湖北拼个单""我为湖北胖三斤"等口号已深入人心。

2020年4月28日,商务部和阿里巴巴在薇娅直播间共同"云启动"第二届"双品网购节"阿里巴巴专场,这是商务部的直播首秀,也是国家部委首次走进直播间。除了国家队纷纷下场之外,在直播带货的主播中,同样有一群令人关注的人,他们就是参与直播的县长、市长。过去西装革履、正襟危坐的县长、市长们,在直播间却一改形象,为了带货纷纷撸起袖子唱歌、喝茶、做菜、卖萌。

2020年4月18日,湖北恩施巴东县副县长王爱忠亮相苏宁拼购直播,和茶

艺师一起唱起了欢快的山歌，为的就是大力推荐当地特色的新茶。而这也是苏宁"与湖北一起拼"，多位县长、市长请您来品硒茶专场直播活动中的一场。当天，还有恩施市人民政府副市长杨凯军、来凤县副县长杜建斌、咸丰县副县长连庆、宣恩县副县长胡晓洪、利川市副市长钱鹏、建始县副县长周爱华、建始县副县长田真明、鹤峰县副县长程志强等8人一同在苏宁直播"组团"出道，见证"青村有你"。直播共推出了28款新茶，共带货5万单，累计观看人次近1700万。作为本次直播唯一的女县长，来自建始县的周爱华带单最多，堪称"带货王"。

在全国大力实现经济复苏的紧要关头，县长、市长正在用自己的方式交出一份份令人满意的答卷。

按捺不住的，还有昔日鲜少露面的商业大佬CEO们，纷纷化身主播达人，拼起带货事业来毫不手软（见表1-5）。

表1-5 2020年2月14日—4月21日CEO带货情况表（部分数据参考）

总裁	时间	直播带货成绩	行业	平台
盒马总裁侯毅	4.21	5秒卖出6000万只湖北小龙虾，3秒卖出超50万个湖北秭归伦晚脐橙	生鲜电商	淘宝直播
中国燃气董事长刘明辉	4.16	直播130分钟，销售额突破6728万元	工业	微信小程序
喜临门总裁杨刚&居然之家总裁王宁	3.27	3小时2000+订单，观看人次15万+，互动人次7500万+	家居	淘宝直播
洋码头CEO曾碧波	3.26	5小时带货375万元	新零售	洋码头
奥康国际董事长王振涛	3.24	最高峰流量228万+人次，旗舰店业绩增长108%	服饰鞋包	淘宝直播
携程董事局主席梁建章	3.23	观看51万+人次，一小时卖出价值1000万元旅游产品	旅游	抖音

续表

总裁	时间	直播带货成绩	行业	平台
红蜻蜓董事长钱金波	3.8	观看43.54万+人次,点赞300万+,3家淘宝旗舰店销量同比增长114%,总销售额达50万元	服饰鞋包	淘宝直播
银泰CEO陈晓东	3.8	观看人数22万,单日零售额同比达到260%	百货商场	淘宝直播
红星美凯龙总裁团	3.6	增粉1.6万+人,点赞400万+,在线下单1.74万+	家居	淘宝直播
梦洁CEO李菁	2.16	15分钟8万人在线观看,引导成交金额12多万元	家居	淘宝直播
林清轩创始人孙来春	2.14	6万人观看,3小时销售突破40万元	美妆个护	淘宝直播

上表仅列举了部分数据,这份名单还很长。不同于司空见惯的网红直播,县市长及企业大佬们略显生涩的吆喝话术和不甚自然的出镜表现,在直播间"老铁们"的打趣笑谑、贡献笑料的同时,战绩却是颇丰。一场场直播奇幻秀背后,诞生了百万CEO冲进直播间的盛况:银泰、海尔、红星美凯龙、苏宁易购、小龙坎、七匹狼、奥康皮鞋、红蜻蜓、洋码头等企业大佬纷纷献上首秀。

流量池日趋饱和,越晚入局,意味着制胜机会越少。洞若观火的大佬们从不做无用功,动作频频,自有深意。

这些直播江湖崛起的新流量,正悄然改变着直播电商的格局。

1.2.3 "直播+"赋能产业链,助学、助产、抗疫产业跨界融合

直播电商的形式具有即时互动和沉浸性的特点,使直播结合其他行业发展也拥有巨大潜力。目前在线直播平台不断探索"直播+"模式的应用,通过"直播+"赋能,直播+助学=在线授课,直播+助产=直播带货,直播+医疗=在线医疗。

"直播+"为何能赋能产业链,使助学、助产、抗疫产业跨界融合?因为直

播是一种四方共赢模式。

（1）对带货网红或达人来说，直播助学、助产、抗疫并没有消耗粉丝，反而通过低价和优惠增强自身的流量能力，这也进一步决定了强者恒强的生态结构。

（2）对粉丝、买家来说，直播模式相较于普通电商网站，具有更强的互动性和可视化，内容的丰富程度更高。

（3）对品牌方、商家来说，优质低价不仅换来了销量，也换来了新品的搜索权重，节省了一笔可观的营销支出。

（4）对平台来说，网红直播卖货带来巨大的流量，提高平台自身活跃度，提升平台的商业化和引导成交的能力。

根据 QuestMobile 在《2020 中国移动直播行业"战疫"专题报告》中披露的相关数据：疫情期间网民在线的用户时长比年初增加了 21.5%，并直接撬动了抖音和哔哩哔哩的直播业务增长，前者的直播流量占比从 24% 增至 28.2%，后者的直播流量占比从 10.7% 增至 12.4%，另一家平台快手的直播流量也稳定在 50% 以上。新闻和搜索类 App 的疫情直播和新闻报道仍是用户获取最新资讯最快的途径，用户规模和使用时长均明显上升。当这些平台将直播从疫情直播变成一种新常态，对直播的内容生态扩张有着不可或缺的价值。

"直播+电商"：为了抵消疫情的影响，银泰百货执行了"线上再造一个银泰"的既定战略，原本被困在家中的"柜姐"们主动直播复工，据说直播 3 小时触达的客源量，相当于在大型商场的柜台里站上 6 个月。在"直播 3 小时，等于复工 6 个月"这一极具号召力的口号下，直播几乎成了所有线下品牌门店的标配。

"直播+助学"：无法准时开学复课的学生群体们，也先后涌进了"直播间"，被纳入"停课不停学"计划的阿里钉钉、科大讯飞、好视通、Zoom 课堂等平台，一度出现不同程度的卡顿和崩溃，钉钉甚至遭遇了被小学生集体在应用商店刷一星"好评"的现象。

线下复工、线上课等刚需之外，云旅游、云蹦迪、云健身、云峰会等新玩法也层出不穷……直播的场景正在不断扩宽，俨然跳出了泛娱乐和电商的圈子。

卖车、卖房、卖火箭，直播电商品类无所不包，"万物皆可播"展现无限可能。直播电商销售商品品类越来越丰富，从传统实物商品，到花鸟鱼虫、卖车卖房等，无所不包，琳琅满目。2019 年 12 月，冯小刚为宣传电影《只有芸知道》走进薇娅直播间，3轮抢票共计售出17万张19.9元优惠票；仍是这个月，《南方车站的聚会》上映期间，胡歌、桂纶镁做客李佳琦直播间，全场直播互动高达3573万次，直播电商成为电影宣传营销的重要手段。2020年4月1日，薇娅直播销售由中国航天科工火箭技术有限公司提供的快舟一号甲固体运载火箭发射服务，包括发射任务冠名、箭体与发射车车体广告等，购买者可亲临现场观摩发射，原价4500万元，直播优惠价4000万元，完成中国电商史上"销售火箭"第一单。2020年4月4日，薇娅与复地产发集团合作，进行直播卖房，直播结束后40小时内，复地产发集团累计成交10套房，合同金额超1700万元。

将直播的破圈流行完全归功于疫情，似乎还有些牵强。正如一个得到普遍认同的观点：即便没有这波疫情的出现，2020年直播也会迎来井喷式的发展。

1.3 直播电商带来四大巨变

直播电商符合时代需求，将为我们带来四大重要变化，如图1-8所示。

直播符合时代需求

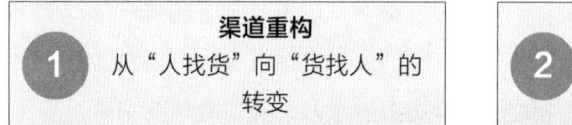
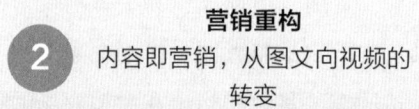

图1-8 直播带来四重巨变

1.3.1 渠道重构：从"人找货"向"货找人"转变

直播电商迎合消费变化规律：传统搜索式电商发展到现在的内容电商，模式开始进化，实现了"人找货"到"货找人"的转变，这种模式增强了及时性、互动性，节省购物时间，并享有更多的价格优惠，如图1-9所示。

结束"人找货"模式，开启"货找人"时代

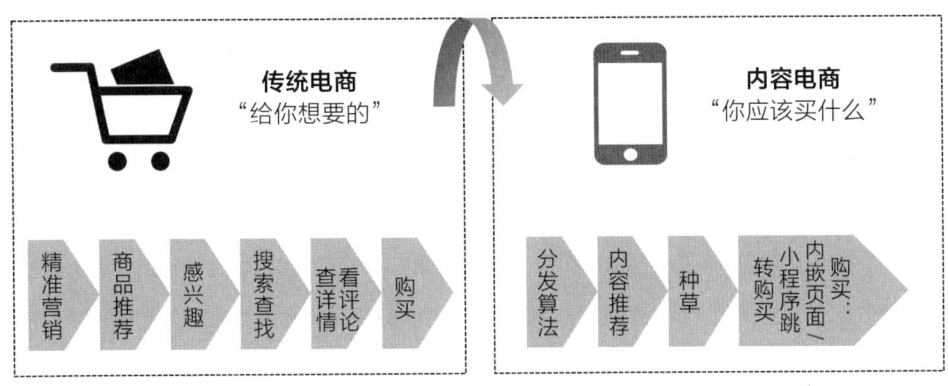

资料来源：QuestMobile 和中金公司研究部

图1-9 传统电商与内容电商

"人找货"模式："给你想要的"，传统电商以图文、短视频等作为电商平台内容主页，被动等待消费者进入电商平台搜索，消费者根据自己的需求到电商平台进行匹配，匹配成功即成交。

"货找人"模式："你应该买什么"，直播场景化营销变现的同时将流量引入相应直播平台；主播通过个人品牌效应增强与粉丝之间的信任感，在带货过程中实现粉丝到消费者的转变，创造新的消费需求。在"货找人"模式中，既有原电商平台内容化，如淘宝直播、京东直播；也有内容平台电商化，如快手直播、抖音直播、小红书直播等。后者通过图文短视频+直播双向带货，内容电商形成创作、传播、变现的完整闭环。"种草"与"下单"行为引入新增红利，直播带货创造增量消费需求。

直播电商凭借"所见即所得"的互动、即时属性，正成为一种新渠道模式并快速崛起。

1.3.2 营销重构：内容营销从图文向双向互动视频的转变

直播电商重构营销，为促成品牌方的精准营销与高效转化，直播电商把传统电商的图文营销直接带进双向互动视频营销时代。传统网购模式下，商品展示多为图文形式,是商家对消费者的单向输出,而直播带货模式则是视频互动形式,通过更直观、更真切、更立体的商品展示,加强主播与消费者之间的互动性,有助于后者更好地了解产品特征与用途,增加其参与感和体验感,产生信任和购买欲。比如,"我们在直播中不仅会详细讲解绿植的习性、种植土壤的选择等,也会及时解答盆栽适宜摆放的位置、施肥浇水的频率等买家感兴趣的问题。"在直播电商中,网红达人主播起到关键作用,网红达人主播能较好地挖掘产品卖点,提升销售转化。作为某一领域的意见领袖,网红达人主播往往拥有更多、更准确的产品信息,对某些品类具有更深的消费认知和体验,其内容生产过程往往能够更好地突出产品的卖点、亮点,并通过新奇、有趣、强互动性的内容,更好地吸引消费者注意力,有效提高销售转化率。

直播电商让我们提前进入网红经济时代,网红达人本身也成为一种新的营销方式,吸引品牌商加大对 KOL 的广告投放。如图 1-10 所示,一个典型的网红 KOL 营销路径,通常会包括"触发—引爆—持续影响—收割转化—体验分享—再次触发"这样一个完整闭环。

引爆
内容类型:创意/测评、定期盘点、剧情软性植入等
目的:深挖明星/大V话题热点,扩散并引爆话题

触发
内容类型:开箱、爱用好物分享等
目的:深化引发用户对产品关注,制造话题热度

持续影响
内容类型:线上——化妆教学,测评/挑战等
线下——邀约参与活动,品牌溯源之旅
目的:深化传递产品优势,增强背书信任

体验分享
内容类型:体验晒单
目的:全KOL带节奏,激发UGC众创,口口相传

收割转化
内容类型:通过大促带流量,以实现直播带货,边看边买
目的:全力导流,助力销量

资料来源:网上公开资料整理

图 1-10 KOL 营销路径

营销已不再局限于固有的电视广告、品牌广告，而是衍生出多种玩法，从简单的图文营销，到短视频营销，再到 KOL、KOC 等互动式玩法，新的营销模式层出不穷，但核心都是品牌营销理念围绕内容的重构，最终目的是通过新奇、有趣、强互动性的内容，更好地吸引消费者注意力，提升品牌认知，最终完成销售转化。

1.3.3 体验重构：从线上"封闭式窗口"向"交互式开放"体验转变

直播电商重构消费体验，实现了线上"封闭式窗口"体验向"交互式开放"体验转变，从传统网上搜索到电视购物再到直播电商，交互感更浓，亲和力更佳，参与性更强……这些，无疑都是直播带货俘获消费者的优势。

直播间里，主播们实时展示商品，以自己的名气和信誉背书，这让不懂行的消费者们降低了选购的时间成本，可谓一种既便捷又不乏体验感的购物经历。很多人边工作边看直播，不时与主播互动，了解产品详情，并看主播演示体验，轻松下单。不用浪费大量的时间去逛商场，也不用费尽心思去找产品比价。

对于商家而言，"内容＋直播＋电商"的模式让优质店铺更容易脱颖而出，逐渐摆脱传统电商竞价广告的泥潭。

"主播，请推荐一款适合长跑、性价比高的运动鞋。""好，听我的，选择 1 号运动鞋加上 3 号袜子直接满减，再叠加使用购物补贴，这样买最划算！"

这是主播与消费者之间的一次问答互动。通过这样具有亲和力的互动，消费者降低了选择成本。随着产品品类不断增多，消费者尽管有了更多的选择，但也在一定程度上增加了时间成本。因此，带货主播不仅要把好选品关，还需主动帮消费者进行优惠的计算和推荐。对消费者来说，可在最短的时间内购买主播提前选择好的价廉物美的产品；对主播和商家而言，用户的黏性不断增强，最终就会提高产品的销售转化率。

1.3.4 模式重构：实时大流量，转化高，渠道短，反向定制

直播电商带来模式重构，实现实时大流量、转化高、渠道短、反向定制。

1. 实时大流量

直播电商中采取网红、KOL 等主播带货模式，由于网红、KOL、达人本身自带流量，通过平台推广，可以给品牌方带来实时大流量。网红带货是非常典型的渠道与营销合一的新经济模式，对品牌方而言，对网红、KOL、达人的营销投放诉求，已由原先单纯的激发兴趣、种草，逐步向带货转化、商品销售过渡，当前不少品牌都将新品首发场地移到淘宝直播间，将营销、渠道合并为一个环节。

2. 高转化

在直播电商中，网红、KOL、达人非常关键，作为主播他们会提前了解产品性能、挖掘产品卖点，进行详细研究，提升销售转化。作为某一领域的意见领袖，网红、达人主播往往拥有更多且更准确的产品信息，对某些品类具有更深的消费认知和体验，其内容生产过程往往能够更好地突出产品的卖点、亮点，并通过新奇、有趣、强互动性的内容，更好地吸引消费者注意力，有效提高销售转化率。

3. 渠道和营销合一，消费者购买决策链条缩短

如图 1-11 所示，在传统的购买决策流程中，消费者通常始于"需求产生"，在主动"收集信息""比价评估"后，"决定购买"，最后"使用评价"，五步形成一个完整流程。而直播电商下的购买决策流程中，首先是主播介绍后"产生好奇"，直接"购买尝试""使用分享"，在这个流程中，由于对主播的信任，中间去掉了"收集信息""比价评估"两个环节，大幅缩短了消费决策路径。

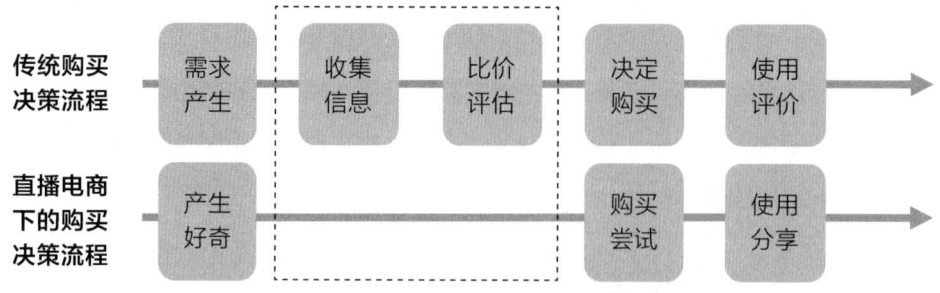

图 1-11 传统购买决策流程与直播电商下的购买决策流程对比

随着 KOL 网红带货、社交电商等新模式的崛起，渠道与营销之间的边界变

得越来越模糊，消费者的购买决策链条不断缩短。我们认为，这一趋势对传统的渠道与营销割裂的线下实体销售将形成较大冲击，更加利好渠道与营销链条较短的线上渠道，而 KOL 带货、社交电商等作为网红经济的重要表现形式，因其社交互动性强、转化率高等优势，正快速崛起。

4. 反向定制

直播电商中的头部主播，带货能力惊人，KOL 的经营模式部分类似于线上版的 Costco，粉丝即会员，KOL 即买手，通过在选品时的严选低价，以及直播时的互动营销，来实现商品快速销售。这些头部主播完全可以根据粉丝要求进行采购，并反向定制粉丝喜欢的产品。

1.4 发展直播电商是时代的要求

1.4.1 流量红利趋弱，传统电商平台寻求突破

1. 流量红利趋弱，需社交内容化地尝试去解决用户黏性、留存的难题

进入 21 世纪，流量红利已达峰值，进入存量争夺时代。如图 1-12 所示，一方面，中国移动互联网月均规模已达到 11.5 亿人，同比增速持续下行；另一方面，2020 年 3 月月人均单日使用时长已达 7.2 小时，面对移动互联网流量红利的衰减，各 App 从对流量的争夺转为进入残酷的存量争夺。而短视频、直播等内容消费占据用户注意力时长越来越多。当前移动社交（含即时通信、微博社交、社区交友等）、泛娱乐（含短视频、在线视频、手机游戏、移动音乐、数字阅读等）分别占据移动互联网总使用时长的 1/3，占据了绝大部分的用户注意力。其中，短视频行业持续吸引用户注意力，2020 年 3 月短视频用户使用总时长同比增长 80%；综合电商受直播电商的带动，2020 年 3 月用户使用总时长同比增长 36.7%。流量红利趋弱，传统电商平台急需提升用户黏性，让用户不再只是用过即走。

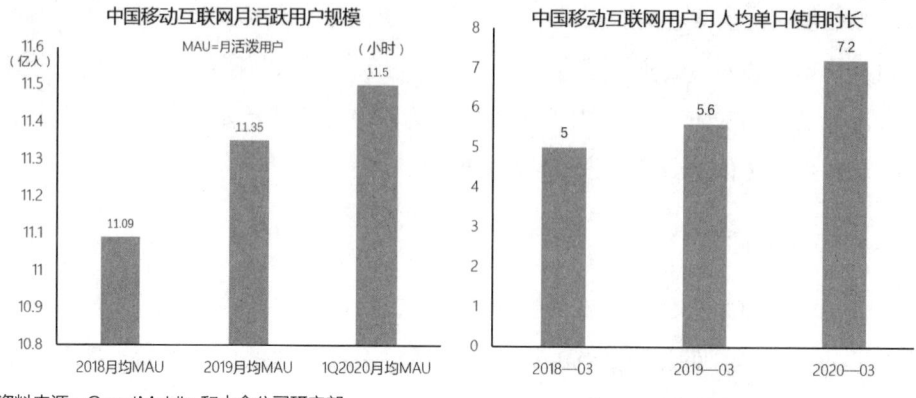

资料来源：QuestMobile 和中金公司研究部

图 1-12　中国移动互联网月活跃用户规模及中国移动互联网用户月人均单日使用时长

2. 电商平台的内容化是尝试，更是趋势

传统电商平台用户增长放缓，互联网下半场流量与注意力竞争持续加大。增强用户关注获得流量然后转化成购买，成为电商平台急需解决的迫切难题。而社交内容类平台的高用户黏性，是电商发展的必然趋势。

1.4.2　短视频、直播的快速发展催生直播电商变现

以抖音、快手为代表的短视频、直播平台迅速发展，对于移动时代用户具有巨大的吸引力。有了巨大流量，但怎么将流量变现呢？除广告和打赏外，流量转向电商变现，就是短视频、直播平台的新商业模式探索。

1.4.3　MCN及优质主播体系逐步成形

MCN（Multi-Channel Network），俗称网红经纪人，MCN 机构持续扩张与专业化，推动电商直播产业化。MCN 不仅从事网红、主播筛选和孵化，还承担内容开发管理、平台资源对接、商业化合作变现等一系列链条化工作。

据《2019 年中国 MCN 行业发展研究白皮书》统计，截至 2018 年 12 月，中国 MCN 机构数量已超过 5000 家，且 90% 以上的头部红人被 MCN 公司纳入，或成立了自己的 MCN。2018 年 MCN 变现模式中，内容电商占比 35.5%，头部

MCN 中内容电商占比 17.4%，MCN 机构体系的逐渐成熟将持续驱动电商直播行业保持增长。

1.4.4　直播产品内容分发机会暴增

5G 的高速发展，物联网成熟度和移动设备覆盖度不断提升，国家及移动运营商不断提速降费，这些构筑了直播产品内容分发的基础。

根据中国互联网络信息中心（CNNIC）数据，截至 2020 年 3 月，我国网民规模达 9.04 亿，较 2018 年年底增长 7508 万，互联网普及率达 64.5%，较 2018 年年底提升 4.9 个百分点。我国网民使用手机上网的比例达 99.3%，较 2018 年年底提升 0.7 个百分点。截至 2019 年 9 月底，我国移动通信基站总数达 808 万个，其中 4G 基站总数为 519 万个，4G 高速网络占比持续提升，充分保证网络在线直播流畅，大幅减少直播卡顿、音画不一致的情形。

三大运营商自 2018 年 7 月起逐步实施提速降费的优惠流量政策，并和一些平台合作，推出优惠定向流量包、流量卡；取消漫游费、下调流量平均资费，降低了用户观看直播的成本，用户用手机流量随时观看直播成为可能。

1.4.5　大数据智能推荐算法优化提高了带货转化率

数据的不断增长，算力算法不断成熟，大数据智能推荐大大提高了带货转化率。移动用户数量不断增长，大数据库内容不断完善，搜索推荐技术基于用户历史浏览数据及购买行为，对用户进行个性化标签分类，并推荐感兴趣的直播，实现内容与用户之间的精准匹配，使流量得到充分利用，推送内容定制化，最大限度地提高了转化效率。

第二章
直播电商本质、逻辑、模式、分类及趋势

2.1 本质：直播带货是人、货、场的精准匹配

直播带货为什么如此之火呢？是因为主播们的颜值高？是因为卖的产品都很稀缺？还是这种新鲜的购物方式满足了消费者的猎奇心理？探寻背后的原因，从图 2-1 中不难发现，其实直播带货的爆火最根本的原因是它重构了零售最基本的三个要素：人、货、场。

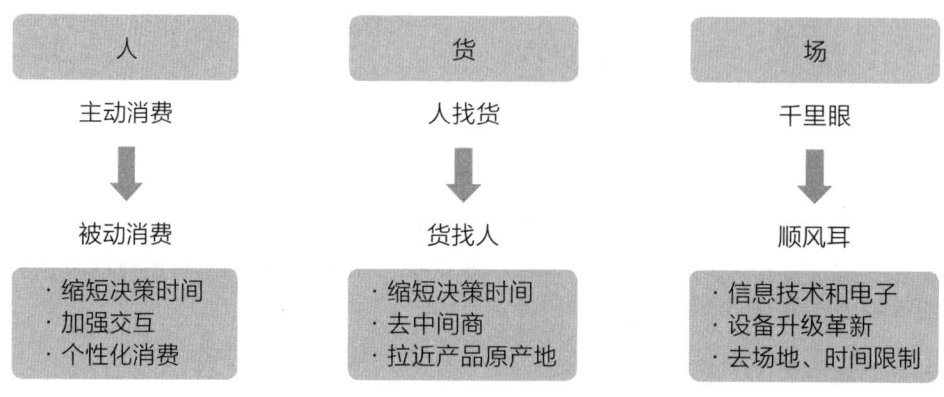

图 2-1　直播电商是新零售人货场的重大转变

电商是最复杂的互联网形态，是真正的经济在网上的投射。人、货、场能够很好地梳理电商商业模式的体系，内容电商平台如抖音直播、快手直播、小红书电商同样适用。带货的本质是什么，是人货场的精准匹配。直播电商的产业链包括平台、用户、主播、MCN 机构、供应链、品牌方、内容电商整合营销机构和

服务支持共八个环节,可以按照人、货、场划分直播电商具体环节,具体内容如下。

"人":包括主播和MCN机构,主播包括普通人、网红、KOL和明星,MCN机构包括内容MCN、品牌MCN和电商MCN;

"货":包括品牌方和供应链,对货源的把控,供应链能力是考核直播电商的核心能力,只有头部MCN机构有这种整合能力。

"场":包括平台,值得注意的是现在已经没有纯电商平台和纯内容平台,主要是内容电商化和电商内容化。另外在阿里巴巴生态的语境中,"场"特指消费场景。如下图所示,直播带货模式演进不断靠近货源,整合供应链(见图2-2)。

图2-2 人货场——直播带货模式的演进就是不断靠近货源

1. "人":未来2—3年是关键红利期

主播类别较多,主要可分为专业卖货主播和店铺主播两大类:

专业卖货主播:以大量粉丝为基础,以卖货为核心。有别于娱乐主播强人设属性,粉丝给货品较高关注权重,一般分散在各个MCN机构里,当红的李佳琦、薇娅、散打哥等都属于这种。

店铺主播：是未来发展方向，核心是线下导购线上化效果，货品是关键（个人店除外，个人店更类似专业卖货 KOL），以企业自己培养为主，第一批店铺主播以店里老板娘为主。

直播带来极强的私域流量，达人切入带货粉丝接受高，如果平台机制成熟，会让冷启动的新电商账号有更快的涨粉路径。在头部 KOL 赚钱效应带动下，各路兵马涌入，带货主播与 MCN 大浪淘沙，头部和肩部主播享受行业红利增量，未来 2—3 年是关键红利期。

2."货"：淘宝类目齐全，快手、抖音聚焦性价比，客单提升能力系未来关键

从货的角度看，当前已经呈现出了百花齐放的局面，特别是在疫情的催生下，"车""房"，甚至"火箭"等类别也在做线上直播（引流为主，成交为辅），虽然万物皆可播，但并不是所有货物皆可卖出效率。

直播电商当前阶段大部分的主播对品牌价值的提升帮助有限，核心卖点还是性价比。头部的主播由于自身"明星"价值，具有品宣效果，部分头部品牌已经通过其推出新品，从趋势看直播电商客单价的提升将是下一步快手、抖音电商主播们拉开差异的核心要素之一。

从当前平台看，淘宝直播用户依托于淘宝，淘宝用户培养时间较长，对平台信赖感较强，高客单的珠宝也成为重要类目，淘宝 2019 年人均支出在 9000 元以上，人均消费高体现了用户对平台的依赖与高信赖度。同时，看抖音和快手，快手 0—30 元和 30—50 元价格的产品较为火爆，产品和用户更加下沉，抖音用户对价格的接受度更高，50—200 元产品整体均有爆款。

3."场"："淘快抖"外，谁最具潜力

如果说接下来直播将成为电商的标配，那么所有的流量平台，理论上都有机会切入直播电商。从目前切入的类型看，有三大类平台：电商平台（淘宝、拼多多、京东等）、内容社交平台（抖音、快手、微博等）、种草类平台（小红书、哔哩哔哩）。利益链切分较为共性：商家承担 5%—50% 的平台抽佣，带货主播享有 10% 以上的佣金分成，某些主播还会收取坑位费（上链接的费用）。

电商内容化和内容电商化，一个核心是要把握人的因素，另一个核心要把握货和场的因素。社交平台包括短视频（快手、抖音等）、种草（小红书、哔哩哔哩等）、直播平台（虎牙、斗鱼等）、微博等；电商平台包括综合电商（淘宝、京东、拼多多等）、垂直电商（蘑菇街等）两大类别。内容电商平台切入直播电商也有内容优势，从长期看，二者都有机会。从网上大量数据可以总结出一个公式：超级带货 =（算法 + 数据）× 内容 × 社交^2。

直播电商的本质没有脱离传统营销中的人、货、场：算法 + 数据 = 场；内容 = 货；社交 = 人；社交的平方，意指社交网络对带货效果的指数级放大。

相较于普通带货的大量 ID 无权重、撒网式商品转化率低、在平台上暴力刷屏最后被限流或者拉黑来说，超级带货有 IP 能够单点突破，精选网红商品，配上平台的算法等机制赋能，最后就成为营销新路数。

2.1.1 人：从被动式购物变为互动式电商，直播红人带来极强的私域流量

新零售中"人货场"是核心，而直播电商是零售界"人货场"的一次"革命"，全方位提升交易效率。直播电商重构营销，从传统的对"物"的依赖，转向对"人"的依赖，人从传统的链条中的消费者转化为体验者，主播通过对品牌产品的体验分享进行有效直播。被动式购物变为双向互动式电商，传统电商属于货架式电商，更多"被动式购物"，用户根据自身需要检索和购买，且由于生态内变现手段原因（以搜索式广告为主），爆款思维频现、长尾商品得不到曝光、各环节跳失率较高，交易效率低下。而直播电商是"互动式电商"，跳过传统电商 A（Awareness）与 I（Interest）链路，对刚触网用户进行全面"种草"与"收割"，提高流程转化率，且直播电商将结算方式从传统电商的 CPC 向 CPS 过渡，颠覆电商交易效率。当"人"的价值凸显，"人"的影响力形成社交资产，而社交资产可实现"货币化"，营销的结构就发生了本质的变化。这是直播电商带来的革命，"主播红人"可以是意见领袖，可以是专家，也可以是一群人的情感经营者或是导购，"主播红人"的店铺、直播间形成了新的交易场，"人"即营销渠道。

主动消费中搜索选品需要长时间的品牌导入的过程，但被动消费、口碑的传

播会大大缩减用户的购物决策，消费者在直播间里可以通过评论的方式加强两者的交互，从而得到个性化的消费，提升用户体验。直播的出现，把人们在电商平台的购物行为从"人找货"，变成了"货找人"，直播带货让"人"重新回到了主角的位置。

达人主播是直播间能不能火起来的核心。人，才是直播的核心，也是直播的意义之所在。直播带货让主播和消费者之间的关系进一步亲密，通过主播的推荐取得消费者的信任，去品牌化、去平台化在直播带货中越发突出。用户只认人，不认品牌，人给货赋予了信任背书。用户放心且愉快地购买主播推荐的商品，而不管是不是名牌，是不是自己熟悉的品牌，甚至不管有没有实际需求，只要"人"对了就可以。一个直播间的调性，或是高冷范，或是幽默范；或是专柜的感觉，或是大卖场的感觉，这些都是由主播的人设决定的。更重要的是，未来所有消费者都可以是主播，人人都能带货，人人既是直播电商的消费者又是推介者。

绝大部分电商直播达人其实是在线导购，人设弱，可替代性强。未来他们最大的挑战是：一大批掌握了货源的短视频达人。一个直播间，只要多品类，买手模式，那么无论它是店铺号还是达人号，本质上都是达人直播间。种草博主转型电商主播最快，粉丝自带购买属性。主播间的竞争从某个角度来说很简单公平：不论是名不见经传的素人，还是大红大紫的明星，只要能带货，就能脱颖而出。

薇娅在成名前，做过女装批发、参加过选秀比赛、签过唱片公司、开过淘宝网店。李佳琦在成名之前是欧莱雅的BA（Beauty Advisor，即美容顾问），通过美ONE与欧莱雅合作的KOL选拔计划成为带货主播。作为最早吃螃蟹的一批人，薇娅和李佳琦吃到了淘宝直播最大的红利，又凭借各有特点的人设、专业度极高的讲解，以及勤奋的运营和出色的团队，分别成为淘宝直播的"一姐"和"一哥"，各自创下"2018年成交额27亿""淘宝直播粉丝数破千万"等纪录。

2.1.2 货：实现去中间商，拉近产品原产地

直播电商实现了去中间化，没有大批发商或小批发商，没有中间商赚差价，拉近产品原产地与消费者之间的距离。过去商家需要采购，把货存进仓库然后再上架，而现在这一过程被略去，同时视频代替了原来的图文展示，以一个更真实

和直观的方式展示产品，所以不管从货品的展示还是货源上，直播电商都更加拉近了距离，缩短了决策时间。同时最大限度地缩短了产品流通的中间环节，大大节约了渠道成本。

而且靠谱的品质、良好的售后，也为主播和品牌方带来了更高的复购率，从而使得直播带货成为网红主播与生产厂家的完美互补。工厂品牌为主播们提供了具有市场竞争力的品质和价格；直播带货则满足了工厂品牌对流量的诉求，让工厂品牌有了更高的曝光度，主播们也因此突破了靠广告或打赏变现的局面，供销之间可谓是实实在在的双赢。

货可以称为直播间的中枢。直播带货一般都要靠引爆单品的方式，十分考验供应链的承接能力。由于直播带货大多是主播直接对应厂家，厂家不仅要保证库存，物流、售后也得跟上。直播带货一个爆品的成功，对商家来说无疑就是一次小"双11"啊，这对倒逼其拥有强大的供应链能力起到了很好的推动作用。

但是不是每一种货任何一个主播都能带，如图2-3所示，依照货品类型、成熟度、促销模式的不同，每一种货都有不同的销售路径。任何成功的直播带货，都是人、货、场三者的完美结合，任何一个地方不适配都会造成难以想象的后果。

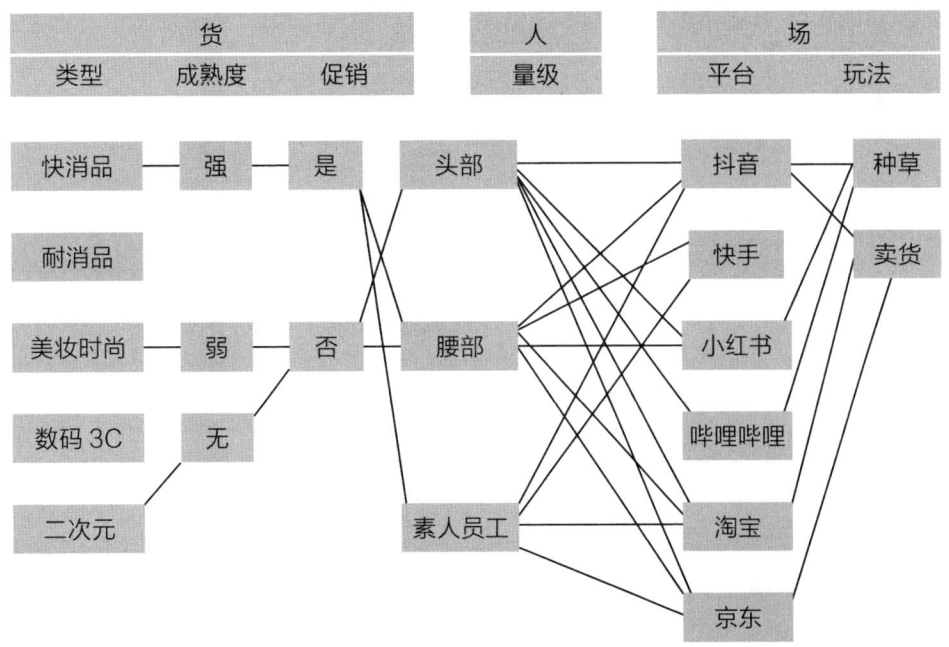

图2-3 人货场的适配

2.1.3 场：消费场景全面升级成"千里眼+顺风耳"

消费场景全面升级，边看边买成为主流，线下基地崛起，线上渠道受益。

"千里眼+顺风耳"的功能变成现实。依靠技术和设备的升级革新，商家通过手机直播可以在任何时间、任何场景展示产品，具有很强的时效性。

各种零售形式的变革都是为了给用户更新的、更能够满足他们需求的场景。超市的兴起满足了用户边逛边随意购物的需求；电商的兴起满足了消费者足不出户、便捷购物的需求；社交电商的兴起满足了用户随时随地购物、分享，所见即所购的即时性需求。

场是整个直播带货中连接主播、商品和消费者的场景和平台，根据是商品推荐导向还是顾客需求导向，是强消费属性还是强内容属性，可以把直播电商平台分成四类，如图2-4所示。从这四类场可以看出，传统搜索电商基因的场直播带货量大，而内容电商带货相对较弱，但种草基因强大。现在除了淘宝、京东、拼多多，还有抖音、快手、哔哩哔哩等越来越多的平台加入到了直播带货的行业，不断丰富整个直播带货场的生态。

图2-4 电商平台分类

1. 品牌直播

以品牌商为主，多以小店铺直播、导购直播、素人主播为主，立足于商品本身的品牌驱动力，靠产品过硬的质量和丰富的功能来吸引消费者，最看重品牌的发展。从长远看，这类直播更具有生命力，会成为商家标配。

2. 红人直播

以网红、明星、KOL以及各类MCN培养的红人主播为主，依赖主播的个人影响力去吸引消费者，拉新的成本相对较高，但是复购和转化会更好，粉丝会持续地被带动消费。

对于淘宝、抖音、快手这些平台来讲，要发展直播带货，必须要有大量的主播，而红人主播，即有一定粉丝量的主播，以及MCN机构的加入将对整个直播生态的发展有重要意义。大力发展红人主播也是这些平台的共同需求。一定会从平台功能生态、主播的培养签约，以及和MSN的合作等方面，进行大力的扶持和流量倾斜，培养用户在平台上的购物习惯。

对于抖音、快手这些顶级短视频内容社区来说，目前会大力发展直播带货，如今的直播带货，给了消费者从未有过的购物场景，不但结合了线上线下所有的优势，还能在购物的同时带给人美好的视觉体验和精神层面的满足。

"直播+电商"在线上获客成本高于线下获客成本的时代，突破线上获客转化瓶颈，省去了拉新、促活、留存的步骤，直接卖货。通过主播的话术和场景氛围的渲染，把稀缺性和饥饿营销玩到了极致，这对于产品初期实现低成本的品牌营造还是很有意义的。

随着通过直播买货的购物方式越来越被人们所接受，以及5G时代即将全面到来，直播带货的基础设施将更加完善；再加上岁末年初因为疫情，大家被迫宅在家的"催化"，可以预见的是，直播电商一定会迎来新一轮的爆发。

2.2 逻辑：直播电商成功转变背后

2.2.1 直播电商解决传统电商三大痛点

直播电商在某种程度上解决了传统电商存在的一些问题，如信息不对称、用户体验感差、缺少社交体验等痛点。

信息不对称：传统电商仅仅依靠图片和文字介绍产品，有些文字信息存在虚假宣传、夸大宣传，而图片又经过修图处理，比实物更美观，这是传统电商退货率居高不下的重要原因。而直播电商基于视频，用户能更全面地了解产品或服务，可以多维度观看体验，可以现场互动，所看即所得。

用户体验感差：传统电商存在信息不全面的弊端，用户只能通过图文了解产品性能，无法准确判断效果，而直播电商主播们讲解示范，回答问题，直播解决了"讲解"这个导购问题，提供与线下商场导购员相同的服务。

缺少社交体验：传统电商缺乏社交行为，人们虽然足不出户可以买到许多东西，但缺乏与朋友亲友交流的机会，而直播电商即时互动，用户可以实时与主播交流，并与同时在线看直播的人通过弹幕进行交流，一起轻松购物。

2.2.2　比拼的不是流量，而是供应链触达

直播带货引爆单品很多人以为是靠主播的个人能力，这是错误的想法，当然主播个人引流能力、沟通能力固然重要，但更重要的是供应链触达能力。直播带货能力的重要竞争力在于要能够做到低价走量、快速反应，它需要工厂电商的模式来做到极致性价比，需要建立完善的供应链来完成产品供销的快速反应。所谓供应链管理，实际上就是把商品从生产厂商的工厂里运到消费者家里，关键是用什么样的方式，最短、最经济、最有效地完成这个过程。

未来，随着直播电商越来越火，主播的不断增多，消费者好奇心的减少，供应链能力将越来越重要。供应链能力主要包括三个方面：

（1）供应链的整合能力，即整合优质货源的能力，网红直播需要确保更低的价格来走量与加强粉丝黏性，但就算是带货能力再强的大主播，如果没有超快的上新速度及货品丰富度，也带不起销量。

（2）供应链的供应能力，即在单位时间内的供应能力，正如有人说的，假如淘宝知名主播在美国做直播带货，即使他能拿到同样多的订单，也没有能力把这么多货即时送到客户手上，这些都涉及工厂与供应链时效。不少带货能力强的网红达人和MCN为了确保稳定货源，都搬去了离供应链最近的地方。

（3）供应链的流通能力，即最短、最经济、最有效地将货送达消费者手中，十分考验供应链的承接能力，由于直播带货大多是主播直接对应厂家，厂家不仅要保证库存，物流、售后都要跟上。成功的直播带货对商家来说任何一次都是"双11"，对库存、仓储、物流、售后都是一次大的考验，供应链流通端必须要做好预案，以防直播带货引爆后的手忙脚乱。

如今，越来越多的电商平台在主打网红带货，电商与工厂的关系走得越来越近，按需定制、按需量产、低价走量，对供应链的管理要求越来越高。

网红带货模式在切实地改变供应链业务模式与组织形态，大数据的应用能力提升，直播电商的发展让企业有机会直接面对终端消费者，获得海量的消费者数据及直接的反馈，小批量、多批次柔性化生产能力及定制化生产将取代传统模式的规模化、标准化生产。从国内的制造业本身来看，OEM/ODM 都在开始布局谋划加快转型，改变过去的被动的生存方式。越来越倾向于响应型——拉式管理的供货与推式管理的供给相结合。工厂越来越需要专注于品牌及供应链环节的打造，越来越多地强调各自的专业分工，供应链、品牌、平台各自专注，互相协同，快速反应。因此，电商平台的下半场的竞争本质是供应链时效与供应链壁垒的竞争。

主播如何选品？怎么做好转化率？这涉及供应链时效。MCN 机构、主播、电商平台能否帮助品牌工厂尽快适应直播电商新模式，建立产业升级方案与快速反应的供应链体系，能否孵化出大量的工厂品牌，谁能走得快、走得深，决定了直播电商市场这一局部的竞争力。

2.2.3　比拼的不是直播形式，而是高质低价爆量

很多人以为直播带货本身体验好，消费者才大量购物，其实真正的原因是高质低价爆量，即品牌+内容+流量，效率是网红直播带货的根本，"低价爆量"打造四方共赢。

如图 2-5 所示，对粉丝来说，"选品能力"和"优惠"更关键，直播能发现用户随机性购物需求。

对网红或 MCN 来说，能够产生佣金及抽成，甚至有机会打造自有品牌。

对品牌商来说，爆量、去库存，以及平台的流量配比，直播提升了非标商品潜在渗透率。

对产业链来说，直播加快了供给端产品开发速度，从而实现了用户需求的即时响应。

对网红/MCN来说
通常会收取单链费用和抽成，收入相当可观
自由品牌趋势也较为明显

对粉丝来说
"选品能力"和"优惠"更关键
直播能够发现用户随机性购物需求

对产业链来说
直播加快了供给链产品开发速度
从而实现了用户需求的即时响应

对商家来说
爆量、去库存以及阿里系的流量配比等
直播提升了非标商品潜在线上渗透率

图2-5　低价爆量打造四方共赢模式

2.3　模式：借助社交打通商业变现之路

直播电商离不开成熟线下场景的支持。好的"概念店""体验店""旗舰店"的体验有助于直播电商的成交。传统的搜索式电商在购物体验方面类似线下商超，消费者以自助式的方式完成"搜索—浏览—选品—加购—付款—评价"的购物全过程。然而线下购物体验告诉我们，以商超为代表的自助式购物只是零售业态的组成部分之一，大量消费品的销售过程需要包括试用、引导、讨论甚至教育等全方位的交互与沟通（尤其是客单价高、决策流程长、产品非标属性强的消费品品类），而此类深度交互沟通过程则离不开"人"的参与。因此可以发现，在美妆、服饰、珠宝、汽车等消费品类目的线下销售流程中，导购的专业素质及个人魅力对商品销售效果能够产生极为重要的影响。

同样我们可以发现，在线下场景下，好友以个人信用背书的相互推荐也是商品销售得以增长的重要因素。通过口碑传播能够使得商品推广效果获得几何级数的增长。因此直播电商模式本质是借助社交打通商业变现之路！

2.3.1 直播引流，粉丝滚滚来

直播电商与传统电商相比，优点如下：

（1）双向互动，改变了过去用户只能对着电脑图片的局面，图很好，买回来发现根本不是那么回事，而直播可以直接通过主播的试穿、试吃得到直观效果。

（2）直播间很热闹，传统电商带给用户的是冷冰冰的页面，用户无法透过页面与运营者直接联系。而直播间都是活生生的人，用户可以通过弹幕进行现场交流，效果好。

（3）直播电商中的品牌爆款，优质低价对大众有极大的杀伤力，品牌引流也相当不错。

（4）从众心理，看着朋友圈热闹的直播很容易受吸引而进入直播间。

（5）直播电商运营逻辑中首先是人，都是以个人 KOL 为核心的流量逻辑。头部主播引流力惊人，主播的人设、策划控场能力、感染力等都决定了其影响力和带货量级。

2.3.2 社群激活，一次引流多次使用

直播引来的巨大流量，这些流量是对产品、品牌或主播感兴趣的精准粉丝，对于这些巨大流量的使用，如果仅仅是只带一次货，显然是太浪费了，最好的办法是建立一个"蓄水池"，做到随时开播随时用，而社群就是最好的方式，通过公域流量（淘宝、抖音、快手、小红书等直播平台）导向私域流量池，到主播或品牌的微信群里，进行二次、三次激活，实现多次变现，重复使用。可以借助用户增长模型，即 AARRR 模型（图 2-6）用于社群运营。

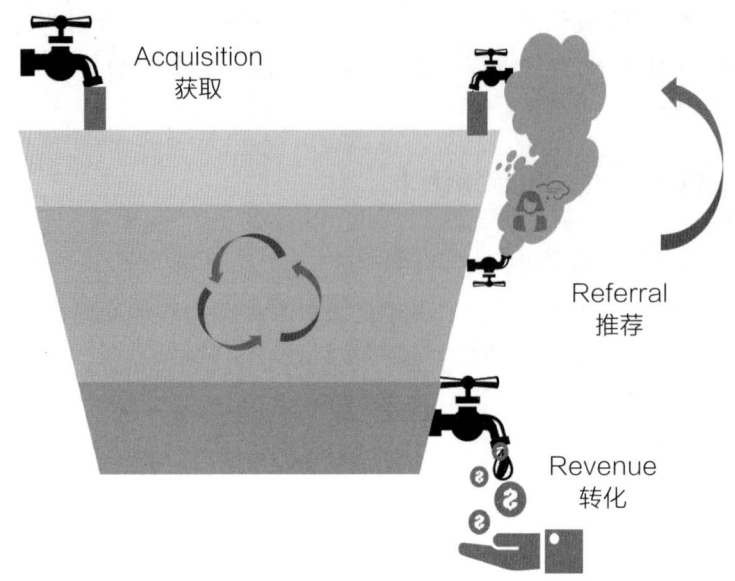

图 2-6　用户增长模型

（1）Acquisition（获取），获取直播种子用户有两种方式：①冷启动：即直播社群框架已搭建好，要从原有的资源中引入具有影响力的第一批种子用户，完成第一波用户增长。②用户裂变：利用直播过程中交流，引流裂变，邀请种子用户分享、连麦等。

（2）Activation（激活），直播电商社群建立起来后不能休眠，要激活，要经常输入优质内容，或进行各种互动小游戏，如做任务领奖品、直接发红包等方式，调动大家积极性。

（3）Retention（留存），所有的用户进入社群都是有目的的，比如，在线教育社群是为了知识获取、电商—社群有产品优惠等。做直播电商一定要做好留存，便于通知老用户参与直播。

（4）Revenue（收入），直播电商社群的用户要适时通知他们直播的时间、场次、产品特征、优惠力度适度刺激做好收入转化。

（5）Referral（推荐），如果前面四项都做好了，第五项会水到渠成，适度营造一些稀缺、紧张的气氛刺激用户，设计一些诱惑引起用户的好奇心。如此反复运用可以使用户既产生转化又产生传播。这个理论也是社群运营的基础。

2.3.3 电商变现，线上线下融合

根据不同平台、不同的内容、不同产品的转化载体（内容、固定商城入口等）、商品载体（自主搭建、淘宝京东、微商城等）和自主特色采用不同的营销策略，如图2-7所示。

图 2-7 电商变现策略

1. 自营电商变现

通过粉丝社群激活引流到自营电商平台，自营电商平台有很多种，可以是自家开发的 App，也可以是微信小程序、基于公众号的微商城，或者一些用户垂直度更高、有共同属性、产品场景更突出的产品，这些因素的关键意义在于有可能做到更好的购买转化率。与在淘宝直播、抖音直播、快手直播平台相比，自家商城的流量是私域流量，可以长期复用。在自主系统上，可以进行更多的活动设置，如抢红包、接龙、打卡等。场景设计更好，而且不用平台分佣、盈利空间更大，也更便于把控商品品质和服务。

2. 导购变现

适用导购变现的主要是独立的网站、App 产品，这类产品可能通过内容或社区，具备了足够用户量和活跃度。导购属于轻量的变现形式，这一类网站或 App 不需要开发电商的商品管理、订单和支付系统，也避免陷入供应链、仓储物流的

成本。运营核心需求上，只需要搭建商品展示页面，通过与购物平台分销、广告系统合作，进行选品招商、上下架、结算等工作。

利用各种公域流量平台，如淘宝、今日头条、优酷、微博等拥有海量且不同喜好的用户的非垂直产品，用户来源广泛。通过数据挖掘形成千人千面的个性化商品推荐体系，可以实现粉丝偏好，快速选品。在网站或 App 中开辟固定的橱窗位置，将数据打通共享到购物平台，再通过持续的数据优化，提升购买转化率，获得规模的分成收入，除大型的营销活动协同参与外，无须投入过多的运营人力。

3. 边看边买

通过融入内容场景，在你登山时展示口渴场景，在填报志愿时展示高校活动场景，在具体的场景过程中刺激购买变现。线下线上一体化，通过线下活动引流到自家的电商平台，实现线下活动线上成交，或采用线上购物线下体验等多种丰富多彩的形式，实现变现。

在变现的角度，电商业务已不再局限于流量、转化率、促销的范畴，转化率的提升也不再是简单地优化网站页面的横幅广告（banner）、商品、详情页。利用直播引流在场景中设计入口、社群激活、电商变现，这是一个简单易行的好模式。

2.4 直播电商分类

直播电商因用户消费动机不同而差异显著，主要分为网红电商、内容电商、社群电商三类。

网红电商（转化率高）：用户和网红、达人或 KOL 之间建立强信任关系，易产生基于信任的消费冲动，以网红、达人为主，可打造独有的 IP 品牌，用户黏度高，粉丝因为信任人而忠于品牌。

内容电商（推荐率高）：基于推荐的产品和推荐逻辑，内容的设计主导用户的消费冲动。以工具性内容为主，能解决用户目前的需求，内容成为表述产品的手段，用户因为信息而忠于品牌。

社群电商（复购率高）：群体性质，基于群体化引导消费，基于社交属性建立圈层信任链，以社区属性为第一入口，粉丝因为自主力忠于品牌。

2.4.1 网红电商

流量为王,传统时代的入口是有形的,可能在一线商圈的实体店、概念店或体验店。到了互联网时代,流量入口可能是淘宝的搜索框,而下一个时代,很可能就是那些有大量"粉丝"的网红。这就是网红电商爆发的基础。

定义:网红电商是影响力经济的体现,顾名思义,是具备网络影响力的内容生产者(网络红人)通过内容/电商平台,为用户推荐/售卖产品。利用互联网的杠杆扩大他们的影响力,将沉淀的粉丝资产转化为客户,将流量转化为成交。

网红电商是网络营销服务的升级,在互联网普及的时代适合网络购物人群,在Z世代的购买力崛起下,网红电商更加适合新一代年轻人的消费习惯:其对产品更注重品质和体验,传达给用户更加直观的产品感受,从而刺激消费转化。

核心特征:用户和网红之间建立强信任关系,易产生基于信任的消费冲动。以网红为主,可打造网红独有IP品牌,用户黏度高,粉丝因为人而忠于品牌。

网红类型主要有内容创作者、直播达人、演员歌手、名人、有名网店掌柜、专业人士、草根红人等多个类型,分别是因为内容或因个人才艺成为网红(见表2-1)。

表2-1 网红类型

网红类型	网红内容	网红案例
自媒体	内容创作者,影响力大、辐射面广	友君大讲堂、年糕妈妈
直播主播	直播达人,社群效应强、价值观近似	薇娅viya、烈儿宝贝、张沫凡
明星	演员/歌手,品牌背书强、追随者多	王祖蓝、李亚男、朱梓骁、林允、包文婧
名人	某领域中的领袖,社会地位高、知识面广	吴晓波频段、凯叔讲故事、樊登读书会
网店掌柜	店铺经营者,运营经验丰富、懂用户	张大奕、雪梨
专业人士	职业专家,了解产品和用户心理	李佳琦
草根红人	普通网民,内容亲民、贴近生活	麻辣德子、爱笑的雪梨吖

如今网红携手电商撬动新红利池，如图 2-8 所示，这么多年流行的网红有写手网红安妮宝贝、木子李；有话题网红芙蓉姐姐、凤姐；也有意见领域李开复；职业网红 papi 酱、薇娅，等等。

图 2-8　网红携手直播电商

2.4.2　内容电商

内容电商是电商发展的高级阶段，内容电商指的是通过互联网的工具或者社群产生内容，获取粉丝后，拓展到实物商品的销售的商业行为。主要有主打 UGC 晒物内容的小红书、主打二次元文化的哔哩哔哩；主打直播的全球购；主打导购内容的美丽说；自媒体罗辑思维、得到，以及一些超级网红，等等。

核心特征：基于推荐的产品和推荐逻辑，内容的设计主导用户的消费冲动。

以工具性内容为主,能解决用户目前的需求,内容成为表述产品的手段,用户因为信息忠于品牌。主要分为三类,即电商平台内容化、内容平台电商化、综合内容电商平台,内容已经成为一种电商平台必备的基础设施。

电商平台内容化:如图2-9所示,在流量日益枯竭的情况下,传统电商为寻找出路,内容化是重要选项,通过内容重构电商,通过图文、短视频等方式分发内容,吸引消费者的注意力,再通过直播、种草等方式进行引导电商消费。传统综合电商平台如淘宝、京东、唯品会等和传统垂直电商平台聚美优品、苏宁、国美等纷纷开始推进自身内容化的进程。

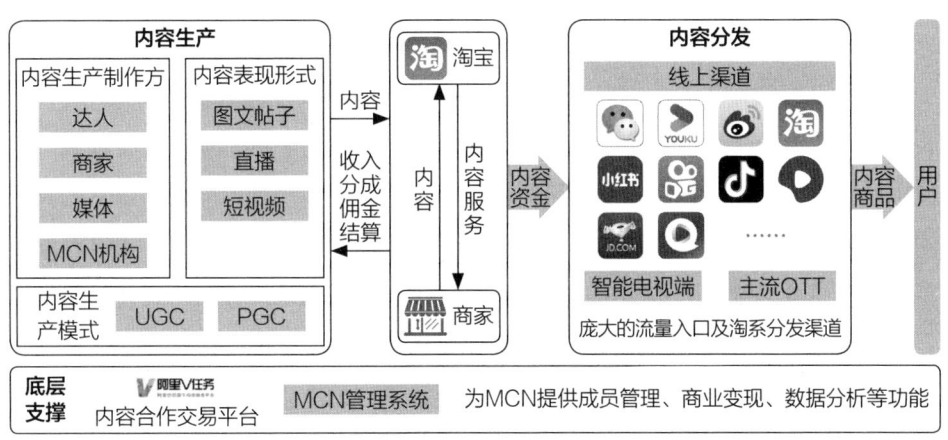

图2-9 电商平台内容化

内容平台电商化:一些拥有优质黏性粉丝的短视频平台、直播平台、自媒体平台等,诸如美图美妆、一条、二更、罗辑思维、吴晓波频道,也纷纷开始深研内容电商之道。其逻辑是借助原本的优质内容和高黏性的粉丝群体,倡导美好生活方式,跳脱出单一的广告变现形式,通过电商完成产业闭环。他们自建内容团队,以MCN机构的形式产出内容并进行分发。内容平台电商化之后,仓储管理、质量管理、物流配送等几乎均由供应商负责,平台更多的是对符合调性的供应商进行筛选。

综合内容电商平台:既依托于内容供应链,又依托于产品供应链,是由二者共同驱动的电商平台,其在产品的定位上又多为垂直的品类,代表平台有蘑菇街、小红书等。综合类内容电商一方面自建内容团队,另一方面连接外部的网络红人及 MCN 内容机构。相比于电商平台内容化，综合性内容电商平台需要同时打造自身的内容供应链和商品供应链，形成完整的一套内容生态体系。

从注重商品的"量"到追求内容的"质"，"内容"与"电商"的结合看似越来越复杂，但从零售发展趋势、消费决策机制的变化、新媒体市场的变化、新消费升级品牌的需求上来看，也是必然的趋势。消费者的购物思维已经改变：从感性消费到理性消费，从主动寻找到被动遇见。消费者希望获取更多优质内容的强烈需求，将会推进电商平台在"内容电商"上不断升级迭代。

2.4.3 社交电商

社交电商是指基于人际关系网络，利用互联网社交工具或电商平台社交功能，将关注、分享、沟通、讨论、互动等社交化的元素应用于电子商务交易过程。社交电商有助于消费者前期的店面选择、商品分析比较，中期的购买体验交流及后期的消费评价及朋友圈分享。对于企业来说，可以增加用户黏性，让用户有参与感。对于品牌商来说，社交电商通过社交化工具的应用及与社交化媒体、网络的合作，完成了品牌销售、推广和商品的最终销售。社交电商的本质在于依托社交链条的裂变式效应扩大用户规模和转化机会，通俗地讲就是社交电商是通过社交分享来做电商交易。

核心特征：群体性质，基于群体化引导消费。基于社交属性建立圈层信任链，以社交属性为第一入口，粉丝因为自主力忠于品牌。

分类：凡基于社交关系的线上交易行为，广义上都算社交电商，种类很多，如微商、微电商等；以微信公众号等为 KOL 的内容电商、淘系直播等。

2.5 趋势：未来向左走，向右走

2.5.1 5G、VR、AI、大数据为直播电商带来更好的体验

很多人以为，直播就是架上一部手机，主播坐在镜头前面就可以了。其实，

我们能看到的是主播在讲解产品,看不到的是背后的技术支撑。5G提供数据传输,保证直播的画面清晰,不掉线;VR可以实现虚拟购物;AI可以使直播更智能;大数据通过对粉丝数据画像,有助于找到更精准的产品来适应粉丝需求。技术帮助直播电商生命的丰富度和宽度。通过将大数据、VR、云计算、区块链和人工智能为代表的新技术与直播带货联系起来,不仅可以找到直播带货的更多新的功能和作用,还可以让直播带货本身不断迭代和升级。当直播带货本身以及由它衍生出来的功能和作用不断创新和改变,直播带货才能持续发展,而不是像"互联网+"时代的诸多风口一样转瞬即逝。

如图2-10所示,5G是第五代通信技术的简称,高速率、泛在网、低时延、低功耗是5G的四大核心特征点。高速率:这是5G最大的一个特点,目前5G基站峰值速度达到20Gb/s,相比于4G来说,是4G的10倍以上。可以保证直播的直接效果,避免出现断播、失音等状况。泛在网:5G要求更广阔的覆盖,即宽度广泛,纵深覆盖,5G使用毫米波技术,网络无死角,这为直播走进田间地头、走进原产地提供了可能。低时延:正常人的眼睛眨一下是6毫秒,而5G理论值可以达到1毫秒。低功耗:5G实现万物互联向万物智能的转变。功耗低意味着可以连接更多的设备。让大部分物联网产品一周充一次电,甚或一个月充一次电,就能大大改善用户体验,促进物联网产品的快速普及。这为直播走进千家万户提供了直接技术基础。

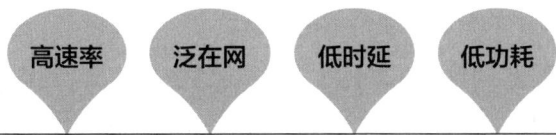

01	试听效果提升 视频清晰度进一步提升,信息传输更加流畅
02	交互形式扩展 强大计算能力能够支撑更高传输成本的互动行为,主播和用户、用户之间将有更多形式的互动
03	直播类型多元 5G技术将优化AR/VR等技术的使用成本和实际效果,VR直播、全景直播、沉浸式直播应用范围或扩大

图2-10 5G对直播电商的影响

对直播的早期影响是：多场景切换，高清缩放；中期是：多智能终端切换，试妆试穿；后期是：沉浸式虚拟逛街。5G技术的变化将带来整个消费场景体验的提升，内容包括：

（1）4K高清，所见即所得。镜头可以直接拉升，清晰地看到商品的所有细节。妆容服帖与否、衣服的质感光泽、珠宝的切割工艺……这些最受人关注的商品细节，都能够非常清晰地在4K直播画面上得到体现。5G时代网速进一步提升，直播清晰度大幅改善，消费者能够在手机屏幕前感受到接近现实的清晰度效果。

（2）去WiFi化，大家可以边走边看，边看边播。

（3）多场景切换，比如一次直播中包含农场、工厂、商场多个不同的场景。由于5G时代的基础设施增强及地理位置限制减少，直播场景或将不仅限于主播所在的直播间，而是可以包含工厂、仓库、发布会等全链路直播场景。

（4）VR试穿试用，用户可以在线试衣试妆。

电商直播从一个让人产生鄙视链的产品过渡到一个时代的风口，这种巨大的变化得益于5G技术的广泛运用。

1. 首场5G电商直播

2019年4月28日，淘宝直播与中国电信浙江公司合作完成全国首场5G电商直播。值得注意的是，由于5G的低时延特性，用户能够远程自主操作查看产品细节，对局部细节进行放大。"想看哪里点哪里。"商品的实时展示瞬间变得无比清晰，连头发丝和毛孔都看得一清二楚。

此次淘宝直播5G项目负责人表示："基于中国电信5G网络传输实现的4K直播、画中画直播、局部细节实时放大等多项功能，使得未来线上线下在商品细节信息获取上的差别大大缩小，消费者在直播中观看与实体店现场观察几乎没有差别。"

这意味着主播无须赘述，镜头已将细节展现得一目了然——所见即所得。

对于美妆、服饰、珠宝等类目的主播来说，这样的功能尤其重要：妆容服帖与否、衣服的质感光泽、珠宝的切割工艺……这些最受人关注的商品细节，都能够非常清晰地在4K直播画面上得到体现。

在5G时代，过去常见的清晰度低、卡顿及跳转烦琐等情况均会消失，稳定可靠的长视频将进一步加深用户对产品的理解，更容易促成购买。

5G还将给电商直播带来更多可能性,在农村等信号弱的地域,期待有更清晰顺畅的直播体验。5G技术革新有望带来新机遇。

2. 语音识别、VR大数据助推

线上购物模式将以视频、直播、3D的形式输出,用户不需要参考复杂的数据和买家秀,省去研究宝贝评论的时间——真正让你看得见、"摸得着",只需要事前扫描身体录入数据,即可进入虚拟环境进行试穿。码数、颜色合适与否,答案马上知晓!不但消费者的购物体验大幅提升,对于商家而言也是乐事一桩。

全新购物热潮,未来可期!随着网上购物的普及与推进,消费者对于包装质量和配送时效的期待也水涨船高。这给仓储、物流带来了新的机遇和挑战。

而5G的落地将推动物联网的发展,人、货、场的关系将得到重组,万物互联,物物紧紧相连,期待物流水平实现质的飞跃。我们畅想未来在进店沟通、选品比较、产品溯源、双线融合等多个方面都会有更好的体验(表2-2)。

表2-2 新技术对直播电商的影响对比

	过去	未来
进店沟通	商品详情页跳转售前客服,阿里旺旺文字聊天	商品详情页跳转客服视频,进入现场直播窗口
选品比较	观看主播将套装口红10个色号涂满手臂比较	线上AR试妆,自由选择10个色号看效果
产品溯源	某主播滔滔不绝5分钟讲解某品牌奶制品原产地品控质量	随时进店铺直播间观看牛奶工厂各环节实时生产情况
双线融合	二三线城市用户定期前往一线城市顶级商圈购物	通过AR、VR技术二三线城市用户在家即可逛完各大一线城市顶级商圈

2.5.2 柔性化定制,C2M反向定制

直播电商将助力产业链向上游拓展,原有的用户直连制造(Customer-to-Manufacturer,Original Design Manufacturer,ODM原始设计制造商)模式中,工厂品牌虽然可以对接电商平台定制生产,但需要入驻平台,依赖于平台流量,因此工厂的痛点是无法直接接触买家。而直播电商刚好解决了工厂这一痛点。

主播为了保证直播带货效果，一定会最大化与工厂直接联系，寻找"最低价"，而工厂为了在淘宝体系内的自然搜索排名提升，也乐意与主播合作而带来更高的复购率。网红主播有流量缺变现，工厂有产品无流量，二者是完全结合。工厂品牌为主播提供了具有市场竞争力的价格，直播带货则满足了工厂品牌对流量的诉求，让工厂品牌有了更高的品牌曝光度，网红主播也突破了靠单一广告或打赏变现的瓶颈。直播带货不仅帮助工厂打开了产品的销量，而且帮助IT进一步打造品牌，提供服务、提供流量、提升用户品牌认知三位一体的多赢，为工厂打造了稳定的供应链掌控力。

二者的完美结合将带来三大模式变化：

（1）C2M电商模式：通过直播过程，了解、搜集、分析粉丝需求，实现消费者自主定制，工厂通过平台把握消费者具体需求，进行生产，整个过程颠覆了从工厂到消费者的模式，实现了C2M的完美逆袭。

（2）ODM电商模式（优质制造商，电商品牌，无需经营工厂）。ODM是OEM模式进化，一家厂商根据另一家厂商的规格和要求，设计和生产产品，即专门接受其他企业定牌生产的要求进行生产，贴的是客户的牌子，核心竞争力是自身的设计生产品质化的能力。

（3）TOP工厂品牌孵化，即直播电商平台如淘宝平台、京东平台等通过直播大数据中体现出来的聚类客户共同需求来反向指导工厂生产，并批量孵化工厂品牌，比如说拼多多推出的"新品牌计划"、苏宁拼购的"拼品牌"计划等。

直播电商与品牌工厂的结合就是"金风玉露一相逢，便胜却、人间无数"，通过主播、厂家与消费者直联，迅速掌握消费者的准确需求，以及产品在体验过程中的问题，直接进行生产，例如，服装生产厂，要生产衣服需要从挑选材质、设计样式、打样、排期、生产出成品等一系列环节，通过直播电商对接电商平台之后，直接获得一手消费数据，通过数据分析和数据挖掘来不断优化方案，更贴近消费者需求，降低营销费用。

因此，相比于过去，无论是C2M还是ODM，都需要在原有基础上提升生产效应与快速反应的速度，对工厂与电商的配合与分工要求越来越高，这也将倒逼工厂必须要向更高的品质与流程化生产升级来配合平台的走量需求。直播电商满足了柔性化定制需求。

2.5.3 去品牌化

传统商业一直是围绕产品、品牌发力，直播电商彻底颠覆了这个格局，直播电商产品主播消费者三位一体，去掉了传统的产品到大批发商，再到小批发商，再到店铺再到消费者的过程，"没有中间商赚差价"，主播是产品与消费者之间的核心连接，主播帮助消费者选品，节约了消费者选品时间，主播对产品的试用和体验减低了消费者购物风险。直播电商产品与用户之间隔着主播。主播有大量粉丝和追随者，消费者只认主播，不认品牌，主播是人、货之间存在的隐形的信任背书。用户消费主播推荐的东西，不管有没有品牌，不管有没有实际需求，粉丝们的第一反应就是信任主播。其中，去品牌化的不仅仅是产品，明星也一样，在电商直播圈，头部的网红们不比明星带货能力差，网红更接地气地推荐产品，给粉丝们更加真实、亲切的感觉，因此明星的个人品牌化在电商直播中也去掉了。未来去品牌化无论是产品方面，还是明星品牌 IP 都会相对弱化，"全民皆主播，人人都带货"，人人都是直播电商的消费者及推介者。

很多红人主播直接绕过了品牌，让厂家直接供货，也有一些红人主播甚至直接绕过厂家，自己做供应链，快手上带货的"第一主播"辛巴，就有四家自己的公司，直播卖的毛巾、牙膏、面膜甚至加湿器等产品，都是自家生产的。

多年以前，比尔·盖茨曾经表示："要么电子商务，要么无商可务。"可是，现在已经不是 B2C 了，而是直接绕过商家，从供应商那里买东西，甚至自己做供应链。红人直播带货给电商运营效率，带来了革命性的升级。

当下，企业营销与主播、电商平台对接，全员直播，节约了企业的营销成本，重构了企业运营商业模式，提高了企业营销效率。

2.5.4 去平台化

新零售重新定义了人、货、场，电商直播是对人货场的重新排列组合。当下直播电商依赖电商平台，尤其是产品呈现、商品交易、移动支付、担保、售后都离不开平台支持，但去平台化趋势明显，这种去平台化不是不要平台，而是不依赖某单一平台，并且各个平台都可以，粉丝跟着主播走，主播带着粉丝在各个平台之间进行直播。当下淘宝平台一家独大，市场占有率最高，去平台化就是不再区分淘宝、京东、有赞、快手小店、抖音商品橱窗，等等，以人、货的连接为主要诉求场可以是移动的，线上或是线下，自有的或者是联盟性质的。

2.5.5　全民带货

直播电商加剧了全民带货热潮，直播带货从最初的网红带货、KOL带货向店铺店员带货高速发展，"全民皆主播，人人可带货"已成为当下最大的趋势，头部网红主导市场，凭借超级流量，网红直播兼具品宣、销售双重功能，但也存在费用高、留存低、复制难等瓶颈。后续，直播带货作为新流量时代的常规工具，将逐渐回归商品销售本质，随着行业的标准化，从网红带货到全民带货、从信任主播到信任商品，是未来发展的主要方向。内容营销崛起的背景下，以抖音、快手、淘宝直播为代表的App活跃用户快速增加，品牌方通过社媒引流至电商平台实现销售转化。但是头部网红KOL目前处于流量垄断地位，费用率居高不下，品牌企业除品宣需求外，难以长期作为主打销售渠道合作。网红利用高流量资源尽可能多地寻找优质商品并提高折扣水平，这一过程过于依赖网红选品能力和消费者冲动购买心理需求，并不能长期减少信息不对称问题（反而容易加大）。中长期看，随着新技术的普及、平台流量分发算法优化、高质量直播人才的培育，直播电商将逐渐从网红带货走向全民带货。

2.5.6　加速国货崛起

每一轮渠道红利，都是国货品牌崛起的加速器，此轮直播、视频电商红利对美妆国货品牌最为有利。中国消费品市场处于结构性升级阶段，三四线及以下城市的消费潜力，在抖音、快手、小红书对消费者的教育，与社交电商、微商、直播电商等渠道下沉相结合下，得到充分挖掘。同时，化妆品、零食等处于行业流量红利期，随着企业规模扩张，竞争力从渠道、营销驱动逐渐过渡到产品驱动。现阶段直播电商主要用户与国货品牌目标客群高度吻合（国际大牌还难以下沉），结合网红带货兼具"品宣＋销售"功能，对国货品牌爆款打造、产品力在消费者心中提升有着关键作用（国际大牌目前对直播品宣需求小，因此不能接受低折扣和高费用率），这对于国货化妆品尤为重要，在"直播+视频"营销带动下，珀莱雅红宝石+双抗、丸美小红笔等产品力都有大幅提升，有可能成为新的大品类，国产化妆品产品力正在迅速提升。

国货品牌2020年在直播带货方面加大力度，充分利用网红"品宣+带货"双重功能。统计上市美妆企业2020年4月5日至5月4日参与薇娅和李佳琦直播的次数，上海家化共9次参与直播（见表2-3）。

表2-3 上市美妆企业2020年4月5日至5月4日参与薇娅和李佳琦直播统计

日期	主播	上海家化	珀莱雅	丸美股份	华熙生物	御家汇
20200405	李佳琦	玉泽面霜				
20200408	李佳琦		珀莱雅红宝石精华			
20200410	薇娅				MESO虾青素精华、润百颜净肤次抛原液	
20200415	李佳琦	佰草集新七白精华				
20200416	李佳琦	玉泽面霜	圣歌兰小蓝胶眼霜、珀莱雅红宝石精华			
20200417	李佳琦	玉泽屏障修护面霜、玉泽屏障修护套装				
20200418	李佳琦	玉泽调理乳				
20200419	薇娅			小红笔眼霜		御泥坊祛痘泥
20200420	薇娅		珀莱雅烟酰胺面膜			
20200420	李佳琦				夸迪玻尿酸喷雾	微风大水滴面膜
20200423	薇娅					御泥坊茶颜悦色面膜

续表

日期	主播	上海家化	珀莱雅	丸美股份	华熙生物	御家汇
20200423	李佳琦	佰草集太极精华				微风大水滴面膜
20200424	李佳琦	玉泽喷雾				
20200428	薇娅	佰草集新七百冻干面膜			润百颜玻尿酸精华	
20200504	李佳琦	玉泽积雪草安心修护面膜、佰草集新七白冻干精华				

2.5.7 直播综艺化、主播明星化

随着直播电商的高速发展，参与人数越来越多，为了提升流量，直播综艺化和主播明星化趋势也越来越明显，将直播间搬进综艺节目，或者将综艺节目直接搬进直播间是两大核心方向。传统电视台受制于流量的枯竭，向直播 MCN 发展的动机很强。

主播明星化，主播通过参与各种综艺节目，提升人气和流量，如薇娅参加《王牌对王牌》《极限挑战》《向往的生活》等综艺节目，而李佳琦通过参加《我是大美人》《火星情报局》等节目提升曝光度。

随着直播平台的大火，越来越多的明星开始走进直播间。相比于拍戏、上综艺、广告代言，网络直播时间较短而且来钱更快。杨幂、刘涛纷纷入局，明星自带流量可以给直播间注入新鲜血液，而参与网络直播可以让明星增加曝光率还有不菲的收入。当然像李佳琦、薇娅这样的头部网红和被邀请的明星都是身价不菲，强强联手的直播效果更是惊人。

第三章
直播电商平台规则及模式选择

3.1 直播平台规则选择：三大梯队比较

各路玩家纷纷加大直播电商投入力度，目前直播电商行业的参与者主要有三类：一是传统电商平台引入直播模块，如淘宝、京东、拼多多、蘑菇街等电商的直播平台；二是短视频等内容平台开通直播带货功能，例如抖音、快手等自建直播电商平台，在平台内部形成了"推荐—种草—购买"的消费闭环；三是各种信息游戏社交类平台，如微博、腾讯、虎牙游戏等平台。

从竞争格局看，在传统电商平台中，淘宝直播的用户渗透率及忠实用户渗透率稳居电商直播行业龙头。在社交电商直播平台中，抖音享有更高的用户渗透率及黏性，快手紧随其后。整体来看，淘宝、抖音、快手、腾讯的直播电商用户规模和忠诚度居于行业前四位。

当消费端的行为习惯和偏好发生变化时，行业各方也会灵敏捕捉到潜在的商业机会和业务定位，快速适应消费端变化，组建新的增长线。

在此环境下，2020年年初也迎来了直播行业如沐春雨般的野蛮生长。相对于专业垂直直播平台，短视频、社交、电商、综合视频平台等也纷纷布局了直播业务。这对于想展开线上直播营销的品牌来说，在决定直播时，反而面临了一道选择平台的难题，比如平台调性匹配、用户匹配、流量推荐、内容制作和主播选择，等等。

根据平台月活规模及商业类型将直播平台划分为三大梯队（见表3-1）。

表 3-1　直播平台三大梯队

	直播平台	核心特征	平台调性
第一梯队	淘宝直播	用户量大，起步早，日活高，影响力大	商家主播带货直播
	抖音直播		网红主播娱乐、带货
	快手直播		网红主播娱乐、带货
	腾讯直播		私域流量为主以看点直播或小程序直播为主
第二梯队	京东直播	基于原有电商平台或内容电商转化而来，有一定影响力，未来有潜力	商家店铺联合明星KOL直播带货
	拼多多直播		商家店铺直播带货
	微博直播		微博KOL网红主播娱乐
	小红书直播		分领域KOL，明星直播带货，以种草为主
	哔哩哔哩		Up①主带货
	有赞直播		以小程序带货，小老板素人直播
第三梯队	花椒直播	以原垂直类平台如游戏、家电电商、选品电商等发展而来	重生活内容直播分享
	斗鱼直播		全民游戏直播平台
	虎牙直播		游戏直播互动为主
	YY直播		游戏直播互动为主
	苏宁易购		商家店铺直播带货
	蘑菇街直播		女性电商买手直播带货

3.1.1　第一梯队：淘宝、抖音、快手、腾讯直播，商家主播带货

表 3-2　直播电商平台第一梯队概况

	淘宝	快手	抖音	腾讯
2020年3月MAU	7.6亿	4.7亿	5.6亿	3.2亿
直播带货启动时间	2016年	2017年	2018年	2019年
平台特征	电商平台综合商城、用户消费意愿较强	短视频平台去中心化分发，社区属性强	短视频平台智能分发，集中力量做爆款	社交平台小程序、私域流量运营
代表人物	李佳琦、薇娅	辛巴、时大漂亮	罗永浩、陈赫	小店主素人为主

资料来源：易观数据，公开资料整理

---

① 指在视频网站、论坛上传视频音频文件的人。

如表 3-2 所示，第一梯队直播电商平台以淘宝、快手、抖音、腾讯四大集团为核心，占了整个市场的九成以上，其中淘宝系一家就占有五成。各平台的特性及分成完全不同（见表 3-3）。

表 3-3　直播电商平台第一梯队对比

直播平台	淘宝	快手	抖音	腾讯
平台属性	电商	社交+内容	内容	社交
流量来源	平台公域流量、外部流量	偏私域流量、老铁文化	平台公域流量	私域流量运营为主
头部主播达人	薇娅、李佳琦	辛巴、散打哥	正善牛肉哥、罗永浩	小店主素人为主
带货商品属性	淘宝体系内全品类	百元内低价商品为主，食品、日常生活品、服装、鞋帽等	美妆+服装百货占比高	日用百货、美妆
带货模式	商家直播和达人导购模式	达人直播、打榜等	短视频上热门+直播带货、种草转化+内容为主	素人直播、CEO 直播
分成方式	在总佣金（约20%—35%）中阿里妈妈、淘宝直播、直播方分成约为 1:2:7 或 1:3:6	依订单来源和类目收取 5% 的技术服务费；淘宝联盟先收取 GMV 的 6% 作为内容场景服务费，剩余为实际推广佣金，实际推广佣金支付给淘宝联盟 10%，快手收取剩余佣金的 50%，剩余分给 MCN 和内容领袖	依订单来源和类目收取 1%—10% 的技术服务费；淘宝联盟先收取 GMV 的 6% 作为内容场景服务费，剩余为实际推广佣金。实际推广佣金支付给淘宝联盟 10%，抖音收取 0—5%，剩余分给 MCN 和内容领袖	看点直播收取 599 元开通半年服务费、小程序直播不收费但商城要第三方花钱建

资料来源：网上公开信息整理，存在一定滞后，仅供参考

下面分别对四家平台进行详细介绍。

1. 淘宝

2016 年，淘宝直播正式上线。2018 年，淘宝直播实现了从百万元到千亿元的跨越，同比增速近 400%。2019 年超过一半的天猫店铺开通了淘宝直播。2020 年淘宝直播得到了又一轮高速发展。

受益于阿里巴巴成熟的电商生态环境，淘宝直播的成交额呈爆发式增长。如图 3-1 所示，淘宝直播于 2016 年 3 月面市，4 月有 50 万人通过直播围观 KOL 拍卖活动。11 月专题节目开播 3 小时获赞 1 亿 4 千万。2017 年 3 月淘宝直播盛典，单日互动过亿，主播破万。2018 年"双 11"李佳琦直播创下 15 分钟卖出 15000 支口红记录，进入直播爆发期。2019 年"618"活动完成 144 亿销售额。2019"双 11"全天成交超 200 亿。作为一款定位于"消费类直播"的应用，主打将直播、娱乐、互动、网购相结合的"内容+平台"型产品。通过为用户提供边看边买的购物环境，达到促成商品交易的最终目的。

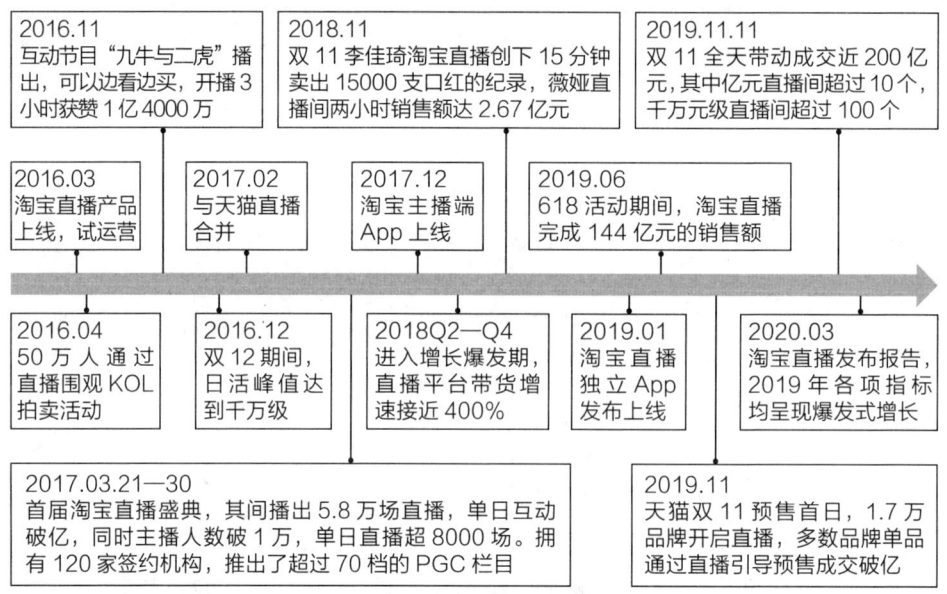

资料来源：Quest Mobile，中国移动互联网数据库，36 氪，国泰君安证券研究所

图 3-1 淘宝直播发展历程

淘宝直播成立至今虽只有 4 年，但成交额持续高速增长，2018 年成交额已过千亿元，同比增长近 400%，2019 年 GMV 超 2000 亿元，2021 年目标 GMV 5000 亿元。2019 年直播电商份额中，淘宝直播占据 58% 的绝对优势，在传统平台中一骑绝尘，即使面对抖音、快手等新对手，阿里中心化平台优势不减。2020 年，直播步入全民时代，阿里巴巴有望持续引领。

与抖音、快手等短视频平台相比，淘宝本质上是电商平台，淘宝直播的专业性、导购属性和用户购物欲望更强。与京东、拼多多等电商平台相比，淘宝直播已经培养出了李佳琦、薇娅等头部主播，早先入局的流量以及品牌优势，已经让淘宝直播成为品牌及主播卖货的主战场。淘宝是强电商属性，具有丰富的商品品类，可以依托自身流量和外部平台流量作为流量分发的基数，且用户多以一二线城市为主，四五线下沉市场也有覆盖。淘宝通过建立直播入口，可以直接将货、人聚集在一个场景中，对于品牌而言，是理想的线上销售场景。但是强电商属性，也意味着在该平台进行直播的品类十分丰富，这对于小众品牌商家来说不具备优势，流量较为集中在头部商家和主播。在淘宝直播中，内容制作和主播选择是提升流量的关键因素。

抖音和快手则是娱乐社交属性明显，主打娱乐社交内容，具备高流量和高活跃平台优势。

2. 抖音

2018 年迈出了试水电商的步伐，双 11 期间，抖音开始电商初尝试，开通购物车分享功能，相关账号一天售出商品达 10 万件，直接转化销售额突破 2 亿元，订单增长 1000%，验证了抖音的变现能力。相继探索了商品橱窗（电商引流）、抖音小店（类似淘宝店）、鲁班电商（付费推广）等形式。疫情期间，抖音直播业务更是空前重视，推出宅家"云逛街"计划、10 亿直播流量扶持计划，为扶持新手商家，抖音开通小店入驻绿色通道，免除店铺绑定抖音主账号粉丝量必须超过 30 万的要求，降低入驻门槛，等等。2020 年 4 月 1 日，锤子科技创始人罗永浩联手抖音开始直播卖货，3 个多小时的直播里，他最终引导商品交易额超 1.8 亿元，累计观看人数超 4892.2 万，最高在线人数 289.3 万人，使抖音带货达到了更多不同圈层的用户群体。

与淘宝直播的卖场模式不同，抖音直播消费路径是，用户看到一个打动人的内容，然后产生购物需求。抖音用户以都市青年为主，主攻一二线城市。不过，抖音直播带货相对弱一些，但随着罗永浩带火了抖音直播，引起众多品牌的关注，抖音肯定会加速推动直播业务形态的打磨和沉淀。

同为内容电商，抖音直播与快手直播最大的不同是流量推荐方式是重算法轻粉丝的逻辑（见表 3-4），抖音会依据用户偏好和浏览习惯将内容和用户进行匹配，通过算法进行精准推荐。对于在抖音开启直播的品牌而言，将会面临如何吸引流量的难题，前期直播宣传和曝光、选题等都至关重要。

表3-4 抖音和快手的产品逻辑区别

	抖音	快手
口号	"记录美好生活"	"记录世界记录你"
运营重点	内容	关系
交互方式	单屏切换，用户被动接受内容	多屏瀑布流，用户自行选择内容
分发逻辑	中心化，推爆款内容	去中心化，公平普惠
内容运营程度	强运营	弱运营
调性	酷炫好玩	真实
读者与作者黏性	较弱	较强
产品启动	邀请制，启动速度快	早期增长缓慢
平台属性	偏内容	偏社交
带货方式	种草	拔草带货
主要收入来源	信息流广告	直播

资料来源：网上公开信息整理，存在一定滞后，仅供参考

抖音直播的特征是：

（1）强互动性：弹幕功能为主播和观众之间架构起了交流通道，相比15秒短视频的单方面输出，直播的双向互动性更能吸引一部分热爱互动的人。尤其是消费者零距离参与，直播交流互动形式多样有趣。一问一答、多问一答大大促进了购买频率。

（2）内容原创优势：利用抖音短视频带货，可以实现"病毒"式的传播速度，将互联网的优势发挥得淋漓尽致。在快节奏的生活方式下，抖音带货新奇、搞怪的内容将购物过程娱乐化。

（3）粉丝维系：直播不仅能把路人观众转化为你的粉丝，更能通过主播的直播表演与互动，提高粉丝黏性，将泛粉升级为死忠粉，为变现打好基础。

（4）数据可视化：通过对抖音直播带货视频的传播范围及效果进行挖掘分析，如关注数据、浏数据、转载数据、评论数据、互动数据等。通过数据分析找出优缺点，调整并优化视频。

（5）双重效益：对于抖音主播来说，直播效益在第一层上体现为直播时带来的即时收益，第二层效益体现在直播后的个人曝光和粉丝黏性提升，短期上不能快速见效，但在长期的精耕后能带来不菲的收益，实现高流量下的高触达和转换力，造就了一批抖音带货"造富神话"，让无数人为之痴迷。

抖音的算法分发不利于私域流量运营，博主与粉丝很难建立强信任关系。由于平台把控流量，用户更多为被动接受内容推荐，用户没有内容"选择权"，主播达人没有流量主动权。因此也影响了整个平台的流量变现效率，以致抖音的直播电商变现能力远不及快手。

抖音目前收入仍以广告为主。供应链方面，抖音主要依靠淘宝、京东、拼多多等主流电商平台为其供货。抖音通过框架协议可以获得广告费，并且收取一部分交易佣金，同时以自建的抖音小店作为对供应链的补充。

综合看各大直播平台可以发现，抖音对于内容性的要求更强，即使是商业直播，许多产品不是单纯卖货，而是要强调内容设计感和品牌创意性，这种门槛设立的行为对于大量需要覆盖多线用户、打造品牌认知的产品来说，是口碑效应的孵化基地。目前抖音已与 MCN 机构、直播工会建立起一种较为良性的生态。也通过阶段性的耕耘，在直播领域形成了人群丰富、内容风格多样化的产品生态。

3. 快手

"南抖音，北快手。"2018 年年底快手牵手电商，快手小店购物车目前已经对接了淘宝、天猫、京东、拼多多、有赞、魔筷星选六种主流电商交易平台及自建小店等。相比于抖音，快手注重下沉市场，流量均匀分发，很受三四线城市喜爱。疫情期间，快手电商通过推出多重专项扶持举措，切实帮助不少门店商家在线上恢复生意，缓解特殊时刻的经营压力。2020 年 3 月份，推出"品牌 C 位计划"和"原地逛街"活动品牌招募，包括完美日记、林清轩、李宁、特步、马克华菲等品牌，齐聚快手直播卖货，最终获得超过 3 亿的关注度，销售额超过 5000 万元。快手兼具媒体和电商双重基因，快手日活已突破 3 亿，而受益于私域流量和粉丝黏性，快手电商发展迅速，已经成为覆盖全国的国民级业务。快手优质的私域流量具备强交互性、高黏性等特点，快手电商狂奔之下，"老铁经济"是一大功臣。

快手直播的四个特点：

（1）主打"老铁经济"能够带给消费者绝佳的情感体验。快手直播内容中主要有与本行相关内容的直播、唱歌和戏曲直播。有大量工厂、原产地、产业链上的主播，他们的直播内容也紧紧围绕自身属性，这些内容是生活烟火气的自然延伸，而非是刻意的表演。这样的真实展现也为快手的主播和用户建立了更牢靠的"老铁关系"，彼此更像是朋友、也更加信任。

（2）转化率高，相对于娱乐性更强一些的抖音，快手的转化率更高。KOL的"老铁圈层"是快手可以进行商业变现的粉丝基础。

（3）极强的变现能力、庞大的用户量、"老铁"的信任基础，都为快手的达人变现提供了多种可能性，直播、电商带货、知识付费、广告……

（4）流量普惠，快手为达人们提供了多种机会，腰部和尾部主播也能够获得普惠的流量和资源。对于素人更友好。

快手以下沉市场为主，弱运营管控，基于社交和用户兴趣进行内容推荐，主推关注页推荐内容，同时加深主播和粉丝之间的关系和黏性。快手主播有较强的粉丝积累，也就是快手标签的"老铁关系"，这对于品牌而言，选择快手作为直播阵地的话，前提需要有一个足够扎根的"老铁"。快手和抖音对于品牌都是一个新的电商营销场景，流量争夺竞争还属于早期阶段，有挖掘探索的空间。但前提是需要和电商商铺打通，实现后链路链接，或者品牌单纯想做曝光、种草的话也是可以的，将流量引到线上自有店铺，不过在跨平台引流过程中肯定会有用户流失。

4．腾讯

在直播电商诞生3年后，2019年3月腾讯将腾讯浏览器、腾讯App、天天快报、腾讯视频整合成腾讯看点直播，强势介入直播电商领域。2019年9月对腾讯直播进行重大调整，也为品牌主在小程序内新增了购物车功能，丰富电商购物体验。但微信中微信小程序不同于电商平台的店铺，小程序是独立存在的，属于内容运营者，结束直播可导出观看记录，直播过程自动录制视频，回放视频支持一键转课程。而客流量同样属于内容运营者。主打私域流量，发展很快。

3.1.2 第二梯队：京东、微博、拼多多、哔哩哔哩，种草带货两不误

第二梯队中，平台类型以社交媒体、综合电商和视频平台为主。主要有微博、拼多多、西瓜视频、京东、小红书、哔哩哔哩等（见表3-5），下面分别进行详细介绍。

表3-5 直播电商平台第二梯队对比

直播平台	平台属性	流量来源	头部主播达人	带货商品属性	带货模式
京东	电商	平台公域流量、外部流量	缺乏代表人物	京东电商全品类	商家直播和达人导购
微博	社交+内容	偏公域、直播流量少	雪梨、张大奕	服装、生活日用品、鞋帽、配饰	话题+直播+KOL明星
拼多多	电商+社交	偏公域、外部流量	缺乏代表人物	农产品、小商品、地方特产	商家直播带货
西瓜视频	内容	平台公域流量	缺乏代表人物	值点商城品类	内容带货
小红书	社交种草	私域流量为主、外带公域流量	时尚博主、明星	美妆、服装、生活物品为主	种草话题+KOL达人+笔记
哔哩哔哩	二次元小众文化	平台公域流量、私域流量	LexBurner、老番茄、敖厂长等	科技品类、小众潮品	Up主直播内容植入+话题

资料来源：网上公开信息整理，存在一定滞后，仅供参考

1. 京东

作为电商零售巨头，京东早已开启了在直播电商领域的探索。2016年京东董事长曾经亲自出镜下厨带货。但相较于淘宝直播的红红火火，京东直播一直不温不火，2018年8月8日，京东时尚在"京星计划"中首次推出达人分层成长机制，与内容创作者深度合作，分层打造明星网络达人，实现品牌和商业的共赢。2019年3月，京东购物圈小程序启动了超级合伙人计划，希望孵化出一批购物圈"种草达人"，建立京东自己的种草达人社区平台。2019年7月，有报道称，京东投入至少10亿元资源以推进红人孵化计划，包括京东App发现频道、视频直播等站内资源，以及抖音、快手、今日头条等站外流量资源。2020年2月，京东联合宝洁推出"专家+主播"的跨屏连线创新模式。同时，京东直播还联

合旗下京东超市，打造出"云娱乐"场景电商直播带货。2020年京东直播将通过生态建设、基建赋能、内容品质化三大策略，推动电商直播升级，京东在中国电商平台虽然位居第二，但在直播带货领域则显得不温不火。在结合京东全产业链优势和平台特质后，京东更加注重品牌营销。

2. 微博

借助资讯方面强大优势，正式进军直播电商，首推"微博小店"。虽是"小店"，但却五脏俱全，不仅有正常的商品管理功能，还有数据推广服务，并配套有购物津贴、返佣激励、在线商学院、专属直播权益。打造微博特色的"内容—粉丝—用户—变现"经济模式，未来发展前景一片光明，虽用户量大但由于微博重热搜、轻电商运营并不轻松。入驻的MCN和品牌商家都太多，主要靠KOL直播和话题在撑局面。

3. 拼多多

基于社交变现发展起来的拼多多，一开始并没有足够重视直播，在直播电商已经高歌猛进时才幡然醒悟，2019年11月才开始内测直播电商项目"多多直播"。2020年1月，"多多直播"正式上线，直播内容涵盖衣物、鞋类、钟表、眼镜等，直播主体主要是拼多多商城的商家或线下门店。为了造出声势，拼多多在疫情期重点打造原产地直播模式，在全国多个省市地区联手打造了多个"市县长产业带直播"活动，开启市县长直播、万人团、产地直发等模式，协助各地农产品打造农业新品牌，为脱贫攻坚助力。截至4月底，"市县长直播"累计带动产业带商品订单数超过1800万，为各个企业带来粉丝超过167万。

基于社交电商基因，发家于拼单团购，主打三四线市场，原产地直播、农业直播，发展势头迅猛。

4. 西瓜视频

西瓜视频直播是以视频起家，根植字节跳动，以个性化推荐视频平台为旗帜，由今日头条孵化。直播内容较广，不仅有热门游戏直播，还有音乐类直播、美食直播、旅游直播等，直播还属于前期发展阶段，MCN、主播、品牌商家政策正在不断优化中，现在正在做值点商城的直播测试。

5. 小红书

作为女性社交内容种草平台，小红书于2019年年底宣布上线电商直播功能。"万物皆可播，人人是主播"的时代，小红书进场不太早，其直播流量来源是平台自身流量和小红书达人私域流量。直播受众主要还是针对私域流量，推荐商品大多以美妆、服饰为主，且基本都属于知名品牌。由于小红书在女性中的地位，特别适合种草和做笔记，未来发展前景一片光明。

6. 哔哩哔哩

哔哩哔哩起步于二次元等小众圈层文化，之所以放在第二梯队，主要考虑到哔哩哔哩用户以90后、Z世代为主，青年人是国家未来，哔哩哔哩直播以科技产品、小众潮品为主，能否制定出得"人心"或俘获少年心的内容将是直播成败的关键。

3.1.3 第三梯队：虎牙、花椒、斗鱼、蘑菇街，主打垂直电商

第三梯队中以游戏直播和电商平台为主，游戏直播主要是虎牙、斗鱼和YY等（见表3-6）。

表3-6 直播电商平台第三梯队对比

直播平台	月活（MAU）（万）	平台调性
虎牙直播	3316	游戏直播互动为主
花椒直播	2929	重生活内容直播分享
斗鱼直播	2666	全民游戏直播平台
YY直播	2372	游戏直播互动为主
苏宁易购直播	945	商家店铺直播带货
蘑菇街直播	243	女性电商、买手直播带货

资料来源：资料来源：TrustData（2020年3月），公开数据整理

虎牙直播：主要是PC端传统电竞游戏直播，以英雄联盟、绝地求生等传统电竞游戏吸引用户，用户量和日活都居于行业前列。

花椒直播：聚焦90、95后生活，每天进行互动和分享，有文化、音乐、健身、

综艺节目、情景剧等上百档自制直播节目。同时，花椒直播作为具有强明星属性的社交平台，是明星与粉丝沟通的渠道，比如，粉丝可以通过花椒直播观看明星粉丝见面会，以饭圈（粉丝圈子）文化为主。

斗鱼直播：明确男性购物定位，早在2016年双11，斗鱼曾与淘宝合作电商，实现边看边买的电商场景，此后还正式上线电商平台"鱼购"，业务线拥有20多人，但模式更像是传统电商，并非现在的主播带货。斗鱼也明确了斗鱼购物定位——日用品、食品、男性运动潮牌、科技数码等产品。斗鱼一直对商业模式的创新持开放态度，平台在电竞行业为游戏"带货"的能力行业有目共睹；"斗鱼购物"正是平台在游戏推荐之外，满足用户的多样化消费需求的一次全新尝试。

YY直播：不局限于游戏直播，也会涉及体育直播、电视直播等，直播内容上更加生活化、事件化、个性化，包括厨艺、手工DIY、旅游、户外运动、明星事件现场、车展等。

相对于电商和社交平台的直播调性、内容覆盖面以及人群特征，游戏直播平台更为小众，以男性群体为主，能够带货的品类较少，主要带货方式为游戏主播凭借个人影响力，在直播期间通过对话沟通等对粉丝的购买意向进行引导，将游戏直播用户转为电商品牌用户。电竞出圈是从IG团队夺得中国首个英雄联盟全球总决赛冠军开始的，社会对电竞游戏认可度大幅提高，游戏直播内容和玩法也愈发丰富。

苏宁易购直播：于2017年上线，依托平台电商品类，商家进行直播带货，未有代表性主播，直播功能相对其他电商平台较弱。

蘑菇街直播：开启垂直直播电商的突围之路。作为最早试水直播业务的女性电商平台，蘑菇街2019年在直播带货方面动作频频。根据公开财报显示，连续两个季度，蘑菇街的直播电商经济正在呈现快速增长态势，并显示出强劲走势。在最近发布的2020年财年第三季度（2019年10月1日—12月31日）财报中，蘑菇街直播业务GMV占平台总GMV的比重首次过半，已达53.2%，超去年同期的两倍，且环比上一季度提升了14.3个百分点。2020年疫情期间，蘑菇街还联合多家品牌举行多场线上直播行活动，从单个品牌宣贯专场到主播周再到超级品牌日；从女性潮流单品、时尚美妆彩妆，到食品家居；蘑菇街在线下实体经济遭遇冰封状态下，取得了引人注目的成绩。虽然没有淘宝、京东的品牌和流量，也没有抖音和快手的网红孵化能力，但这种探索仍值得肯定。

3.2 直播带货核心模式，IP引领贡献大量GMV

3.2.1 KOL模式：头部引领中部变现，小号狼群矩阵

KOL是营销学上的概念，通常被定义为拥有更多、更准确的产品信息，且为相关群体所接受或信任，并对该群体的购买行为有较大影响力的人。类似于"达人"，指在某特定领域有一定影响力或某方面精通的人，在直播电商领域通常指有一定粉丝量的活跃分子，能影响带货的达人。

选择KOL带货，一般有以下四种模式。

1. 头部KOL合作模式

就是包场制或者是组团，主要适合头部的商家、希望让品牌曝光的商家和冲销量清库存的商家。头部KOL是指在单平台他们的粉丝数在千万级以上、有强大的粉丝流量的达人。头部KOL主要有两类，一是账号的品牌，非常有影响力，如papi酱、代古拉K。二是带货能力非常强，如散打哥、李佳琦。

2. 大号KOL合作模式（坑位合作）

大号KOL是指具有100万粉丝以上较大影响力的大V。那么这种大号它一般都是采用矩阵号的形式，并且在橱窗展示产品，由于矩阵号的高曝光量，提升转化概率就大，大号是希望商家买他的坑位的，我们叫坑位费，就是账号的橱窗坑位费。

3. 中号KOL合作模式

保底加提成，就是保底加CPS适合清库存的和希望打造品牌的商家，中号KOL是指粉丝在30万—100万具有一定影响力的KOL，包括有成功带货经验的或擅长垂直领域的达人。

4. 小号KOL合作模式

佣金模式，适合小商家，小号KOL是指粉丝低于30万的KOL，也叫素人带货模式，大产品大矩阵带货，走流量。

3.2.2 高性价比模式：高频高质低价回馈粉丝

再厉害的主播离开产品本身的口碑和质量带货也很难，头部主播往往在选品上都有严格要求，利用自己强大影响力和带货能力与品牌商进行沟通协调，凭借议价能力争取低价拿到品牌商的高质产品，同时又用低价产品来回馈粉丝。

大部分头部主播在拿货时为了维护自身的权益、实现高频高质低价、避免翻车都要求以下两个原则：一是可追溯。即认准官方旗舰店、品牌直营店、品牌方或品牌代理商。保健品类会注重品牌的背书，美妆护肤类、家电类等类目则必须符合国家的质检要求。二是动态评分。收集全网评价，招商选品团队对客观的商品质量问题保持零容忍。商品评价中如果有坏了的、过期了的、包装有严重缺陷的、化妆品引起过敏反应的以及服务态度恶劣的统统都没机会。

3.2.3 品牌商家模式：口碑种草忙不停

有能力的主播在与商家合作时，都很看重商家本身的品牌，有很多大集团公司本身只生产对商家的产品（to B），没有直接针对消费者（to C）的产品，但希望通过直播来增加品牌知名度，这种合作方式，商家追求的往往不是直接销量，而是打造口碑或种草，主播追求的是曝光度。复购率高、毛利率高、客单价低的品类是直播带货的主流。"多快好省"最容易被"拔草"（见图3-2）。

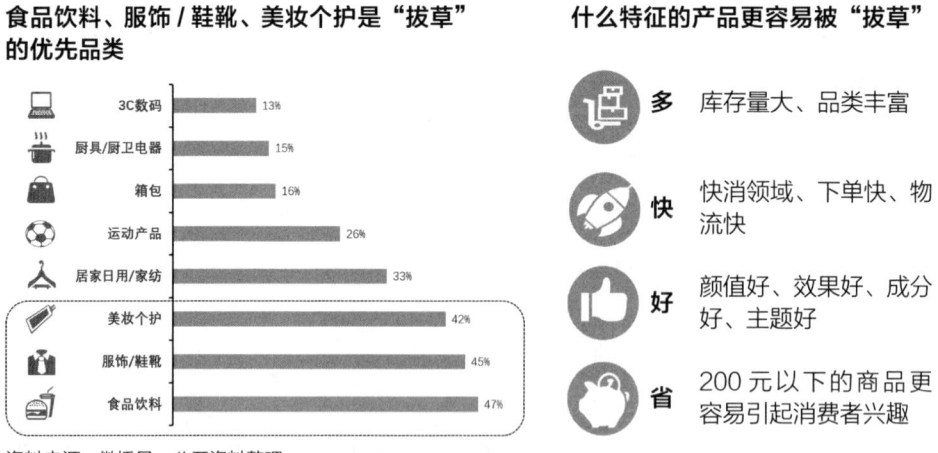

资料来源：微播易，公开资料整理

图3-2 复购率高、毛利率高客、单价低的品类是直播带货的主流

2020年4月1日晚,头部主播薇娅直播间上架了有史以来最大的"土特产"——来自湖北的"快舟一号甲"运载火箭发射服务!原价4500万元的"快舟一号甲"运载火箭发射服务,薇娅直播间直接优惠500万元,也就是4000万元!

3.2.4 产品模式:爆品推动带货

所有的产品,都是主播根据粉丝的需求,由主播自己或者主播团队找款或自主研发,找工厂制作。这样可以赋予商品传播内容,其特有的款式也避免了同质化,同时也保证了品质。IP内容的传播和深入化、粉丝下单的冲动性和对主播的信任以及对款式的认同也会提高;粉丝对新品内容会有所期待。

主播打造爆款IP流量主体,李子柒带着田园的诗意制作各种美食,并且以一种让人羡慕的方式生活着,她吸引了全世界的关注,她以"李子柒"的名字创造的美食品牌更是赢得了众多网民的好口碑,值得我们借鉴。

这种模式操作难度很大,门槛很高,需要充足的资金;对团队的要求也很高,要求团队必须很会讲故事。

3.3 直播带货走播模式:行商优于坐商

1. 基地走播四种模式:供应链构建为基

如图3-3所示,在新零售"人货场"架构中,基地是"场",基地和机构一样,是直播生态链上的服务商,连接两个最重要的元素——人和货。"基地"更靠近货,"机构"更靠近人。基地走播模式中,供应链构建直播基础,主播去基地直播带货。

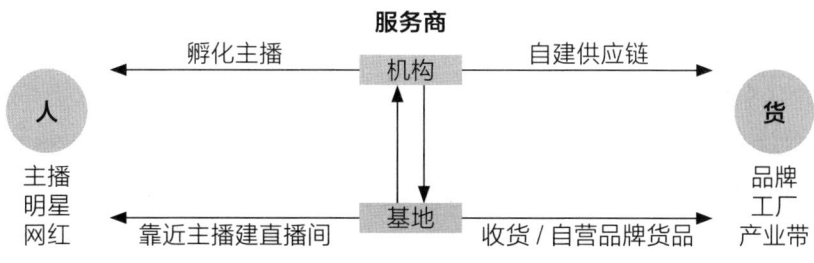

图3-3 平台直播货品生态圈

直播电商中的基地及背后的供应链大致可以分为四种：

第一种是自营型基地，基地自持货品或者从别的工厂、商家处收购货品。这种类型基地的优势在于，对直播的产品相对有议价权，能够灵活地配合直播节奏，如颖上直播基地。

第二种是地产型基地，通常是地产商将持有的房产改造成基地，商家以入驻的模式进入，基地抽取佣金。这种类型的基地通常是主张"服务"，服务主播、服务商家、服务机构。做好直播的配套设施，以赚取"服务费"存活，如屯和直播基地和互星直播基地。

第三种是机构型基地，机构自建供应链，创建属于自己的货品基地。如谦寻的超级供应链、集淘机构的集美直播基地，还有梵维机构的欧柏恒直播基地。机构型基地大多数是以服务商家为主，部分收购货品为机构主播所用。

第四种为供应链（基地），分为两类，第一类是工厂或品牌为了通过直播这个渠道走货，靠近主播聚集地自建的直播间集合，配备4个以下的直播间，可以理解为狭义上的"供应链"。工厂自建的直播间，主要接待走播的主播。第二类是品牌自建直播间，如雅鹿的品牌基地和杭州星柚服饰基地，走播、自播均有，直播间数量较多，但淘宝直播只是其品牌出货的其中一个渠道。

2. 产地直播模式：农产品为主，主播到产地直播高性价比

很多农产品由于物流、保鲜等原因，来到原产地直播可以带给消费者更直观的感受，更好的体验，如土鸡、土鸡蛋、大龙虾、腊肉、芒果、榴梿……无论是自产自销还是产地直销，到产地买，性价比最高，观众对产品品质也放心。

这种模式性价比最高，比如卖水果、卖海鲜，等等，且商品品质新鲜，价格低，具有地方风味。局限在于该直播模式的内容每天都差不多，容易令人厌倦。

3. 走播代购模式：根据需求走动直播，商品随镜头变化而变化

由于很多地域限制，很多人无法到海外或其他旅游基地去实时买货，主播可以根据粉丝要求直接走动直播，把去的每一个地方每一个场景真实还原，让消费者有身临其境的感觉。这种模式体验效果最好，要求主播有很多私域流量，且对主播本人有很高的信任度，愿意相信主播能为其利益代言。

3.4 直播带货娱乐模式：适用于特定商品

1. 抢拍模式：根据现场气氛决定随时抢拍

主播带领粉丝一起交流，根据现场气氛决定进行抢拍，该模式氛围和互动性比较高，具备成交冲动性。例如，直播销售某产品，根据观众数量比如达到10000个开拍，只有被叫到名字的观众才能领到号码，领取号码后到链接里付款并备注编码。这种模式要求主播口才好，现场气氛好，娱乐性强。

2. 博彩模式：直播矿山、玉石、珍珠

博彩模式是指介绍某些很难给定价值的特定商品如玉石、珍珠开蚌、黄金矿山、文物等的活动模式，主播带领粉丝现场观看交流，让不能现场参加的人有机会一起观看，该模式氛围和互动性比较高，具备成交冲动性。

这种模式趣味性强，要求现场气氛好，体验效果好。

3. 专家坐诊模式：一对一帮扶

专家坐诊模式是指打造主播成为某一特定领域的专家，吸引粉丝注意并赢得信任，一对一帮助粉丝解决问题。这种模式的成交转化率特别高，但不容易获得流量。

4. 砍价模式：主播代粉丝向卖家砍价，达量后粉丝购买

主播带领粉丝一起砍价，达量后粉丝购买，这种模式由于强大围观效应和起哄效应，场景和氛围特别重要，对主播的调动能力、沟通能力要求都很高，购买具有冲动特征，容易出现退货现象。以翡翠为例，主播拿到货主的翡翠后，把商品的优缺点分析给粉丝听，同时也告诉粉丝商品大概的价值，征询有意向购买的粉丝。在这个基础上，货主报价，主播砍价，价格协商一致后三方成交。主播赚取粉丝的代购费和货主的佣金。

这种模式要求主播口才好，现场气氛好，娱乐性强。

3.5 直播带货合作两种方式

合作模式比较多，按照品牌方意愿分为专场包场、整合拼场、佣金+坑位费、

纯佣金四类模式。

专场包场模式：指整场直播都是播自家产品，费用较高，但是效果显著，通常1小时起包。

整合拼场模式：指整场直播中多家店铺的产品一起直播，费用较低，效果不错，适合于中小型卖家。

佣金+坑位费模式：指最终商品售卖金额约定比例佣金和固定坑位费两部分，佣金一般在10%—20%，坑位费根据主播的粉丝量及要求不同而不同。

纯佣金模式：指客户根据直播商品的最终售卖金额支付一定比率的雇用费用。佣金在60%左右，按量结算，无其他费用。

按照分佣模式又分为三类，即品牌曝光模式、服务费+佣金模式、纯佣模式，分别介绍如下。

1. 品牌曝光模式

品牌主并不追求销量，而是以品牌曝光为核心目的，这种模式一般要求主播粉丝基数大，影响力高，以头部主播为主，对主播直播过程要求反而难度不高，内容植入为主。

2. 服务费+佣金模式

这种方式在直播带货圈内最常见，就是一定费用加上销售额的产品佣金，佣金比例大多在10%—30%，根据产品品牌影响力大小、主播粉丝量大小等来定；服务费叫法有多种，有的叫广告费、合作费、前期运作费等，而服务费中有部分需要MCN机构或主播方协助制作投放视频，或前期的投放宣传，流量分发、推广等费用，也有部分俗称的"坑位费"。

3. 纯佣模式

对品牌商最有利的方式，这种方式中品牌商不需要提前支付一笔服务费，而是根据销量来支付佣金，佣金比例一般较高，30%—70%，这种方式MCN机构一般要求合作的产品品牌影响力足够大，价格要是全网最低价，否则对于MCN机构来说不太划算，当然这种方式品牌商只有高毛利高消耗的产品比较适合，如奢侈品、美食类、化妆品等。

第二篇

直播电商
高效设计

第四章

直播用户分析

我们研究直播电商要研究直播用户,要精准定位目标用户人群,了解目标用户偏好,发掘用户价值。

定位目标群体:通过分析消费者消费行为,例如消费人群的男女比例、地域分布、消费行为等特征,构建用户画像,为直播电商数据分析和数据挖掘提供支持。

了解用户偏好:通过对用户App安装类型、使用次数、使用时长、决策方式以及观看直播时长、分享转发次数等数据的分析,深度洞悉用户个性偏好,从而为增加用户黏性提供参考。

发掘用户价值:通过对App用户规模、消费价值、媒体价值、应用价值等方面进行评级发现用户价值,助力实现产品变现。

4.1 直播大数据

她经济强势占据视野,被培育的年轻群体接棒消费主力军。

直播带货市场热度数据:我们依据百度指数数据进行分析,拉长数据从2011年到2020年6月,如图4-1所示,高点出现在2020年4月初。

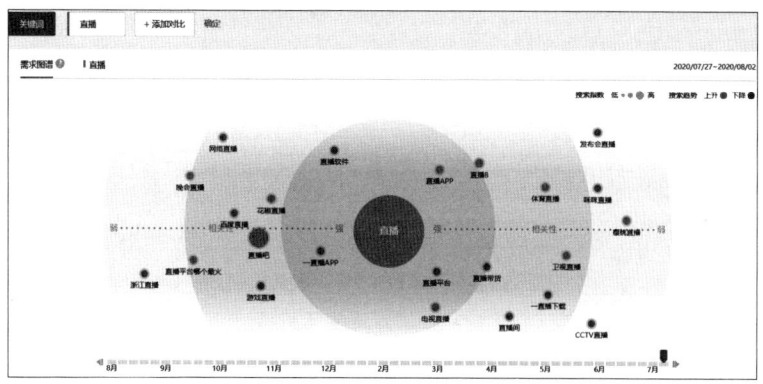

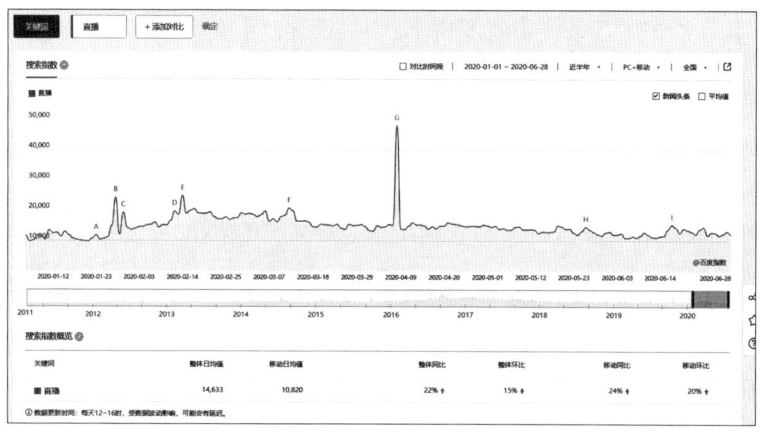

图 4-1　2011 年—2020 年 6 月直播带货市场热度数据

我们在放大一下数据，重点看一下 2020 年 1 月 12 日到 2020 年 6 月 28 日数据（见图 4-2）。

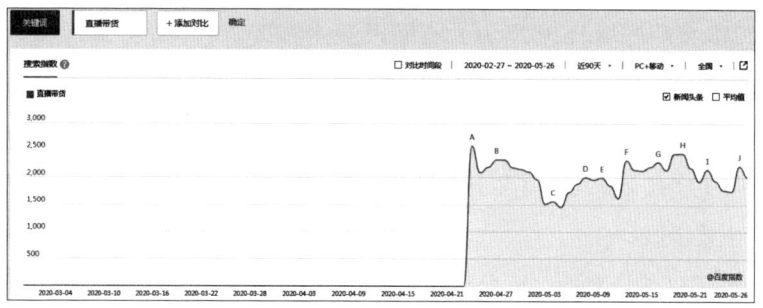

图 4-2　2020 年 1 月 12 日—2020 年 6 月 28 日百度搜索指数

直播带货 90 天，明确可以看出从 4 月 21 日开始，直播带货指数陡升（见图 4-3），引起大众关注。

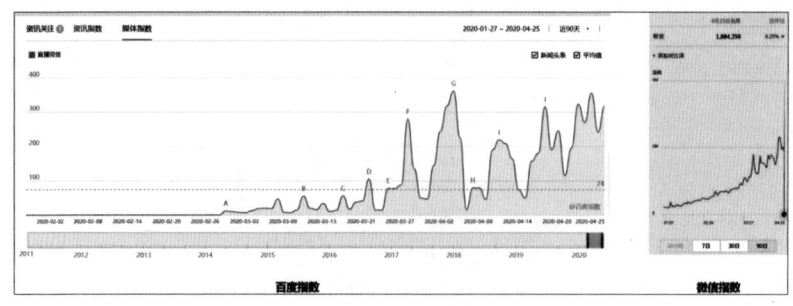

图 4-3　直播带货 90 天数据

我们再来看一下百度相关资讯关键词的条数：

【零售】：374 万条；【新零售】：46 万条；【直播】：267 万条；【电商直播】：42 万条；【直播带货】：51 万条；【带货】：112 万条。

由此可见直播带货在当下非常受关注。

那么再来看下直播带货的用户和市场规模：

用户规模数据：根据中国互联网络信息中心（CNNIC）发布第 45 次《中国互联网络发展状况统计报告》显示，截至 2020 年 3 月，我国网民规模为 9.04 亿，互联网普及率达 64.5%。手机上网网民规模达 8.97 亿，较 2018 年年底增长 7992 万，在直播方面，我国网络直播用户规模达 5.60 亿，较 2018 年年底增长 1.63 亿，占网民整体的 62.0%。其中，游戏直播的用户规模为 2.60 亿，较 2018 年年底增长 2204 万，占网民整体的 28.7%；真人秀直播的用户规模为 2.07 亿，较 2018 年年底增长 4374 万，占网民整体的 22.9%；演唱会直播的用户规模为 1.50 亿，较 2018 年年底增长 4137 万，占网民整体的 16.6%；体育直播的用户规模为 2.13 亿，较 2018 年年底增长 3677 万，占网民整体的 23.5%。而在 2019 年兴起并实现快速发展的电商直播用户规模为 2.65 亿，占网民整体的 29.3%。直播的渗透率仍有较大空间，但是直播的用户中更多的是游戏直播、秀场直播等场景的用户，而电商直播更多的是跟电商场景挂钩的，如果要提升整个直播带货的用户规模，就会有两个主要手段：

第一个手段就是直播、短视频以及其他内容社区在认识到直播带货的高 ROI 后，大力拓展该方向的业务；第二个手段就是针对电商平台，加大对直播带货的流量支持。以上这两点都是以直播带货能为这些平台实际带来价值为前提。

直播带货的市场规模数据：2019 年直播带货交易规模就已经达到了 4338 亿，

预计2020年将达到9610亿的市场规模，增长幅度将超过100%。而对于任何一个万亿市场规模的领域，必然能吸引各个平台都参与其中，如此巨大的增量市场，前景诱人。

直播平台的市场占有率数据：根据中国消费者协会和中金公司研究部数据，在直播平台中可以明显看出淘宝抖音快手平台为主流，占有率超过九成，而其中淘宝一家就超过六成（见表4-1）。

表4-1 直播平台市场占有率（2020年1—3月）

直播平台		使用用户	忠实用户
传统直播电商平台	淘宝直播	68%	46.3%
	天猫直播	32.4%	5.0%
	京东直播	23.8%	3.5%
	拼多多直播	20.9%	3.4%
	蘑菇街直播	8.5%	1.9%
	小红书直播	19.5%	1.7%
	唯品会直播	12.0%	1.3%
社交直播电商	抖音直播	57.8%	21.2%
	快手直播	41.0%	15.3%
	虎牙直播	9.8%	0.2%
	斗鱼直播	12.1%	0.1%
	花椒直播	4.1%	0.0%

资料来源：中消协，中金公司研究部

4.1.1 直播用户画像

研究直播用户通过了解用户的群体消费特征、消费习惯、消费频率有助于优化直播电商的整体设计，通过研究发现，大量的用户有观看过网红、KOL、明星直播带货，其中超过九成用户会购买主播推荐的产品，没买过不到1成，观看带货直播的用户，具有很强的商业转化特性，这就是我们为什么要去分析背后的用户画像——知道是谁，才能更好转化。这是直播电商发展的一大机遇。

直播购物的用户画像，如图4-4所示，从阿里研究院和前瞻研究院数据来看，淘宝直播、抖音、快手、拼多多平台用户性别比例分布情况，其用户群体主要以女性群体为主。在淘宝直播中女性占比为67%，抖音直播中女性占比为57%，快手直播中女性占比为48%，拼多多直播中女性占比为62%。男性占比相对较低，这四大平台中最高的男性占比在快手，也仅为52%。

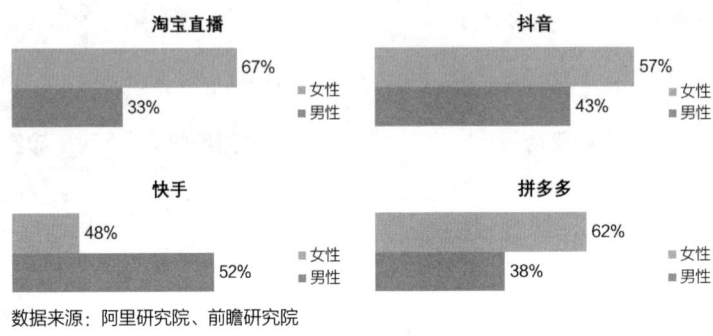

数据来源：阿里研究院、前瞻研究院

图4-4 主要直播平台用户性别比例分布

年龄分布特征，根据《2020淘宝直播新经济报告》数据显示，淘宝直播用户群体主要集中在80后和90后，其次是70后，00后也占据相当比重。受访人群中，90后是直播电商购物主力军，人数占比为50%，其次为80后占比为33%。

地域分布特征，如图4-5所示，直播电商平台购物用户群体主要分布在一二线城市，其中，二线城市用户群体占比达到46%，一线城市占比为28%。阿里淘宝直播的用户群体区域分布相对分散化，除了符合前面特征，以一二线城市为主之外，三线五线都有重大分布，可以说是既有"十八线"小镇青年，也有一二线职场精英。

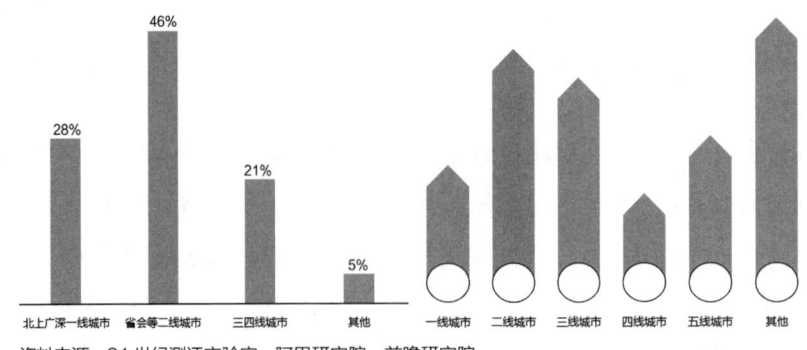

资料来源：21世纪测评实验室、阿里研究院、前瞻研究院

图4-5 直播用户地市级分布

消费特征，如图4-6所示，在淘宝直播、抖音直播、快手直播平台中，消费200—1000元占核心主流，淘宝用户的50.40%，抖音用户的47.9%，快手用户的42.3%在这个区间，超过1000元以上的淘宝平台消费能力最强，占比为28.5%，其次为抖音为24.5%，快手只有16.3%，而200元以下的消费中快手占比最高，为41.4%，其次为抖音为27.6%，淘宝只有21.1%。

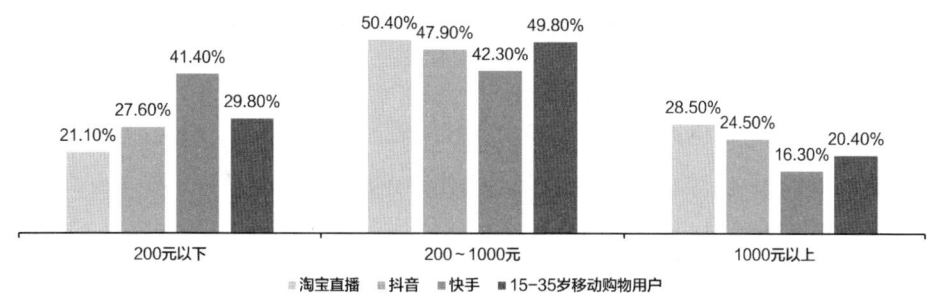

资料来源：前瞻研究院

图4-6 直播平台线上消费能力分布

消费频率特征，如图4-7所示，艾媒调查数据显示，超过一半受访者表示，直播带货能引起他们比较大的消费欲望；中国消费者协会调查数据显示，用户观看直播购物频率普遍较高，每月购物一次及以上人数占比达到55%。

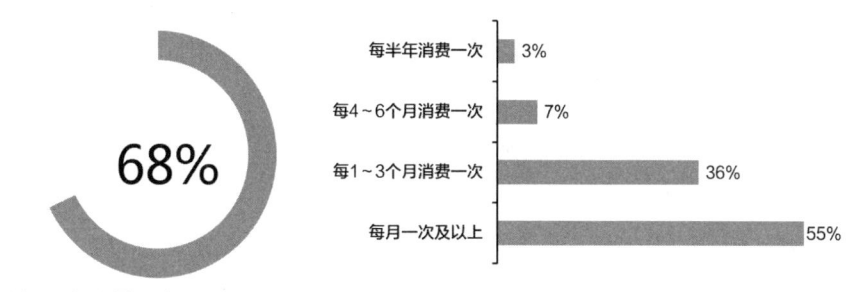

资料来源：艾媒咨询，中消协

图4-7 直播电商购物消费频率

4.1.2 直播用户偏好

根据前瞻研究院数据，消费者在直播电商购物品类主要以服装、日用百货、美食、美妆为主，其中，选择服装的消费者最多，占比为63.6%。

4.1.3 直播平台推广与变现建议

我们研究直播电商大数据，目的是更好地对平台进行推广和商业变现，是帮助消费者理性决策。从现有数据来看，直播电商用户以年轻女性为主，主要为 90 后，占比超过一半，其次为 80 后，占比超过三成，主要集中于二三线城市。

1. 直播平台的推广建议

直播电商会发展成为万物皆可播，人人是主播时代，以上的大数据分析有助于我们针对性制定营销策略。

（1）由于直播电商中女性用户占比相对较高，作为品牌商和主播要时刻不忘要深挖女性用户，扩大女性喜爱产品占比，在直播宣传前期中，要多覆盖到女性用户，基于女性进行重点营销。

（2）要深度考虑用户的年龄特征，以 90 后为主，在直播选品中多选一些新奇特、科技价值高，深受 90 后喜爱的产品，而不全是性价比高的产品。

（3）在做直播推广时要考虑到二线城市是消费主力军，而不是一线，当下大部分直播平台都把重心放在一线，这是刚开始发展时的布局，在后期中要多考虑中国消费者的实际消费能力消费区域，可以有计划地布局到重庆、成都、郑州、武汉、西安等城市。

（4）直播电商刚刚开始发展，我们要看到虽然比传统电商优势明显，但仍有无法现场观看，不能现场试穿等痛点，消费能力只有 200—1000 元，如卫星、火箭等大物营销还是不太适宜的。

（5）我们都知道，开发老用户成本比新用户成本要低很多，直播电商也符合这个特征，在选品时多选价格相对低，且频率高的产品，增加用户多次复购的机会。

（6）秀场直播用户以 30 岁以下男性工人服务业人员居多，较为偏爱婚恋交友、微社频、社区论坛等应用。另外在综合视频移动音乐等领域目标用户较多，可进行广泛宣传。游戏直播应牢牢把握 95 后男性学生群体，可在动漫乐园、网络电视等领域进行精准营销，在移动音乐浏览器等平台广泛营销。

2. 直播平台增加用户黏性建议

直播电商消费者喜欢社交热爱生活，因此增强社交属性是全民直播平台的改进重点，需在社交功能与体验方面不断突破与创新，从而持续吸引用户。

万物皆可播时代，一定要为直播平台持续发展准备力量，例如直播＋社群，通过社群运营不断激活社群，吸引粉丝，通过优惠与体验来吸引更多的人加入进来。

秀场直播用户宅男居多，优质女主播是其重要关注点，因而在引进和培养女主播方面需加强，同时加强引导，多加强正能量方面教育。在社交方面也可以多加引领。游戏直播用户以学生为主，对娱乐关注度较高，游戏直播平台除了签约热门游戏之外，仍需增强平台娱乐性，从而提升用户体验。

3. 直播平台变现建议

由于流量的稀缺，获取用户成本越来越高，而直播用户更是高价值用户。直播平台用户的价值评级相对较高，其用户规模、影响力、消费能力、传播能力均会高于全网水平。因此，合理利用直播用户变现尤其重要。

（1）合理利用好每一次直播，确保直播的成功率，在直播前期做好数据画像，了解用户的真实需求，确保选品与用户的需求吻合，例如用户刚好升级做妈妈，在直播选品中选取奶粉、尿片、童衣等产品；而由于消费能力差异，要确保产品刚好是粉丝消费能力范围内的产品。

（2）选品时要多选消费频率高的产品，制造多次营销机会。

（3）给客户制造惊喜，吸引用户口碑营销，充分调动粉丝积极性，利用直播平台用户在新媒体中参与积极的特性，进行适当的信息传播和舆论导引，从而提升信息传播效率，如制造热点话题开展话题营销。

（4）直播内容平台可根据用户偏好领域为其他 App 导流，从而挖掘用户的应用价值，比如秀场直播可以向电商直播导流，实现变现。

（5）在不影响用户体验的前提下，可根据用户消费能力和偏好做广告植入，挖掘用户消费潜能。例如培训、旅游等。

4.2 直播电商主播分析

1. 主播的构成

由于商家参与直播电商的方式不一样，电商的主播类型也不一样，随着直播电商的热度不断提升，明星、KOL、网红都不断加入战团，CEO及县市长都冲入直播间，素人也会越来越多，在农产品直播方面尤其明显。

网红主播：有主播经验，有一定量的粉丝和影响力，接受过专业主播培训，带货能力较强，适合大部分品类带货，大部分分布在各个MCN机构里。

店面主播：品牌主或店面工作人员开直播进行产品推荐，这一类群体对产品和品牌比较熟悉，介绍较为专业，但主播经验不足，没经过专业培训，沟通能力及应变能力需提高，适合部分产品品类带货，这一类主播未来成长空间巨大。

特色主播：主播经验不足，但具有某种特定身份或人气，有一定影响力或说服力，如农产品场地的县市长、某品牌总裁。

明星+主播联播：明星进入主播直播间，给观众带来惊喜，主播的销售导购能力+明星的流量、影响力，目前有主播综艺化，综艺主播化趋势，二者的有机结合有利于带货效果的提升。

2. 主播的能力要求

在蓬勃发展的直播电商行业中，激烈的行业竞争对主播提出了更高要求，不仅仅需要有内容创作的能力，还需要带货能力、选品能力、控场能力、议价能力，等等，对直播来说更加考验个人的综合素质（见图4-8）。但同时主播们也面临"二八"效应带来的后果：少量头部掌握大量资源，腰部尾部能力参差不齐，而且内容同质化现象日趋明显。这是主播们要突破的困境。

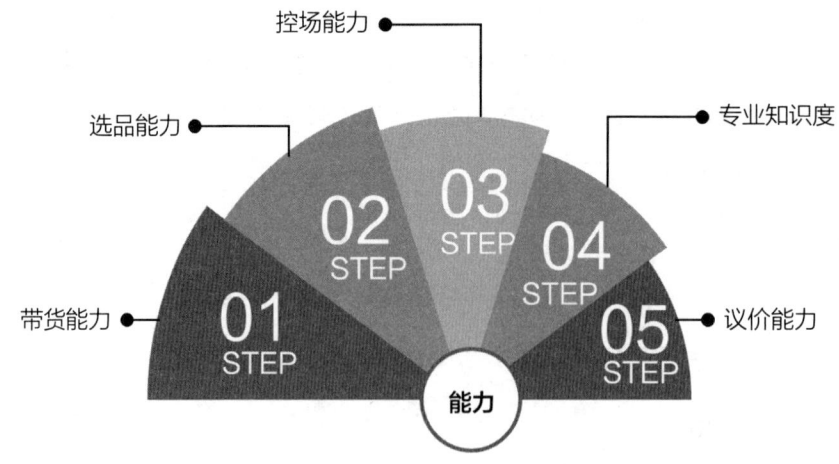

图4-8 直播带货主播能力要求

主播是直播带货运营最大的核心关键，因为主播的能力，直接决定了直播间的流量转化量。

（1）带货能力，这是对主播的基本要求，主播能熟悉产品性能并把货带给需要的粉丝手中。主播需要高度的说服力，深刻的感染力，激情满满。

（2）选品能力，主播要了解品牌私域流量的粉丝画像，根据粉丝画像数据选品；并结合自身的定位和优势进行选品；"品牌+品质"是基础保障，需要提前验货；如果是掌握货的源头供应链，形成独家货源最好；价格需要有优势，对比其他品牌和平台有竞争力；据时间热点、季节变化、节日热点进行针对性选品；可以搭配一些赠品，提高性价比，刺激成交。

（3）控场能力，主播要能根据直播间的人数变化、粉丝的情绪反应、公屏的状态及时调整带货话术，及时调整产品的顺序和时间，以求达到最好的带货效果。

（4）专业知识度，如果你是游戏主播，那你的专业游戏水准是决定直播高度的一大因素。如果是唱歌主播，唱歌水平很重要，如果是跳舞主播或乐器表演主播，同样需要足够专业的水平。所以，专业能力也是评估一个主播的重要标准之一。

（5）议价能力，主播善于与供应商及物流商进行沟通，达到最优性价比。

3. 头部网红主播影响力对比

主播影响力排行榜是综合主播各项指数来进行排名，可以反映出一个主播受媒体关注的程度，同时也可以反映出一个主播是否具有话题性（见表4-2）。

表4-2 2020年1月中国直播电商行业网红主播影响力对比

排名	主播名称	粉丝数据（万）	服务评分	签约机构	内容消费指数	商业转化指数	淘指数
1	薇娅 Viya	1430.8	5.0	谦寻文化	989	1000	997
2	李佳琦 Austin	1686.6	5.0	美腕	983	1000	995
3	张大奕 Eve	1157.2	5.0	如涵	991	985	990
4	雪梨 Cherie	1317.6	—	宸帆	938	999	981
5	烈儿宝贝	350.7	4.8	—	933	997	978
6	林珊珊 Sunny	924.7	5.0	宸帆	929	989	973
7	陈洁 Kiki	271.7	5.0	宇佑文化	910	998	971

续表

排名	主播名称	粉丝数据（万）	服务评分	签约机构	内容消费指数	商业转化指数	淘指数
8	恩佳N	134.5	5.0	阿卡丽	908	975	953
9	柯柯Baby	169.9	5.0	一柯	935	952	952
10	小侨Jofay	188.3	4.9	谦寻文化	884	981	951

资料来源：艾媒 2020年1月淘宝直播达人综合影响力排行榜

4.3 直播电商决策分析

1. 直播购物的驱动因素

中国消费者协会和前瞻研究院数据显示，商品性价比高、展示的商品很喜欢、价格优惠是消费者选择观看直播购物的关键决策因素。

虽然有很多消费者选择直播电商是比较看重商品性价比和价格优惠，但是也有一部分消费者并不喜欢直播电商购物。"担心商品质量没有保障"及"担心售后问题"为消费者放弃使用直播电商购物的主要考虑因素，占比分别为60.5%和44.8%（见图4-9）。

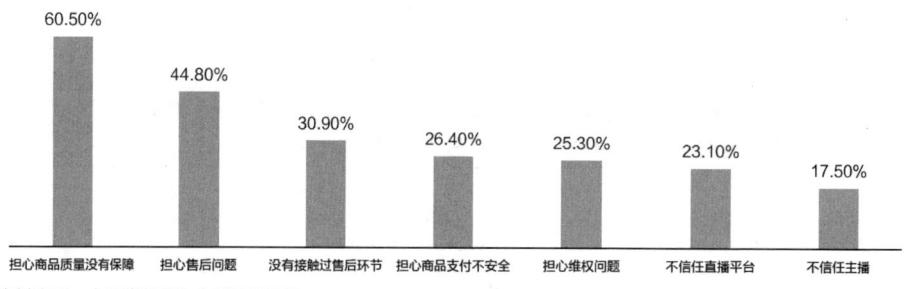

资料来源：中国消费者协会前瞻研究院

图4-9 消费者没有使用直播电商购物原因

2. 消费者参与直播购物原因分析

消费者为什么要参与直播购物，是因为体验好，还是基于对主播的信任？主要原因如下：

（1）真实性是用户愿意为直播买单的主要原因，据公开市场数据，此项占了58%，真实的场景再现效果，所见即所得，避免在传统电商购物中图片与实物不相符的尴尬，省却了退货的麻烦。新生代更是在网络环境中长大的，见多了层出不穷的商业推广，才更注重商品的真实属性。

（2）减少决策成本，这在市场研究中占了二成左右，现在生活节奏加快，没有那么多时间去闲逛，直播电商为消费者提供了信任的主播的选择，避免了用户大海捞针的麻烦。

（3）对主播的信任，作为某一类消费群体相对应的主播，其实是COSTA模式的翻版。主播的眼光、消费能力基本代表了粉丝的需求。

（4）减少操作步骤永远是互联网的不二法则，据了解，每增加一步操作，就会损失大概三成用户。

（5）质优价廉永远是最优解，一线品牌半价永远是所有人的梦想。

3. 瓦解顾客理性，激发感性购物

理性消费就是消费者购买自己所需求，并对其有一定了解，至少面对多种选择时会明确自己最关键所需。例如买电视，选择屏幕大一点儿，还是小巧薄一点儿，取决于消费者需求，不能因为商家推荐或是价位问题临时改变。理性购物和感性购物分别具有以下特征。

理性购物特征：

- 品牌熟悉：消费者对品牌了解并对核心功能特点熟悉。
- 便捷高效：购买方便，支付便捷。
- 科技感营造的惊喜：很多小特点打动消费者内心，尤其是高科技范儿。
- 价格在预期内：价格不是特别超出预算。

感性购物特征：

- 品牌丰富但陌生：品牌很丰富，但消费者不太了解。
- 更多购物关联需求：在购物时受场景或主播吸引而忘记购物初衷。
- 价格有刺激：价格低于心理预期，刺激消费者感性购物。
- 在直播时如何瓦解顾客理性，激发感性购物。

通常情况下顾客看上一款商品，但购买意愿并不强烈，处于可买可不买的状

态。主播如何瓦解顾客理性，激发感性购物呢？

技巧1：建立和检验顾客对主播的信任，主播要经常在线上线下与粉丝交流，注意聆听粉丝的内心需求，让粉丝了解自己选品的过程和规则，加强信任。

技巧2：巧妙设计场景，根据公开数据研究，大部分人在特定情景下容易产生相应的情绪，如"月上柳梢头"，正是"人约黄昏后"的最佳场景。场景设计真正地为顾客着想，顾客也会感受得到，而这个感觉就会在顾客的心里产生影响。譬如超越顾客预期的服务方式和服务语言，让顾客感动的周到和细致甚至超越服务范围之内的帮助等，都会令顾客内心的理性彻底瓦解而变得感性起来。

技巧3：引导顾客的购买欲望，主播多强调价值，少强调价格。强调预期，少讲现在。通常粉丝在考虑是否购买产品时，总是多方权衡利弊得失的。只有当意识到拥有产品的众多利益时，他才可能有强烈的购买欲望。

技巧4：强调产品的质量背书，提供充分证据证明产品的价值。这些证据包括：①有关权威组织部门的鉴定、验证文件；②有关技术与职能部门提供的资料、数据、认可证书；③有关权威人士的批示、意见等；④有关购买与使用者的验证、鉴定文件、心得体会、来信来函等。

技巧5：利用展示刺激顾客的购买欲望，销售是消费者和主播共同参与的活动，如果消费者愿意投入时间观看销售人员的展示，那么表明他确实有潜在需求，主播要充分把握住最好的成交机会。把顾客引导至产品前，透过实物的观看、操作，让顾客充分地了解产品的外观、操作的方法、具有的功能以及能给顾客带来的利益，借以达成成交的目的。

第五章

精准定位

5.1 人设定位：打造鲜明的主播人设

用"人设"这个词看起来有做作的成分，其实指的是外界印象，即通过自己的语言、肢体、表现给外界的直观印象。主播人设越鲜明，越能获得消费才认可，头部主播都有自己的人设定位，比如"国风仙女李子柒""口红一哥李佳琦""农民儿子辛巴"人设定位有助于快速建立个人品牌，提升个人影响力，带来流量，放大个人的价值。无论是定位于美妆 KOL、母婴达人、穿版小妹还是美食主播，都容易引起共鸣。

说起李佳琦，首先想到卖口红，为女生谋取最实惠、最好用的化妆品，为女生推荐各种化妆品的男人。而薇娅，说起她，你又浮现出一个什么形象呢？她是一个豪爽、满足所有女粉丝省钱需求的"大姐姐形象"。直播间里，她经常以一个"儿媳妇""妈妈""妻子"的身份和粉丝聊日常，推荐省钱产品，就像一个贴心的大姐姐。另外，她还把粉丝称作"薇娅的女人"，无形中又培养了女粉丝的一种忠诚度。

在当下直播电商时代，良好的 IP 人设定位有助于让你脱颖而出。主要体现在三个方面：

（1）个人品牌是一种知名度和认可度，让目标受众了解自己，实现高效率的营销转化。

（2）个人品牌是个人信誉和口碑，有助于获取别人的信任，快速达成目标。

（3）个人品牌有助于我们提高议价能，提高谈判交易的筹码，为自己增值。

不一定每个主播都有人设，但是成功的主播必然有自己的人设定位。如何打造主播的人设呢？就是根据主播个人爱好及特征用一两个核心关键词来描述，人设标签不用多，2—3个就够了，太多的人设标签等于没有标签。主要有以下几种方法。

（1）取一个人格化容易记住的名字

为什么要这样？第一印象非常重要，一个简单、特征明显的名字更容易让人记忆深刻，如"淘宝一姐"。

（2）基于垂直细分的人格

根据人设要求相应建立自己的独立思维以及思想，可以将一件事情分成多个很小的部分去逐步完成。

（3）重度垂直于一个领域

在一个领域要一直做下去，每天坚持不要放弃，比如每天发一个朋友圈，然后坚持十年不动摇，事业一定会有很大的起色。

（4）背书

除了自己本身足够勤奋加坚持，也需要找到行业大咖为你背书，积累前期的资源和人脉。

（5）有联合发起人的招商裂变

让代理人去发展自己的粉丝等，产生裂变效果。

（6）要有自己的粉丝池

言外之意就是有自己的粉丝群，不定期地发送给粉丝福利，让粉丝裂变粉丝。

1. 专家学者：用专业为信任背书

一个新品牌要想打入消费者的心智，增强消费者的信任度，就要用到信任状，专家学者的IP也是很好的垂直定位，但是如果希望成为一个专家学者，必须要有持续的专业内容输出，不断强化消费者认知。

专家学者定位，在微博中很多的博主认证加V，通过自己的名片，认证自己的职业。

2. 热门网红：展现独特人格魅力

作为网红，一定要给外界鲜明的印象和独特的人格魅力，有的可以以 IP 来定位，有的可以以领域来定位，比如你看微博上那些综艺大 V：趣味搞笑，留几手，曾小贤，旅行厨男，刘半仙解说，老司机等。这些不用自己名字直接命名的博主称之为"自媒体"，他们专注于某一个领域，通过一个大号在领域做起来后做商业化变现，也是早期做自媒体人的首选，不过现在还是用"个人名字"直接命名的居多。

3. 专业达人：形成独有的特色

专业达人人设定位是基于自身条件形成独有的特色的人设定位，可以是某专业领域达人，如"口红一哥"，也可以是语言特色达人，如"演讲家带货"，或是"Rap 饶舌君"。以兴趣为主的标签定位可以是自己的专业，也可以是自己的特长，自己的爱好，作为现代"斜杠青年"，给自己贴上"个人标签"，定位越清晰，合作的人就会越精准。比如自己喜欢"美妆"，你可以把自己定义成一个"美妆博主"，通过各大平台输出美妆相关的图文、短视频、音频等。

5.2 用户定位：精准锁定目标客户

我们做直播电商，不是眉毛胡子一把抓，一定要精准锁定你的目标人群。用户定位是指我们的产品将确定为哪些用户提供服务，你的产品给什么样的人提供了什么样的服务。

1. 做好用户画像，以需求确定目标用户

用户画像是根据用户社会属性、生活习惯和消费行为等信息而抽象出的一个标签化的用户模型。构建用户画像的核心工作即是给用户贴"标签"，而标签是通过对用户信息分析而得出的高度精练的特征标识。

从这个定义中可以看出社会属性、生活习惯及消费行为三个方面非常重要，当然也有分为人口属性、社会属性、行为习惯、兴趣偏好和心理属性五个方面的。这里我们重点分析三个方面。

社会属性：年龄，性别，地域，学历，职业，婚姻状况，住房车辆等（见图5-1）。

生活习惯：运动，休闲，旅游，饮食起居，购物，游戏，体育，文化等。

消费行为：消费金额、消费次数、消费时间、消费频次等（基于产品）。

标签包含的内容不是完全固定的，需要根据行业和产品的属性有所区分，比如社交类的产品会更关注用户社交关系标签；电商类会更关注用户的兴趣和消费能力等；金融行业还会有风险画像，包含征信、违约、还款能力等。

图 5-1　用户社会属性

2. 三步构建用户画像

我们在做直播电商时不用太过于考虑用户定位的多方法应用，三步成就用户画像，即最大程度获取用户数据、对用户群体进行细分、构建用户精准画像。

（1）最大程度获取用户数据，数据主要有两大类，一类为静态数据，另一类为动态数据。静态数据通常是指不能轻易改变的用户数据，如社会属性、消费偏好、生活习惯等。可以通过平台网络数据分析或问卷调查等方式获得。事实上，如淘宝、抖音、快手、小红书、哔哩哔哩等平台有大量的用户报告和分析。动态数据是指采集用户不断变化的行为信息，一般取决于用户对于产品的行为反馈。动态数据都可以通过该产品/网页的数据统计记录下来。数据采集流程如图5-2所示。

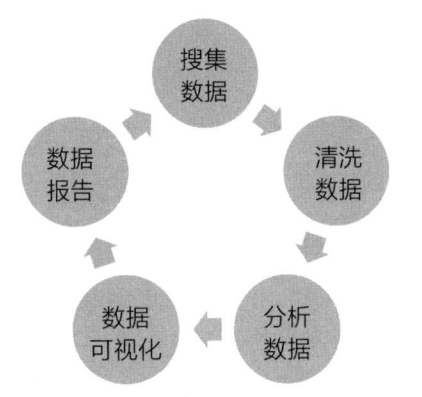

★互联网企业、SNS、微博、微信、视频、电子商务、淘宝、天猫

★物联网、移动设备、终端中的商品、个人位置、传感器采集的数据

★联通、移动、电信等通道和互联网运营商

★天文望远镜拍摄的图像、视频数据、气象学里面的卫星云图数据等

图 5-2 数据采集流程

我们采集数据的方式主要有三种,第一种可以直接利用这些常规的市场研究公司的报告数据。第二种也可以用大数据的一些底层技术进行各大平台网上数据采集,然后再完善会员信息积累数据。第三种与各大平台进行数据交流,并开放自己的平台积累数据。

(2)细分用户群体,即给用户打标签的过程,通过静态数据和动态数据给不同的用户打上标签,通过标签的权重、排列,可以得到很多用户的标签,根据自身产品的需求选择需要的用户标签,找到对应的用户。例如,作为品牌商在做直播带货选择时需要深度分析用户,除了在单个场次复盘时的消费数据;如消费量、消费时长、高峰时人数等,还需要了解已购用户和未购用户的兴趣、消费习惯、消费能力、访问记录、商铺浏览时长、历史购买记录等,给用户推荐与其标签匹配度更高的商品,促进用户更多的购买。如图 5-3 所示,现在一天产生的数据量是过去几十年的数据量总和,这为细分用户群体打下良好基础。

搜索	全球每天搜索请求超过 6000 亿次,中国约 70 亿次
微博	新浪微博日活 4.5 亿;Twitter 每天推文数量 2.5 亿次
人脉	Facebook 用户量超 9 亿;微信用户量超 13 亿
兴趣	Pinterest 日 PV 超 4 亿;抖音日活超 4 亿。2019 年 46 万个家庭拍摄全家福相关视频播放 27.9 亿次,被点赞 1 亿次
网购	2019 年 Amazon GMV3440 亿美元;淘宝 5150 亿美元;天猫 GMV 是 4320 亿美元
浏览	区块链全球用户数超 2000 万
基本资料	全球网民数量超 40 亿,中国网民 8.54 亿

资料来源:公开信息处理

图 5-3 大数据来源

（3）构建用户精准画像，根据直播的具体信息进行数据建模。包括用户、时间、地点、事件、行动五大部分。

Who（谁）：哪些是用户，哪些不是用户，用户在直播时是用手机还是PC进行上网，上网设备性能，是否用5G，购物时的体验如何，等等。

When（时间）：在直播带货什么时间发生用户什么行为，如开机3分钟热场时间用户的实际反应，主体购物的高峰时段，催单的时间购物量等等。

Where（地点）：用户行为触点也就是用户接触产品的触点，在做直播带货时用户在了解产品时是否访问了品牌主页，又去哪里进行了比价分析，都产生了哪些交互行为。

What（事件）：触发的信息点也就是用户访问的内容信息，如主要浏览了类别、品牌、描述、属性，对应带货的零食、文具、生产日期等。

Action（行动）：用户具体行为，比如电商用户的添加购物车、搜索、评论、购买、点击赞、收藏等。用户画像的数据模型可以概括为下面的公式：用户画像数据模型＝用户＋时间＋行为＋接触点，某用户因为在什么时间、地点、做了什么事，然后打上标签。不同产品需求不同的标签组合，不同的标签组合也就形成了用户画像的模型。

5.3 内容定位：不懂内容定位，直播电商就没有未来

内容决定直播电商未来，作为服务与用户连接的关键角色，内容的定位、编辑、策划、粉丝互动和数据分析的技能，促进产品中的内容流通闭环，最终实现拉新、活跃、留存、转化、传播。

直播的内容定位要具体到给用户画像。需要弄清楚我们的用户是谁、他们要什么、他们的年龄、性别、职业又是怎么样的。最为关键的是，我们能给他们提供什么。对这些元素的详细分析，构成了用户画像。了解自己的潜在观众，才有可能把他们吸引到自己的直播间。

内容选取要符合以下四个方向：

（1）流量大，变现能力强。在做内容规划前可以有效参与阿里指数或百度

指数，从一些流量高、变现强的内容入手，如时尚、彩妆、护肤等都与购物相关，商品变现能力极强。

（2）流量大，变现能力强符合大部分用户群体的调性，覆盖目标用户需求。内容要符合用户需求，要增强用户黏性，提升互动频率。如"男士穿搭""汽车""数码"，等等。

（3）根据长期以来的用户数据分析来选择。通过分析内容的打开率、互动量、点赞数、转发数、收藏量、视频播放量等，来选择内容话题。

（4）内容制作成本可接受。内容制作也需要成本，要考虑承受能力，不必贪大求多，可以首先从一些简便易行的开始。

1. 原创：拒绝同质化，只做独一无二

股神巴菲特曾经说过一句非常经典的话：人生就像滚雪球一样，重要的是发现很湿的雪和一道够长的山坡，如果你所处正确的雪中，雪球自然就会滚起来。写原创内容就是如此，可以从以下几方面入手。

第一，要养成原创习惯，不能一开始就想做搬运工，在制作视频或直播时首先动脑子想创意，很有可能有意想不到的效果。

第二，学会搜集各种素材，书到用时方恨少，在创作时关键素材可以帮我们找到方向打开思路。从自己的经历挖掘容易做出真情实感，从别人的经历吸取经验教训，热点事件可以引起话题，外文可以带来知识。

第三，学习竞争对手的视频或直播，学习他们成功的地方，并运用到自己的内容中去，并引起用户共鸣。

第四，学习点赞量大或评论多的内容，然后把这些内容好的地方整理放在一起，并且做一些修改和处理，并加上自己的一些理解，同时增加一些其他元素如图片、表格、视频等。

第五，坚持做原创。

2. 垂直：深耕细分垂直领域，向精而专突围

垂直即聚焦，即专注于某一个领域持续输出优质内容，要在一厘米宽度内做到一公里深度，深耕细分垂直领域，向精而专的方向发展。垂直也就是指你的内容和你选择的领域是一致的，并且一个账号一直以来输出的应该是同一个内容。如果说你今天是搞笑的段子、明天是做美食、后天做健身，那毫无疑问你是一个没有垂直内容创作者。增加自己的垂直度，垂直度就是专业度，在 1 平方米深耕 100 米甚至 1000 米的深度。首先你要对做的专业内容进行细分，越细越好。比如将生活技巧细分为厨房小生活、数码方面的，等等，在有限的环境下进行创新才会做出一片天。

单点切入，做到极致。基本上，每一个细分领域都有一个成长为小而美内容的机会。比如聚焦于母婴产业，再聚焦母婴用品，再聚焦到母婴用品资讯，层层推进。

在垂直化过程中要记得将自己的内容做出差异化。如果你的内容做到了足够有深度，那么在内容中你自然而然就会出现一些自己的个人观点、看法，这么一来，你的内容就会有了个性，有了灵魂。主体人格化，在面对用户时，必须是人格化的形象。无论你真的是一个人，还是表面上是一个人，用户要的是与鲜活的"人"沟通，而不是冷冰冰的机器。

3. 干货：有价值的内容才能引发高销售转化率

当下消费人群改变了，用户消费习惯改变了，读者对内容的挑剔度越来越高，各种新型平台异军突起，内容呈现形式百花齐放应接不暇，各项技术的运用也是越来越专业，直播电商行业越来越需要精细化运营。而干货内容，永远是制胜的关键。

（1）作为内容创作者，首先就要有对内容的执着和要求，明确价值观，坚守底线。

（2）保持一个宗旨：不管什么内容，一定是言之有物，对用户有帮助。

（3）减少认知陷阱，少写生涩的专业词汇，要根据用户的认识水平创作内容。

（4）内容创作要重细节，多讲故事，少一些模糊不清的概念，少一些抽象描述，多一些故事，这样画面感强，容易吸引。

（5）有趣是优质内容的通行证，在严肃的干货内容中，适当加入一些幽默、调侃的元素，这并不是很难。幽默有趣的内容可能更适合于社交化的体验。

4. 看点：有看点的内容才有吸引力

有一个这样的故事，有一个小女孩子，长得很漂亮但是家境一般，但是她却想住上大房子，带父母去世界各地旅行，嫁个金龟婿。朋友都很想说服她，有的说她不要做白日梦，有的说她不要做个拜金女，都没有打动她，这一天有个人走过来对女生说："我给你讲一个我自己的经历吧。"于是这个朋友就讲起了自己的故事。

"以前我很玩游戏，有一款特别喜欢的游戏，我一天可以打开几十次，做任务收金币买装备赢排名，即使每天这样，要拿到游戏中自己很喜欢的一把剑也需要 6 个月。

"后来有一次小学同学聚会，我突然了解到有一个同学竟然是这款游戏的负责人，于是我要了他的电话号码，跟他说有时间给我游戏的账户多弄点钱，等到第二天我打开游戏账户，发现里边真的多了一大堆金币，可是我还是无法得到那把剑。

"过了一段时间，我又给同学打了电话说：'你能不能把那把剑送给我，那可是我的梦想，我已经等了三个月了，还要在等三个月，我实在是等不了了。'同学犹豫了一下还是答应了我，让我通过抽奖的方式得到了那把梦寐以求的剑，那时候，我觉得我是全天下最幸福的人。

"可是，一周之后，我越来越不想玩那款游戏了，打开的次数也越来越少，再后来直接懒得打开了，因为游戏中的希望破灭了，以前都是为了存金币，为了得到那把剑，可现在所有东西都可以用一个电话解决。

"虽然后来我把金币分给大家，剑也送给了别人，自己重新去积累，却也无法找到以前的激情了，我亲手毁掉了自己最热爱的游戏，但以后可能还会有新的，可你不一样，你的人生只有一次。"

女生听完之后才真正明白自己的想法有多可笑。

女生的朋友通过讲述自己的故事让女生明白了自己的错误思想，虽然女生的其他朋友说得也没有错，但是却起了反作用，加强了女生的错误想法，这个就说明故事更容易让人信服。

如果你要做一场有看点内容的直播，融合讲故事或自己经历的方法去创作，就会得到更多粉丝的认可，而且人从小就喜欢听故事，相比较于一篇干货满满的文章，具有故事性的反而会更有吸引力，更容易抓住读者的心。

5.4 场景定位：创新直播带货场景才能激发购买

直播电商场景定位至关重要，无论是工业品带货还是农产品带货，品牌商带货还是小店铺带货，平台型还是垂直型，入口还是内容，社交还是娱乐，场景化营销都是大势所趋。然而，场景受到诸多因素影响，效果也各不相同，很多企业重金"造景"，但效果并不理想。那么，高效场景定位的秘诀在哪里？

1. 源头场景：走进品牌工厂，追溯产品源头

源头场景，直播电商走进品牌工厂，直接追溯产品源头，让直播用户身临其境，有最好的体验感。直播走进源头带来三大好处：

一是真实感强，所见即所得。用直播、联播、网红带货等直播电商的矩阵方式，直击（聚焦）原产源头，把"地道好物"送到家。自从网购时代以来，我们购买者最怕的是什么——假货。这也是很多有多年网购经历的消费者所诟病的地方；随着近年来的整改，淘宝、京东等平台加大了对假货的处罚力度，使得越来越多的卖假货的商家被查封。然而这些假货商家并没有就此放弃，他们把他们原来的假货更换成了次等货、劣质货来卖给购买者。源头场景带货完全可以杜绝这种情况发生，产品到达消费者手里不仅仅是一个优质量的产品，而且还会带来愉悦的感受。

二是解决直播时的夸大宣传、假冒伪劣产品等痛点。通过源头场景，避免一些主播带货时存在夸大宣传，部分消费者遭遇假冒伪劣商品、售后服务难保障，消费者的知情权、公平交易权和合理维权诉求得不到保障的情况发生。电商直播的防伪追溯是净化直播电商生态的重要手段和方向。

三是原产地直播，有助于推动地方原产地特色经济发展，挖掘区域特色文化内涵，为促进特色资源品牌打造做出积极贡献。

"问渠那得清如许，为有源头活水来。"想要网络直播市场风清气正，从源头上净化直播是不错的选择，走进品牌工厂，追溯产品源头。

2. 品牌场景：直播场景助力品牌吸粉和转化二者有机统一

直播与品牌场景有一场奇妙的化学反应，在传统时代，企业做品牌推广，可能离不开发布会、订货会，参加各种展会。不仅成本高、周期长、用户精准度低，只能收集一部分用户信息，而且购买行为安排在活动之后，极易造成宣传与销售脱节。而直播场景与品牌格调却可以产生反应。而如今，一场设计到位的直播便可以实现吸粉和转化二者的有机统一。直播聚焦特定消费人群，更有时效，成本更低，曝光度更大，更能"边看边买"。一场直播能快速聚粉、沉淀和互动，实现二次营销。

（1）直播助力建立品牌信任。品牌的本质是品牌拥有者的产品、服务或其他优于竞争对手的优势能为目标受众带去同等或高于竞争对手的价值。其中价值包括：功能性利益、情感性利益。而这种利益是抽象的，高高在上的，不好接触的。直播设计中通过直播间设计、主播的着装、主播讲述品牌故事，通过直播传递企业文化，建立与消费者的价值联系，再通过直播产品变现。一旦品牌认知打出去，直播的商业转化时机就到了。

（2）"宅经济"让品牌的直播意识觉醒。注意力在哪里，经济就在哪里，直播是一场带货+营销的双重收益。一边，互联网让消费者离开电视，离开纸媒；会员付费让消费者远离传统广告。一边，直播、短视频开始占据消费者碎片时间，品牌们开始把目光投向直播间。而年青一代的"宅经济"更是加速了这种趋势。

（3）媒体生态正在改变促进品牌与直播的融合。从什么时候起，我们不再讨论哪个品牌拍了什么优秀的广告，而是开始讨论哪个品牌做了一场怎样轰动的直播活动？广告，在品牌宣传的世界中，声音越来越小。从传统媒体时代，到互联网+时代，再到直播+时代，直播正在改变企业品牌宣传的方式。

传统的媒体时代，电视机和纸媒占据着消费者的碎片时间，品牌宣传依靠平面广告和电视广告。找到一个靠谱的广告公司，拍一支让人过目不忘的宣传片，是企业宣传的标配。随着"互联网+"到来，自媒体崛起，微博、微信公众号成为品牌推广的新领地，爆文、爆款H5开始为品牌们竞相追逐。企业开始搞"人设"，有性格有个性的品牌成为消费者新宠。今天，我们站在"直播+万物"的门口，相比上一代图文内容，这次有内容的视频粉墨登场，成为传递品牌价值的主要载体。

（4）直播正在放大品牌的能量。直播，给企业品牌宣传能带来什么？不仅有强大的引流能力还有强大带货＋品牌营销的双重收益。2019年，戛纳电影节期间，欧莱雅、ELLE、太平洋时尚联合开了一场"零时差追戛纳"直播，粉丝从4000飙升到28.1万，同一时段5万人在线互动。直播带货是"带货＋品牌营销"，一次投入双重收获，无论是主播带货、总裁带货还是活动直播，都在直播过程中完成了对产品品牌力的放大，不仅提高了销量，还扩大了品牌认知。直播间，是品牌口碑的孵化基地，实现了带货效果和品牌建设的结合，双向沟通，现场转化。

（5）直播助力公域流量私域化。直播正展现出越来越显著的商业价值，直播对于品牌做口碑建设有着正导向作用。以微信为例，直播和短视频、小程序商城结合，有助于帮助品牌完成从公域到私域的信息流变，打造完整的营销闭环。

直播不再只是简单的信息传播方式，更是新的生产经营载体。

3. 体验场景：营造给用户带来极致体验

好的体验让人如沐春风，一场成功的直播，体验至关重要。为了做好直播体验场景需要在以下几个地方做好优化。

一是直播技术优化。用户体验的关键基本上用七个字就可以概括："不卡、不掉、不延迟"，分别对应播放流畅、交互稳定、内容实时。具体到业务上，即做到首屏秒开，带宽成本优化，ROI优化，时延优化。直播上线以后，带宽消耗非常巨大。降低成本的手段第一是窄带高清，降低整体码率的消耗，还有一个重要的是采用了H265编解码。在做首屏秒开优化的时候，会预加载关键帧，但这个预加载会造成一定的时延，这时需要用算法进行决策加速、正常还是放慢播放，自动追帧丢帧，让主播和观众之间的时间差尽量小。

二是做好直播互动。在直播过程中除了要展示产品，界面要友好交互之外，在过程中要及时回答粉丝问题，与粉丝实时交流，为活跃现场气氛，多发红包，做好包括留言、礼物、红包、商品橱窗，等等。

第六章

爆品策略

分析多个案例发现,品牌/产品成熟度、产品价位、受众匹配度促销力度是消费者选择一个产品的核心原因见图6-1。产品质量和价格本身是影响转化率的最大因素。有品牌/产品成熟度+利益刺激+"任何卖家"=可以爆,无品牌/产品成熟度+全员直播+利益刺激小=无用功,任何货物都能找到火爆的路径。

①特色货品+不打折=能火爆:符合新奇特让人耳目一新的货品进入直播间就是流量保证。②一般货品+IP网红=能火爆:IP网红本身流量保证了效果。③品牌货+中低折扣=能火爆:品牌意味着高质量,如LV、爱马仕等一有折扣就有机会。④新货/一般货品+素人+不打折=无用功:大部分都是一般货或新货不打折基本都没机会。而新进的很多素人在粉丝量不够的情况下,很难不为不成熟买单。

从图6-1中可以发现产品有品牌,价位不高,又是经常用到的,促销力度高就很容易带货。

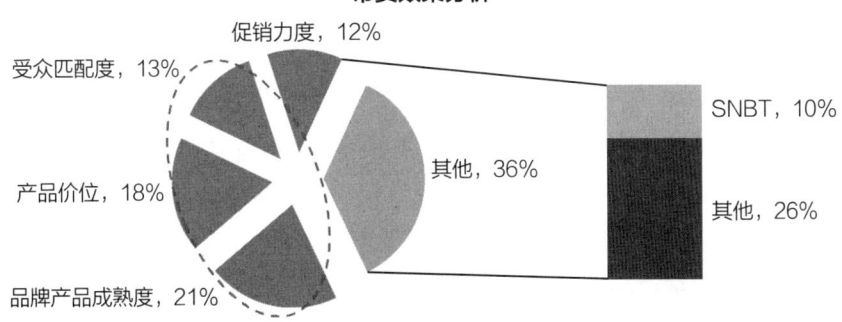

图6-1 直播带货效果分析

要想打造爆品首先要学习成功的带货资料，其次努力提升自己，完善自己团队的建设、方法论建设，要相信客户都是聪明的。

6.1 选品策略：选对产品，提高爆单概率

选品是直播电商的核心关键环节，事关成败意义重大，顶级主播都有非常强的选品能力。众所周知，李佳琦成名前是一名化妆品专柜美容顾问，薇娅首次淘宝直播主要讲的是一些护肤心得和穿搭技巧，他们在各自的领域都有着常人无法比拟的专业性和品位，"什么样的口红适合什么样的人、有着什么样的感觉"。对于薇娅和李佳琦来说，筛选商品是重要的日常工作，夜里12点直播后就是不停地试吃、试用、试穿。

选品过程也是非常严格的，要经过选品团队的初选、核心团队体验试用以及主播的再次试用，最后的通过率不足5%；而谦寻的招商选品团队超过80人，并且开发了羚客（Link）的中台系统。在不粘锅、阳澄湖状元蟹上"翻车"的李佳琦也会遭到粉丝们的"口诛笔伐"。从某种程度上，直播非常类似"买手模式"，主播在纷繁的产品中选最适合粉丝的、性价比最高的产品进行推广。选对产品，提升爆单概率，在选品过程除了考虑品牌、成本和供应链的能力，还要考虑商品是否具备成为爆款的潜力，一旦商品能成为爆款，那意味着用户会复购，对店铺的黏性也会更强，有利于带动其他商品销售。

6.1.1 选品好，转化率高，信心大

根据大数据分析，直播行业退货率一直在五成以上，这么高的退货率一方面说明消费者容易冲动消费，另一方面说明直播产品本身存在问题。因此选品对直播至关重要，头部主播在选品方面都特别重视。如图6-2所示，选品时用钩子款达成用户的购买吸引，用爆款打造销量，用利润款赚佣金，最终特色款也将产生小部分销量。

选品可以从三个方面带来收益：

（1）提升转化，有助于转化率提升。

（2）增加买家数，好的产品本身就是活广告，好产品就是好口碑。

（3）提升主播信心，好产品让主播更有底气，更有信心。

选品分为三类，分别为新款、网红款和特价款，目的不同，效果也不同。

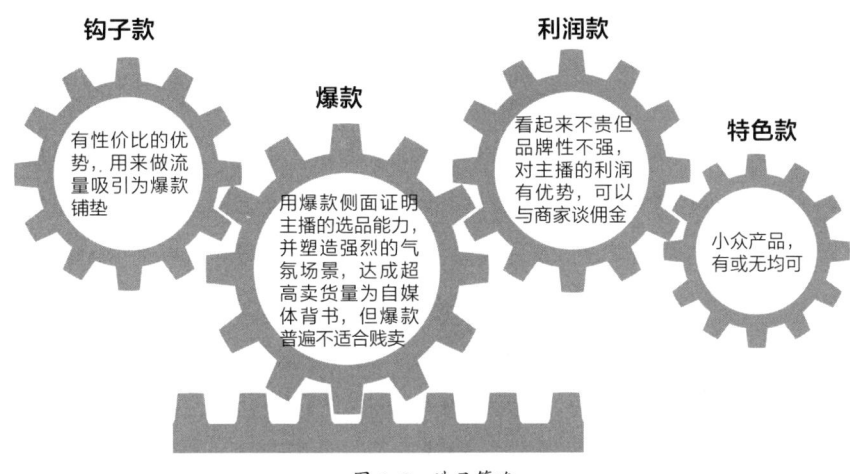

图 6-2　选品策略

6.1.2　直播选品三原则

高质、低价、高频使用商品是所有主播选品都最重视的，选品三原则是：

（1）品质有保证，首先是高质，产品质量是直播带货通行证，好的产品会说话，如何辨认高质产品，大品牌公司、老板有情怀的公司、价格高的产品往往质量比较好。

（2）价格低于预期，低价，相对便宜，所以尾货、工厂货往往是价格相对便宜。

（3）高频产品，经常使用的产品，如零食、袜子、毛巾、杯子这样的日用品，在低价的时候它们会引发你的购买欲，即使现在不用，因为是最低价，买了以后也可以用。

当然除了上面三点之外，产品新奇特、高颜值、可互动也是必不可少的。货品一定要新，避免同质化，优先选择在大众熟知的品类上有小创新、小突破的品类；颜值要高，直播以冲动消费为主，所以好看的产品更容易勾起消费欲望，故宫口红的火爆也说明了这一点；特别，具有可观赏性和可互动性，这样的产品在直播间更能够博人眼球，营造直播氛围，更容易成交。

当然，高质与低价本身是一对矛盾，高质往往不轻易低价，所以相对便宜，也就是让消费者心理低价,有觉得占了便宜的心理。另外由于直播冲动消费居多,因此决策成本不能太高,好比说买房子,就算再好,消费者也可能需要到现场考察之后才能决定。

我们统计了在薇娅带的货中,大部分货的价格都在 19—99 元,商品本身价格就低,再加上薇娅直播间给出了比平时更低的价格,直播有吸引力也就不足为奇了。

带货品类中都以日常食品和用品为主,如男士内裤、牙刷、红肠、项链、蟑螂药、化妆品,等等,实际上这个品类对于直播带货来说具有普遍性,招商证券的直播带货报告中显示,快手的带货全年有 400—500 亿元的 GMV 中,其中食品占 40% 以上,生活用品约占 30%,化妆品约占 30%。

6.2 选品武器:独特卖点让产品脱颖而出

选品很重要,如何选品更重要,直播选品也是整个直播环节中不可忽视的重要环节,但如何挑选爆品,却是一门"学问"。

1. 大数据助力找爆品

虽然说直播带货已经成为大趋势,但直播带货行业竞争却非常大。一个没有爆点的产品很难让用户有购买欲望。

(1)选品,让大数据告诉你爆点在哪里

①阿里指数选品入口:https://index.1688.com(无须开店),看热销产品属性、热销品排行;如图 6-3 所示,选择"女式打底裤",显示排行第 14 位。

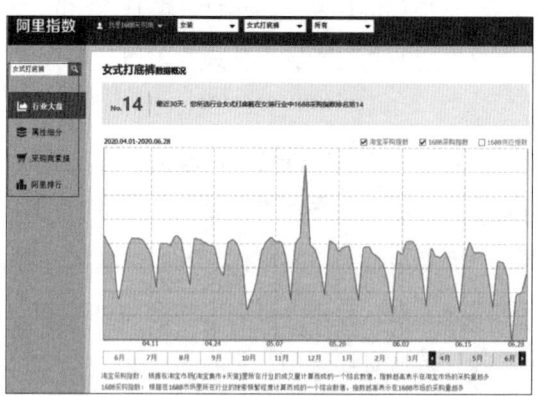

图 6-3　查找热销品排行(以女式打底裤为例)

查找行业热销商品属性(以女式打底裤为例),新款、爆款、创意款、时尚潮人排在前几位(见图6-4、图6-5、图6-6)。

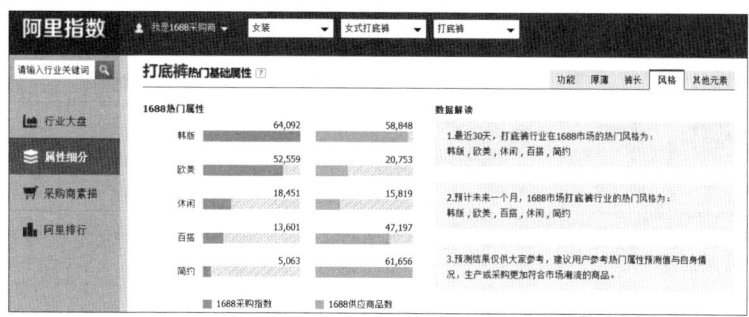

图6-4　查找行业热销商品属性(以女式打底裤为例)

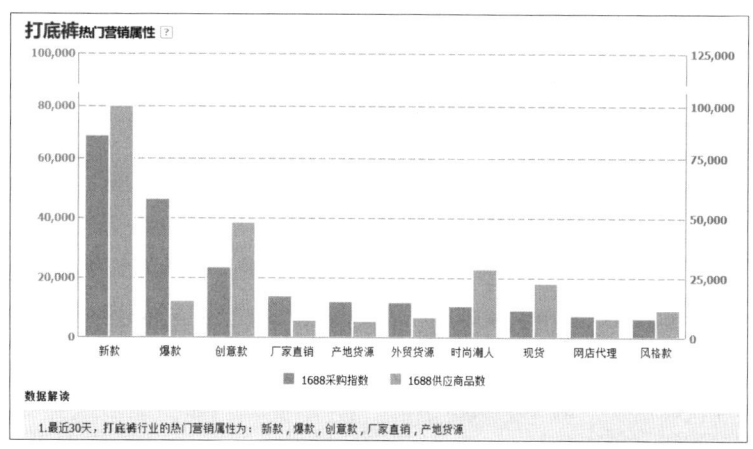

图6-5　查找行业热销商品营销属性(以女式打底裤为例)

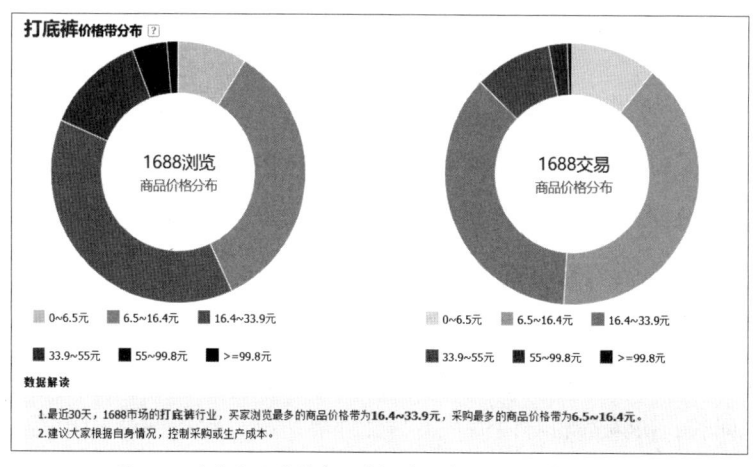

图6-6　查找行业热销商品价格属性(以女式打底裤为例)

查找行业营销属性及价格属性,最后将所有属性整理成表(见表6-1)。

表6-1 直播选款数据分析

直播选款数据分析						
款式属性	功能属性	薄厚属性	裤长属性	风格属性	营销属性	价格带
铅笔裤/小脚裤	修身	普通	九分裤	韩版	新款	0.1-2.5元
靴裤	显瘦	薄款	长裤	欧美	薄款	5-17.8元
裙裤	透气	加厚	踩脚裤	百搭	创意款	0-0.1元
安全裤	提臀	抓绒	三分裤/安全裤	休闲		17.8-44.4元
哈伦裤	保暖	加绒	七分裤	简约		0.1-2.5元
结论						

(2)C端平台选品:淘宝网选品注意点,属性、价格段、销量排行(见图6-7)。

图6-7 淘宝网淘宝端选品

(3)历史直播数据选品入口:阿里App—我的—直播—我的—直播回放—看数据、点击次数、后台转化订单。

但是,直播带货是否适合,其实重点还是需要关注复购率。

A级复购率,以耐用品为主如家电和汽车房子等大件产品,这类产品由于投资大、时间长,决策都相对谨慎,不易受外界影响,包括网红KOL等,但作直播对品牌曝光效果好。

B级复购率，这类以大件产品为主，有一定价值，一般会货比三家，如手机、电饭煲、电子手环等，价格从200—5000元，这种因为有选择，单价又不是特别大，网红、KOL、头部主播、明星等有一定的空间。

C级复购率，这类以中小件产品为主，经常使用，购买频率高，单价相对较低，以1000元以下为主，是主播带货的主要核心区域，也是粉丝黏性最高的地方。

2. 市场热度选品

什么是市场热度选品？根据市场的要求或季节要求提前准备的产品，比如端午节准备粽子，中秋节了选月饼，市面上有哪些月饼品牌、有哪些做得好的品牌、有哪些新的品牌、有哪些比较新兴的好玩的品牌，可以做一个综合的筛选，然后把最喜欢的分享给粉丝，这是市场热度，还有年货节等。

3. 满足粉丝欲求选品

作为主播除了在直播间与粉丝沟通以外，还用利用直播＋社群，以及线下活动实时了解粉丝的动态需求，了解粉丝的消费偏好，以便为选品寻求支持。

4. 品牌选品

大品牌往往给人以信任感，大品牌肯定是优选对象，但是对于腰部以下的主播而言，品牌可能不是最关键的，品质可能更重要。因为目前的直播受众主要以年轻群体为主，他们的品牌意识并不是很强，更多人会因为产品质量和主播信任背书而成交。

品牌很重要，但也不能迷信知名品牌，应多关注产品本身，产品必须要过硬，亲测和粉丝反馈才是选品的标准，只有消费者喜欢的产品才会一直红。

6.3 上架技巧：上对产品，秒光

1. 直播前15分钟上品

选择主推款、爆款、网红款，这个时间段的转化、收藏、加购会影响排名。

2. 产品的上架顺序，遵循 2+1+2

2：热销款 & 网红款

1：特价款

2：新款

好处：让人感觉新款很多，热销款也很多，价格也不会太高。

平常可以按照表 6-2 填写直播选品表。

表 6-2 直播选品表模板

直播选款数据分析						
××属性	××属性	××属性	××属性	××属性	营销属性	价格带
结论						

第三篇

直播电商实战

第七章

直播技巧：从素人到网红

7.1 选好平台，事半功倍

基因属性不同，入局直播电商的策略大不同，现有直播主要有淘宝直播、快手直播、抖音直播、微博直播、京东直播、小红书直播等平台，属性不同、用户量不同、流量来源不同、带货模式不同、分润模式不同机会点也完全不一样（见表7-1）。选好平台，事半功倍。

表7-1 各平台基因属性

平台	淘宝直播	快手	抖音	微博	京东直播	小红书
属性	电商	社交+内容	社交+内容	社交+内容	电商	种草基地
MAU	8.24亿	3亿	5亿	5.16亿	3.12亿	1亿
流量来源	域流量，内容矩阵＆庞大用户基础	偏私域，"老铁文化"，达人品牌崛起	偏公域，直播流量少	偏公域直播流量	公域流量，庞大用户基础	公域和私域流量并存
带货KOL	90%商家自播头部主播高度集中，代表主播：薇娅、李佳琦	头部主播相对分散，代表主播：散打哥、辛巴、娃娃	头部主播相对集中，代表主播：正善牛肉哥、罗永浩	头部主播相对集中，代表主播：雪梨、张大奕	商家自播居多	头部KOL大都"歌红人不红"，缺乏代表人物
带货模式	商家自播和达人导购模式	达人直播、打榜、PK等	短视频上热门+直播带货，种草转化内容为主	话题热搜+直播+名人背书	缺乏代表达人	种草内容为主，直播+笔记共同发力

续表

平台	淘宝直播	快手	抖音	微博	京东直播	小红书
分润模式	以坑位费+佣金为主，佣金一般在10%—20%，坑位费根据红人等级而有所不同					
机会点	淘宝内机构入住，现有客户维护	网红矩阵和性价比供应链，"低价爆量"	内容和新奇特供应链	和阿里打通，红人流量互通	商家持续入驻和庞大用户基础	新入局，流量扶持直播内容模块精细化、精准用户迅速转化

1. 淘宝直播：流量红利+供应链资源+网红

淘宝直播是目前所有直播电商中最成熟，管理最规范的平台，如图7-1所示，淘宝直播成长于2016年，发展于2018年，爆发于2019年。

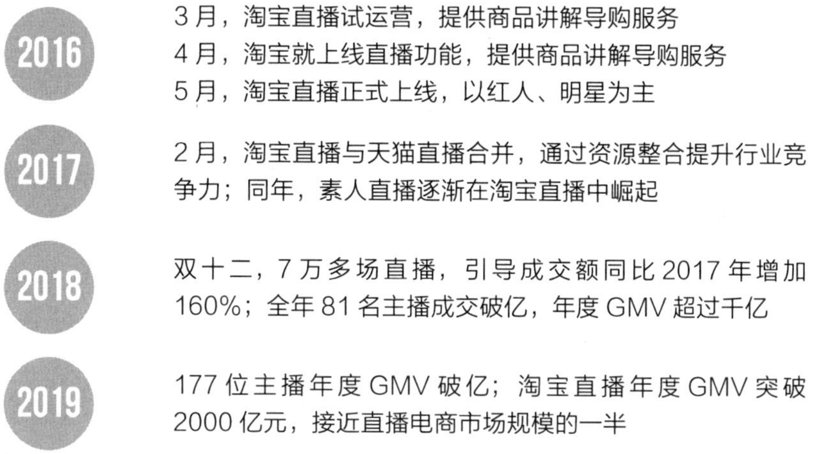

2016
3月，淘宝直播试运营，提供商品讲解导购服务
4月，淘宝就上线直播功能，提供商品讲解导购服务
5月，淘宝直播正式上线，以红人、明星为主

2017
2月，淘宝直播与天猫直播合并，通过资源整合提升行业竞争力；同年，素人直播逐渐在淘宝直播中崛起

2018
双十二，7万多场直播，引导成交额同比2017年增加160%；全年81名主播成交破亿，年度GMV超过千亿

2019
177位主播年度GMV破亿；淘宝直播年度GMV突破2000亿元，接近直播电商市场规模的一半

图7-1 淘宝直播发展大事记

淘宝直播定位是购物类直播，经过4年发展较成熟，主播数量较多，竞争激烈。日活量2亿—2.5亿，带货量超过行业市场规模的一半。积极尝试新型消费模式，抓住早期流量红利需要专业运营团队，强大的产品上新能力，对于供应链要求非常高，个人很难立足。目前开通淘宝直播非常方便，达人直播只要通过机构或者支付宝实名认证就可以开了，淘宝店铺直播开通也无门槛。达人直播带货佣金扣点15%—30%，商家店铺直播无佣金扣点。

淘宝直播：体量最大的直播带货平台，手淘流量＋高转化率是独有优势

淘宝直播：强体验性商品、低退货率消耗品最受益

如果你是做电商的，有天猫淘宝店铺的，一定要开淘宝直播。为什么呢？原有三点。

（1）淘宝直播起步最早，体量最大，最成熟。客户多。

（2）场景纯粹，就是购物，不像其他平台，有的主打社交、有的主打视频，好不容易积累起来的人气，很容易被隔壁老王放的音乐活动给拉走；购物场景直接就卖货。

（3）如果是品牌直播，对直播技巧要求不高，对内容的要求也相对较低。

（4）支持服务到位，淘宝直播是淘宝系完整生态链的组成部分，不仅有完整的带货用的流量直通车、选品、上货等工具，还有专业的教淘宝直播课的培训老师支持。

2. 快手直播："老铁经济"+IP 矩阵运营

快手直播玩转基于信任度较高的"老铁经济"去中心化模式+IP矩阵运营，快手深耕三四五线市场，烟火气深厚，在流量分发上一视同仁，新手素人都给机会，适合新人上手，适合私域流量运营。主播可以通过作品连接用户，建立信任基础，积蓄流量池，赋能电商转化。IP矩阵运营中，受三四五线城市影响，家人矩阵、师徒矩阵、战友矩阵、公司矩阵慢慢成形，大家账号互推形成影响力矩阵，辐射圈层。

3. 抖音直播：内容＋粉丝变现＋话题人物合作＝热点

抖音直播，以内容为导向的粉丝变现，与话题人物合作开展直播带货，打造行业直播热点话题事件，抖音直播定位是娱乐直播，日活量3.5亿—4亿，需要主播有很强的制作创意短视频的能力，对内容质量要求比较高，抖音和火山直播内部数据打通，今后流量也会打通。

抖音带货可能不一定是最好的平台，但是却是一个最适合种草的直播平台，为什么呢？因为一旦有秀场成分的话，观众的注意力很容易就被吸引，去看小哥哥小姐姐唱歌跳舞去了。它是一个泛娱乐的场景，有秀场直播在抢流量。同时抖音对于整个内容能力要求也会比较高，如果你一上来就像淘宝直播那样去卖产品的话，估

计会比较糟糕。常规的抖音直播变现的方式是三步走，第一步，寻找一些特别容易展现产品特质的东西进行种草，你会看到小黄车里展示销售的那些东西，大部分都是低客单的这种引流产品。第二步，在客户买完产品之后，将用户引导到微信上，引导到私域流量矩阵里，再送优惠券，就是把福利放到核销的环节。第三步，在私域流量上对核心产品进行推销，引起客户复购。这就是抖音种草带货的逻辑。

4. 腾讯直播：工具化的社交裂变与变现

微信是目前社交领域最大的，用户数和在线率都很高，不仅有腾讯官方背景支持，还有很多基于微信生态开发的平台支持。微信直播，其实准确的叫法应该叫看点直播。

微信直播是现在企业争相布局的一个最火的赛道，这些平台共同的特点就是利用微信生态来进行传播和裂变，所以说腾讯直播以及腾讯生态上的一些第三方直播，它们是最靠近流量的直播平台，尽管起步最晚，但是现在大家的期待最高。以腾讯看点直播为例，其他任何的直播平台，都不能够直接报微信号让观众来加我，但是看点直播是可以的，并且鼓励你报微信号让粉丝加你。同时腾讯直播的分享体验也十分流畅，它是一个小程序，分享的时候是小程序卡片的形态，是一个比较大的窗口，看上去十分显眼，并且进入直播间的体验是很流畅的，这也是很多直播平台没办法做到的。而且因为它离流量最近，所以现在的组合玩法是最多的。

腾讯直播定位"互动直播电商新平台"打通公众号 + 小程序 + 直播，再次尝试社交与电商的融合。

优势：具备调动微信资源的优势。

目标：2020 年助力微信平台 10 万商家获取用户和变现。

5. 拼多多直播：种草逻辑

拼多多直播于 2019 年 11 月 27 日首次试水小小包麻麻，1 小时后观看人数超过 50 000 人。

拼多多直播：定位电商直播，2020 年 1 月开始直播功能，日活量 1.2 亿，年活跃用户 5 亿，巨大的直播蓝海市场，疯狂的红包引流涨粉飞快，目前平台大力推直播，有很大的流量扶持，没有扣点。平台整体客单价较低，主打超高性价比产品，用户人群主要是下沉市场，成长空间不错。

6. 有赞直播带货：私域运营

定位电商直播，微信端小程序直播，在微信里有开播通知，有二级分销功能，直播间助力榜分享拉人排名，平台公域流量目前不是很大，需要自己私域引流，允许推送微信二维码加微，适合有一定粉丝基础或者实体客源的商家直播。开通需要最低 6800 的年费，目前有王府井百货等大品牌商场入驻。目前扣点 1%，外加 0.6% 支付通道费。

7. 京东直播：供应链资源 + 网红矩阵

京东直播后起直追，决心很大，10 亿资源加码超级网红孵化，以"为超级网红提供优质商品"的思路加码直播，目标是：2020 年针对不同发展阶段的商家分层定制营销方案，拉新留存。

8. 小红书直播：主打女性种草

入局电商直播是小红书"创作者 123 计划"的一部分，赋能创作者商业化优势：流量精准、用户活跃度高、女粉多，以种草为核心走出直播电商新路子。

7.2 高能直播间提高成交率

直播间的前期搭建需要明确直播间的目标人群、直播风格、价格定位、内容规划、人设标签等方面，核心在于围绕产品及用户画像搭建特色鲜明的直播场景，打造品牌的直播 IP。

7.2.1 高能直播间五要求

1. 光线明亮

直播间的光线亮度和"色温"（色彩范围）需要保障，最好用白色的 LED 灯作为房间的照明。有一些主播选择自然光，自然光容易导致逆光，这样就会把我们的面部变得很黑，所以你需要一个补光灯，或者美颜灯。请大家注意，美颜灯是一个环形灯（圈），如果你戴着眼镜用美颜灯就会把这个圈印在眼镜里面，所以一般女主播在直播的时候不戴眼镜。

2. 声音清晰

直播间的声音要保证清晰，包括几个方面，第一个是我们的房间不能太空旷，太空旷的房间容易有回音，一般墙面软装（墙布）、家具、窗帘都可以消音，避免回音。第二个是环境噪声，避免离环境噪声比较近的房间（马路、电线、流水、装修等）。所以，主播尽量选择安静的房间作为直播间。第三个是，我们在准备直播间的时候尽量注意背景音乐，背景音乐是给用户听的，主播应该关掉不合适的背景音乐。直播中不需要开音乐，但是有的时候会播放视频，尽量用电脑自带的声音传播，不需要把声音放出来再通过麦克风传播。

3. 网络通畅

直播中我们需要保障有通畅的网络推向服务端，一般网速在 30M 以上就可以保证了。主播可以提前在网速测试的页面进行测试，为了保障直播的通畅可以让家里的电视暂时关闭（避免抢占流量），有的时候主播还要和孩子一起分享网络，可以试试看学习用 4G，直播用宽带，目前很多运营商都会送流量。

4. 画面出镜

一个好的出镜画面可以让你的粉丝赏心悦目，我们在出境直播的时候画面也很重要。背景可以简化或者用直播物品作为背景，也可以采用绿屏进行抠像，用粉丝熟悉的背景（海洋、校园风景、高山等），网上有专门的直播背景布销售。

5. 内容齐备

直播中的内容需要提前准备好，各种演示品提前备好，直播时间不要太长（30 分钟讲解 +15 分钟讨论），速度需要比平时快，同时需要有一些互动，随机抽答，助理协助主持。样品和视频资源可以提前给粉丝进行线上了解，现场答疑互动可以更多。

7.2.2 直播间巧用"121竖屏构图",效果翻倍

直播间如何构图效果最好呢?我们先看几个直播间构图,你觉得下图哪个最舒服?大部分人都会选第 2 张吧。

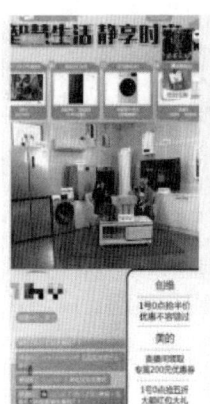

图 7-2 不同的直播间构图

第一张虽然构建了场景,但是 16:9 的横屏构图,距离感太强,感觉是在看二人电视访谈且产品模糊不清。第三张离屏幕太近了,观众感觉有压迫感,连主播的鼻孔都看得清清楚楚,距离才能产生美。第四张完全不看镜头,感觉就是在看主播玩手机,哪怕我们是现实中日常交流也不会隔这么远的距离。

合适的直播构图应该是能够透过屏幕,让观众感觉"主播是在跟我一个人说话"。

直播间应有"121"的竖屏构图特点,具体要求如下:

(1)上部:1/4 留白放置品牌 LOGO、产品贴图;

(2)中部:主播半身出境,占屏幕的 1/2,保持眼睛对视镜头;

(3)下部:前景操作台占 1/4,放置主要产品;

(4)背景:以产品相关场景为主,强调简单舒适。

重点 1:主播讲话一定要对着镜头,这样显得比较真诚。

重点 2:一定优先用竖屏直播,这与用户使用习惯一致,否则粉丝要横着手机看,很不方便。

以上比较适用于日常消费品直播间,汽车、服饰等可用全身构图、玉石首饰、水果生鲜用细节拍摄。

7.2.3 对角线站立，直播间视觉变大

主播的站位也很重要，什么样的站位效果看起来视觉又大又好呢？众多案例研究发现，主播站在对角线上效果最好。

主播站在对角线上可以使画面有很好的纵深效果与立体效果。画面中的线条作为相关的视觉引导线还可以吸引人的视线，让画面看起来更加富有动感和活力，达到了突出主体的效果。

7.2.4 巧用后面层叠堆放物品，突出直播间长度

在直播时由于房间不大，粉丝要对着小屏幕几个小时很难保证不腻，通过合理堆放物品可以让直播间显得更长，效果更好。

除了使用对角线这样的引导线，其实还可以在主播的背后增加相关饰品的摆放（沙发、衣架、挂画、绿植等）。这样直播画面就会被视频相关的线条区分成前中后三个部分，视觉效果上增加了直播间的长度。

团队直播场地标准为20—40平方米。可以选择家中的一个房间或者自己的线下门店，直接进行直播即可。

7.2.5 环境设计三技巧

直播间的环境要保持光线清晰、环境敞亮、可视物品整洁，不能杂乱无章，东西到处乱扔乱放。

1. 衣物模特摆放技巧

（1）直播间面积小，衣架/衣柜设置要合理，不能乱七八糟地摆放。

（2）模特可以放置最多不超过2个，要让直播间看起来大、干净、整洁。

（3）直播信息建议用小黑板，要注明直播期间的重要信息（是否包邮，模特身材，服装尺寸），给别人清晰直观地看到你所播的东西相关的一些规则等。

（4）巧用镜子，放大直播间效果。

（5）直播间可以适当有一些背景音乐和小灯串，但注意音乐不能太大，灯

光不要太亮,不要分散用户对直播间的注意力,听不清自己说话内容,反而被音乐带跑偏了,或者观看的人直接就划走了(见图7-3)。

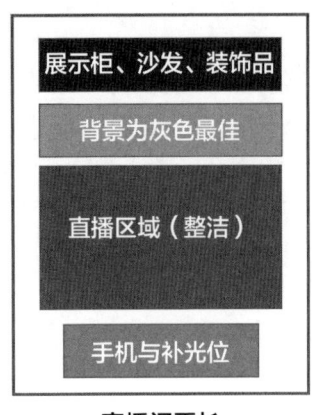
直播间更长

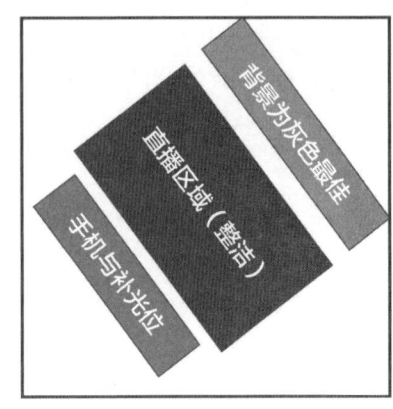
直播间更宽

图 7-3 直播间设计

直播间的打造,说简单也简单,只要有自己的风格、主题,自己的内容,那么就很容易了。但是说难也难,因为这也是一个漫长的过程,想清楚自己的定位是什么后,主播们就可以寻找出一款适合自己的直播间风格。

2. 直播间灯光设置技巧

利用灯光烘托氛围,如图7-4所示。

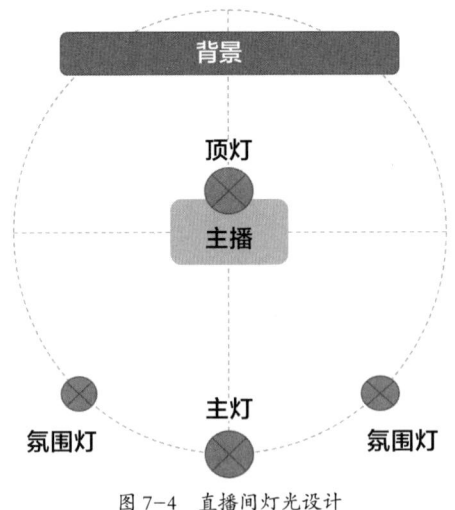

图 7-4 直播间灯光设计

直播间灯光的布置上，我们一般采取"2+1"或者"3+1"的摆放，2和3指主播前方的主灯及辅助灯，承担主要的照明作用，主光使主播脸部受光均匀，消除因左右辅助灯产生的法令纹；辅助灯营造人物轮廓，加强立体感。

指顶灯：从直播间的顶部照射，增加地板及背景的照片，同时也增强主播的脸部轮廓阴影，达到瘦脸效果。

色温主要选择接近日光的暖白灯，视觉感受上更加舒适。

如果你想追求更精细一点儿，不同的产品也会有不同色温灯光的选择。

• 服饰为小清新：正白光；服饰为民族风、田园风：暖白光

• 美妆为彩妆系列：正白光

• 美食：暖光

• 珠宝若为翡翠、钻石：正白光；若为蜜蜡（带颜色的珠宝）：暖白光

• 家具：暖白光

灯光可以制造气氛、营造风格，还具有美肤的强大作用。所以说直播间的灯光一定要用好，因为不同的光对一个人甚至一个场景的影响是不同的。美食类和家居类的直播间适合使用3000—4000开的暖光。用偏暖色的光可以把美食衬托得更加美味，让人垂涎欲滴；可以让家具、家纺更加有人情味儿，显得温馨有爱。

环境光：又称背景光，主要作为背景照明，最好是在直播间顶部布满。它使直播间的各点照度都尽可能地统一，起到让室内光线均匀的作用，但要注意环境光要尽量简单一些。

辅助光：主要是用来增强立体感，起到突出侧面轮廓的作用。使用辅助光的时候要注意避免光线太暗和太亮的情况，光度不能强于主光，不能干扰主光正常的光线效果，而且不能产生光线投影。辅助光的类型有：射灯、壁灯等。

7.3 直播团队分工，选对人做对事

7.3.1 直播高能团队打造

好的直播不仅让人爽心悦目而且带货效果好，而支撑一场直播需要一个高能的

团队，高能团队需要五力：选品能力、招商能力、供应链能力、管控能力、客服团队。

选品能力：能帮助主播在千万商品中找到最适合主播带的货，不仅质高而且还要价低，需要长期保持对市场敏锐的观察力，能深刻理解粉丝的内心世界，把握他们的需求。

招商能力：仅有好的主播远远不够，"淘宝一姐"薇娅 2018 年带货 27 亿元，但她后面有 500 人大团队，全国几个地方有办事机构，有强大的市场招商能力，上到与国家卖卫星的部门实时对接，下能与卖文具的小店合作。

供应链能力：强大供应链是直播电商的核心保证，现在年轻人注意力集中时间短，兴趣很快会发生转移，直播后希望很快收到物品，这都是供应链来完成的。

管控能力：每一个成功的一个主播后面都有一个强大团队，对产品的管控、物流管控、供应链的管控、质量的管控都要及时。

客服团队：目前直播退货率居高不下，好的客服团队非常重要。

7.3.2　直播人才急缺

网络直播和电子商务的快速融合催生了直播电商的火爆，大批"传统"电商企业，乃至于传统企业纷纷转战直播，产生了巨大的直播电商人才市场需求，但直播电商人才短缺已成为绝大多数企业跨入直播电商门槛的"拦路虎"，成为直播电商企业的"硬伤"，尤其是管理型、创新型高层次直播电商人才更是紧缺。而直播电商进入门槛低、从业者素质不高、行业标准缺乏，使得整个直播电商行业的发展呈现出诸多乱象，建立科学、规范和实用的直播电商人才标准，是解决直播电商人才需求和保证直播电商良性、健康和长期发展的必要条件。

智联招聘发布的《2020 年春季直播产业人才报告》显示，2020 年疫情下直播行业招聘需求同比逆势上涨 1.3 倍，电商成为直播人才吸纳大户，宅经济下娱乐休闲领域直播就业机遇增多，主播为直播人才中的绝对主体，其中直播教师竞争激烈，教育培训领域直播岗位竞争热度最高，而且直播人才需求逐步城市下沉，直播领域求职者多为女性，人才跨界岗位关联度较高（见图 7-5、图 7-6）。

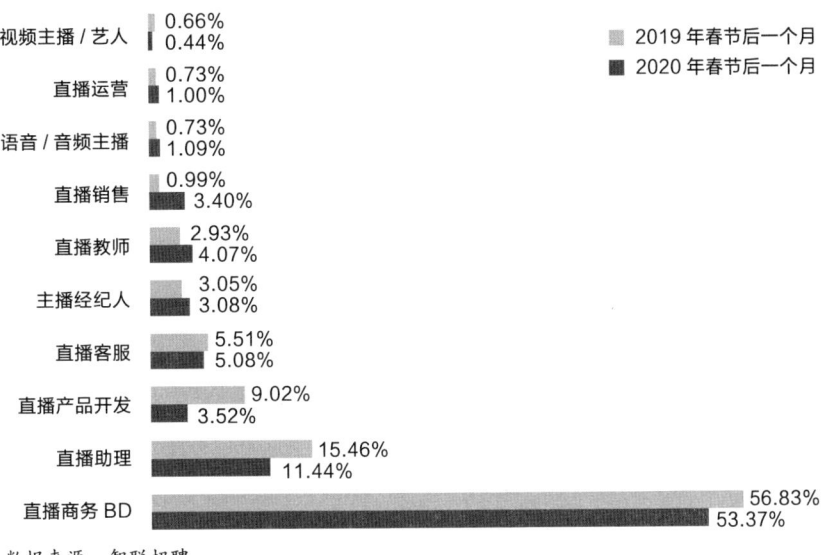

数据来源：智联招聘

图 7-5　直播领域招聘需求对比（2019—2020）

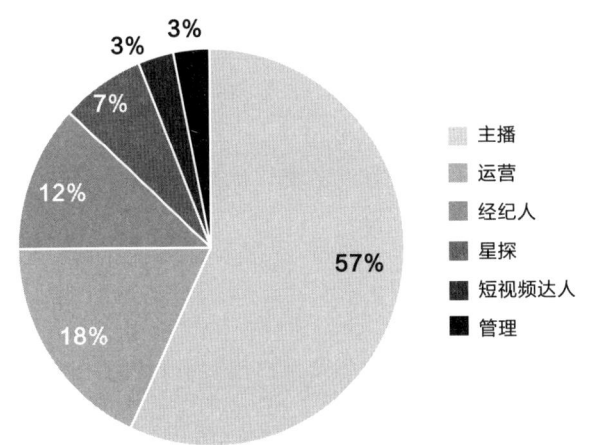

资料来源：今日网红、中信证券研究部

图 7-6　2019 年 7 月至今网红直播招聘人员结构

7.3.3　直播团队工作职责及岗位说明

随着行业的发展，直播需建立体系化运营体系，协调和融合各类职能。网红主播已成为直播行业的一大标签，一场成功的直播需要场控管理能力、招商能力、互动能力、带货能力、官方活动运营能力等多方面的协作。

直播电商作为新的电商形态，具有实时性、交互性、内容化、社交化、碎片化等特征，直播本身也在自我迭代的升级进化中。面向专业公司，专人专岗，直播电商团队成员间有清晰的分工合作流程。一般岗位设置见表7-2。

表7-2 直播电商一般岗位设置

岗位设置	细化岗位
管理岗	总监、项目经理、场控
产品岗	编剧、剧本、导演、制片、策划
营销岗	主播、副播、主播助理、媒介对接、渠道
运营岗	项目运营、文案、活动、社群运营、导购、选品
设计岗	摄影、化妆、设计、视觉策划、拍摄、视频剪辑等
客服岗	售前客服、售后客服
物流岗	库管、采购、分拣打包、打单发货
技术岗	数据运营、道具、算法、编程、数据、AI、信息安全等

一场好的直播，想让粉丝跟上你的节奏，也是需要进行预先的策划、充分的协调、良好的演绎才能达到完美的效果。

1. 直播团队配置：6+1 组合

直播运营官：负责直播整体运营和安排；包括策划直播内容，协调直播团队和其他部门。

主播：负责正常直播、熟悉产品信息、介绍产品、粉丝互动、复盘直播和福利发放。

副播：负责协助主播直播、与主播搭配、直播间规则说明、添加客服和穿搭演示。

主播助理：负责灯光、声音、音效、网络调试和商品的摆放、递送、回收，以及注意事项提示。

策划：负责编剧直播剧本、脚本、内容。

场控：负责直播节奏控制、直播秩序管理。

运营：负责商品提供、商品卖点挖掘、商品顺序优化和商品种类优化以及活动排期、信息、执行、直播前图文推广及顾客邀约等。

模特：负责穿版展示商品。

选品师：负责选品并统计产品库存、定价、产品搭配、卖点提炼并制定产品展示顺序。

客服：负责联系顾客、推动成交并对顾客的异议给出解答，做好跟单发货及后期维护。

水军：负责带动直播氛围及装扮超级铁粉。

策划的工作内容包含主题的确立，脚本和福利的规划。需要根据主题去确定产品、开播时间、持续的时长，还要针对不同的粉丝属性和分层去制定不同的福利方案。

协调除了节奏、场控、突发问题外，还有公司内部其他部门工作上的沟通和配合。

实施就是执行，需要去把整个方案执行落地，需要去跟粉丝进行互动，还要去树立店铺和个人的 IP 形象。

2. 核心岗位的岗位职责

直播运营岗位职责如下：

（1）规划正常直播的内容。

（2）确定直播的主题，是日常直播还是官方活动直播。

（3）根据主题去匹配货品和利益点，还要规划好开播的时间段、流量和流量的来源、直播的玩法等。

（4）做好团队协调，包括外部协调和内部协调，比如说封面图的拍摄、设计制图、产品抽样、奖品发放、仓库部门的协调等，还有就是内部协调，包含协调直播人员的关系情绪、直播时间以及直播期间出现的问题的调节等。

（5）引导数据监控，发现直播中出现的问题并及时解决，如根据现场气场调整产品礼物发放时间、产品顺序、售后服务等。

（6）领导复盘，根据部门人员配合的表现再加上消费者数据上的反馈，针对前期制订的方案和目标进行详细的数据复盘，给出一个合理的总结和建议。

3. 直播场控岗位职责

（1）调试设备如网络、摄像头，灯光角度等。

（2）软件设置，直播声音摄像头分辨率。

（3）做好后台操作，如直播推送、公告、上架宝贝、修改价格、录制讲解等。

（4）数据监测，监测在线人数，峰值数据，商品点击数据。

（5）有异常的要反馈给直播运营，最后是指令的接收及传达，比如说直播运营有传达的信息，场控就要传达给主播和助理，让他们去告诉观众和消费者。

4. 直播助理岗位职责

主播助理这个岗位比较偏向辅助性。

直播前：确认货品、样品及道具的准备是否就位；检查直播设备并做好网络调试，确保直播成功；熟悉脚本内容及时提醒主播；熟悉产品性能做好替场准备。

直播中：要配合场控去协调主播；辅助主播在观看人数较多时进行互动答疑、宝贝讲解；做好货品整理。

5. 主播岗位职责

直播前：熟悉直播脚本内容；熟悉产品特性；把握直播的节奏；了解直播间福利及要点信息。

直播中：活跃直播间的气氛；做好粉丝的答疑；做好粉丝之间的互动；引导新粉的关注；引导粉丝带货。

直播后：打造个人IP；引导直播复盘；定期给粉丝福利；注意发货及客服问题。

第八章
直播电商运营：直播带货靠实力

8.1 直播带货12步流程，步步留神

一个好的直播带货包括以下12步流程，分别为：

需求沟通：提前与主播沟通具体的带货需求，数量、品类、价格用竞品分析。

文案策划：负责直播带货整个文案的策划。

沟通选品：什么样的产品上直播，各自之间的顺序都要事先沟通好。

资源位：有什么样的资源，粉丝与产品匹配度。

效果预估：提前预计带货效果。

主播排期：主播的一段时间的排期工作，什么时间上直播，提前做好准备。

总结复盘：直播完成后进行直播复盘，总结得失。

过程跟进：直播后产品的发放，客服跟进工作。

直播脚本：直播脚本的设计。

样品邮寄：样品提前试用工作。

佣金交接：直播完成后佣金支付。

任务付款：直播完成后与客户交接款项，核对直播带货数量。

1. 做好直播账号定位及运营

做直播带货前，首先运营好直播账号，账号定位也就是给粉丝定位，只有精准的定位才能让直播的大数据抓取到符合你账号风格的受众群体，这样进入你的直播间的粉丝也更精准。同时账号定位直接决定了我们的涨粉速度、变现方式、

赚钱多少、赚钱的难度及引流的效果，同时也决定了我们的内容布局和账号布局。

2. 直播主题要明晰

我们在直播的过程中，首先要让粉丝明白这次直播主题是什么，是为了上新款、清仓、做活动、传递信任还是品牌宣传，等等。

3. 直播脚本要预演

为了保证直播带货的成功，整场直播脚本要将整场直播的大致流程做一个详细的安排，比如某个时间段要做某件具体的事情，让行程可控。比如：

第0—1分钟：开播后要立刻进入直播状态，这时候来直播间的粉丝不多，主播要和最先来的粉丝打招呼，拉近与粉丝的距离。

第1—5分钟：这个时候直播间的人多了起来，主播在与粉丝互动的同时，还需要穿插本场直播1—2款爆款。其中互动方式可以选择签到、打卡抽奖；产品，则可以从产品产地、口碑、销量等数据说起，循序渐进，吸引眼球。

第5—10分钟：剧透今日新款和主推款，并开始宣布本场直播福利。比如互动抽奖，派发红包，或者直播间秒杀来活跃直播间用户，聚集人气。另外，还可以设置分享榜奖励，激发用户帮你转发直播间，带来新的流量。

第10—20分钟：按照提前规划好的场景，将今天所有的款全部走马观花过一遍，不做过多停留，但潜在爆款可以重点推荐。整个过程持续10分钟，助理跟上，服装、日化、食品等商品可以配套展示。在这个过程中，主播可以不看粉丝评论，按自己的节奏逐一剧透。

4. 直播前宣传要到位

一定要重视直播的宣传，在直播前要通过微博、微信、QQ群、公众号、朋友圈、付费的渠道发布直播信息。要清晰传递直播的主题、直播产品信息、直播福利、优惠等信息。

（1）可以实时发布直播间调试视频素材、直播间装修视频素材用于朋友圈预热，告诉大家直播的进度安排。

（2）预告倒计进海报，发布直播的时间、主播、直播场次、直播时间。

（3）提前在公众号、百家号、今日头条、搜狐、凤凰号等自媒体平台发布预热文章或视频。

（4）在微信群、QQ 群等私域流量群发布社群推广方案，激活粉丝，并提供优惠。

5. 物料充足有保证

为保证直播效果，要做充足物料准备。

直播中主播用的手机、后台观看流量粉丝弹幕的手机、直播系统、网络系统、直播光源、网络电力稳定系统等。

网络环境：保证网络稳定，建议使用 Wi-Fi，如果使用 4G 开播，建议手机飞行模式，以免电话接入而出现网络中断。

充电设备：备好充电宝、移动电源，保证手机有足够的电量。

设备检查调试：

①手机（两台，一台主播、一台监播及互动）；②直播架（可安置多台手机）；③声卡（室内可用有线声卡，会场或室外用无线声卡）；④音箱（室内用，调节气氛）；⑤提前 40 分钟调试。

6. 直播场控三职能三类别

（1）场控三大职能

调动气氛：通过音乐及环境布置来调动气氛，让消费者尽快融入直播氛围。

补充主播短板（例如主播不熟悉产品功效，场控可补充）：很多时间主播也会对产品有盲区，甚至突发情况，如不粘锅突然冒烟，或主播突然有什么意外，都需要场控迅速反应。

促进成交：这是场控最重要的职能。

（2）场控三大类别

运营式场控：以协助现场运营为核心目的，调动气氛，与主播打配合，互相砍价等，适合销售经验丰富的场控。

厂家式场控：相当于厂家驻场代表，可根据现场气氛临时更改价格、调整产品带货顺序、增加粉丝福利、增加秒杀时间及件数等。

专家式场控：主要用于补充主播的知识盲区，例如现场熟练讲解产品功效、原理、设计理念、制作工艺等，配合新来的主播，又称为播扬控。

7. 直播后复盘优化

如果深耕直播，务必在每天下播后坚持复盘，不断优化直播内容，主要复盘数据包括：转化率是否达到预期、产品结构是否合理、主播话术是否熟练、促销策略是否成功、场控配合是否到位等。

（1）每个分工都要复盘（不同角度的总结经验、相互打气）。

（2）组织团队看回放（总结细节）。

（3）复盘数据：最高在线、累计互动、分享次数、商品点击。

（4）进阶数据：建立粉丝群，每场直播后由小助理进行询问，本场直播粉丝对产品的期待值、直播氛围的感受及建议。并且可以调研粉丝对哪些赠品更有需求。

8.2 直播设备准备及预热宣传

1. 提前测试确保网络畅通

确保网络要稳定。不管室内直播还是室外直播，都要注重直播时不要掉线或者卡顿，这是非常影响用户体验的，所以建议在直播前先放放视频测试一下网络环境。

网速测试：确保网速速率达到正常值、购物车及上下架等直播间运营功能正常。

设备测试：检查镜头位置、灯光亮度、话筒收声情况、背景是否有障碍物等，确保正式直播不出意外。

主播测试：测试声音与设备的匹配度、语速是否标准。

2. 直播设备实用才是最好的

（1）主播设备主要有：电脑手机、高清摄像头、电容麦克风、三脚架、独立声卡。一定要在直播前反复测试。例如好的麦克风可以美化主播声音。

（2）配备专业的手机外置镜头。在不同场景下使用不同的专业镜头会让你的拍摄效果大大提升，提升整个直播的体验度。

（3）手机支架。固定支架，移动支架，防抖动支架都要配备，适合不同的场景直播拍摄。

（4）其他专业化道具。补光灯、挡光板等更加专业的拍摄和直播设备。

3. 播前、播中、播后要注意事项

直播不是主播一个人的事情，必须团队分工。

直播前必须做好充分准备：

①检查好相关设备及网络，确保网络畅通设备好用。

②提前熟记脚本、熟悉直播产品内容（包括性能、优点、与同行对比情况）。

③检查好直播场景。

④设置店铺后台，优惠券等。

直播中的注意事项如下：

①把控直播节奏，穿插暖场话术或者小节目。直播过程中，解说中多次穿插引导点赞关注，在设置优惠券的时候，设置好只有关注才能领券。这样，直播的时候自然就可以要求关注，再领优惠券，再去下单。另外，可以在中控台设置弹窗求关注。

②随时关注直播间顾客的咨询，回答疑问引导下单。

③强调优惠力度，突出优惠券力度大，数量少，仅在直播间当天下单有效。可在中控台设置弹窗优惠券。

④熟记直播规则，不要出现违法违规行为。

直播后扫尾工作如下：

①直播设备检查入库。

②直播销售整理，数据统计，与客服和仓库联系及时发货。

③每日总结。

8.3　直播互动三技巧

会说话的人，左右逢源，如鱼得水；不会说话的人，处处受限，寸步难行。其实说什么不重要，怎么说才重要。在恰当的点上说恰当的话，使对方能感受到温度。这就是说话的艺术所在。

1. 直播四种高效话术之破解尴尬

直播间的氛围是需要主播有意识地营造的。在不同的情景下，应该有不同的话术引导直播间里的观众参与互动。最纯粹目的就是让直播间里的观众持续不断地发言，增加他们停留的时间。这类型的话术都有一个共同点，就是让观众做一些简单的发言。

第一种是发问式话术。我给大家唱首歌好不好？你们是不是也想找个像我一样的女朋友？你们有没有玩过《王者荣耀》？你们有没有看过熊友君的直播间？类似于这样的发问时。话术的答案只有肯定或者否定。观众打一或者二就可以发言了。

第二种是选择性话术。大家想看一号链接还是想看二号链接呢？想要左手这一套衣服的刷一。要右手这套衣服的刷二。这类型的话术就是给观众一个选择题，答案是 A 或 B。能够迅速让观众参与到直播互动里。

第三种是带节奏型的话术。我们可以说，觉得主播讲得好的刷 666。觉得主播长得帅的要刷 520，让主播感受一下你们的热情。这类型的话术就是要带节奏。让新进来的游客看到直播间很活跃。很好奇，为什么那么多人刷 666？主播到底是表演了什么，或者是讲解了什么。

第四种是如果遇到冷场时，我们要用怎样的话术。有时候直播间聊着聊着就没人发言了，又不太适合再用上面提到的话术，这时就需要主播重新激活房间里的人了。你可以用类似下面的话。喂，有人在吗？我是不是卡了都看不到你说话了。我们可以配合夸张的表情语气和动作。如"最怕空气突然安静，最怕朋友突然地消失。啊我相信这首歌大家都听过，我们会唱的，可以把它唱出来。你们为何如此安静？是因为我要凉凉了，你们要给我默哀吗？"

2. 直播间五种沟通法

第一种，欲擒故纵法，用钓鱼的流程来比喻对话的流程举例。你是哪里人？回答，山东人。是吗，我最喜欢和山东人交朋友了，可是为什么我现在觉得你有点冷漠？这个方法的作用就是能够勾起对方的好奇心。很可能对方不会再对你冷漠了。

第二种，开放式圈套法。如果一个人对某件东西感兴趣，然后你把这些东西拿走。当你再次给他这个东西的时候，会引发他更大的兴趣，开放式圈套由此而来。举一个例子，问：你今天过得怎样？回答：真是一言难尽。怎么了？太恶心了，你不会想知道的。这样他会对其中的故事非常感兴趣，好奇心成功地就被你勾起来了。第二个例子，问：你知道吗？你真的很厉害，你让我在身上多花了三分钟时间。答：是吗，我哪里厉害了？有机会再告诉你吧，这样，他会对她很厉害的原因极度地着迷。所以这是一个让对方追着你聊的方法。

第三种，关键字联想法。通过对方给出的有限的内容，找到关键字来展开新的话题。第一个关键词可以从对方昵称或者说的第一句话里获得。举个例子。我平常就在家里待着，看看电影什么的。你平常都看些什么电影？喜欢看电影的人通常都很性感，看来你也是这样喽。第二个例子。有人跟你说，我不喜欢那家酒吧，我上次过生日时和一群朋友在家里面喝高了，好好想一想。你可以从哪些地方进行联系发展？话题是不是太多了。

第四种，制造共同话题，拉近距离。比如，你和我原来是同一个省，老乡啊，原来你也喜欢吃芥末呀。达到一定程度后可以进入深层联系，如聊独自创业的经历，也就是交心。

第五种，肢体语言表现法。比如说我们可以用剪刀手来卖萌，可以用心形的手势表示感谢，可以用吐舌头的方式表示可爱跟调皮。

3. 直播 30 分钟实战话术

直播 30 分钟非常关键，要完成开播、破冰、说服、催单和逼单五件大事。话术参考见表 8-1。

表 8-1 话术参考

时间	核心内容	达到目的
0—5 分钟	破冰	感情融入，不讲具体产品，引起用户好奇心
5—12 分钟	锁客	宣布促销利政策、抽大奖、限量秒杀、送限量福利
12—22 分钟	说服	说服客户：作好竞品对比，分析产品价值
22—27 分钟	催单	吊足用户胃口，宣布价格，让用户感觉物超所值，再加上礼品
27—30 分钟	成交	营造出畅销场景，重复功能、价格优势、促销力度等，反复用倒计时的方式，迫使用户马上下单

（1）0—5分钟，破冰

关键点：①快速融入直播带货场景；②做欢迎词，与用户熟悉，拉近距离；③包装渲染本次直播主题；

（2）5—12分钟，锁客

关键点：①宣布本次直播优惠政策，抽大奖次数、时间、优惠力度、秒杀次数等各种优惠；②包装渲染产品的产地、历史、口碑、销售等数据，吸引用户眼球；

（3）12—22分钟，说服

关键点：①现场试用产品，分享使用体验与效果，验证产品功能，激发用户的使用需求和购买欲望；②现场与竞品对比试验，让用户看得见实惠；③排除用户顾虑，加快选择过程；④强调使用价值，即使用后带来的美好；

（4）22—27分钟，催单

关键点：①吊足用户胃口，正式宣布价格，让用户感觉"物超所值"；②强调促销政策，包括限时折扣、前××名下单送等价礼品、现金返还、随机免单、抽奖免单等促销活动；③营造紧张气氛，可以让助理宣布实时销量，或倒计时，然后突然宣布某一个产品已售罄；

（5）27—30分钟，逼单

关键点：①不断提醒用户即时销量，营造出畅销局面；②不断重复产品功能、价格优势、促销力度等；③反复用倒计时的方式，迫使用户马上下单；④不时地来一场红包雨，让现场气氛狂热。

4. 直播欢迎语话术

每个个体都应该被尊重，欢迎每一个进直播间的游客，既能增加游客的好感，也能让现场的每个人感觉到温暖，同时也反映了主播良好素质和形象。

常用欢迎语话术如下：

（1）欢迎××来到直播间，喜欢主播的点个关注哦！

（2）欢迎来到直播间，点关注、不迷路，一言不合刷礼物，么么哒！

（3）欢迎来到××直播间，主播带你飞，喜欢主播的点亮噢，爱你们！

（4）听说下雨天，在"××"家送飞机和礼物更配哦！

（5）宝宝们，什么是爱，什么是喜欢？喜欢叫作点关注，任性叫作刷礼物，有一种陪伴叫带我看花海！你们是爱我还是喜欢我呢！

（6）欢迎宝宝们来到我的直播间，主播是直播新人，希望宝宝们能多多支持，多多捧场哦。

（7）欢迎各位帅哥美女们来到我的直播间，进来直播间的是美女，还是帅哥呢？刷刷弹幕让我看到你哦。

（8）欢迎各位小伙伴们来到我的直播间，主播人美歌甜性格好，关注就像捡到宝，小伙伴们走过路过不要错过，喜欢的宝宝在哪里？

（9）欢迎来到××直播间，喜欢主播的点赞＋关注哦，爱你们！么么哒！

（10）到100个粉丝的时候我们来一波福利好不好！（好的，直播间打"好"，"不好，也打好！"）。

在直播的时候，我们要经常给自己打广告，不断给新粉丝传递自己的直播简介。这不仅能吸引新粉丝点关注，还会给粉丝加深印象。引导关注，最大限度地实现粉丝增长。

5. 直播引导性话术

引导性话术如下：

（1）宝宝们，关注走一走，活到九十九，礼物刷一刷，主播带回家！

（2）哥哥带你上高速，关注哥哥不迷路！

（3）感谢××的关注，还没关注的抓紧关注哟，宝宝每天给大家带来不同惊喜哟！

（4）听说关注我的都发财了，男生越来越帅，女生越来越漂亮了。

（5）喜欢主播的可以帮忙分享一下哦，右下角点赞旁边三个圆圈的图标，点击分享到你的朋友圈，分享给你的好友都可以哦。

追单算是一种高级交易手法，可以在短时间内，快速实现盈利。直播也不例外，一定要合理追单，不要出现"强买强卖"，否则会适得其反。

6. 直播追单话术

（1）各位宝宝，活动虽然结束了，但看上款式的宝宝依然可以继续下单。

（2）各位宝宝，线上抢购的人数多，以付款时间为准，请大家看中了抓紧时间下单哈！没抢到的宝宝请谅解哦。

（3）数量有限，看中的要及时下单了，机会难得，我们的货品即将售罄，且买且珍惜！

（4）这次货品折扣仅限本次活动进行时间，错过了我们就无法再给您这个价格了，敬请谅解，聪明的宝宝们，你们不会不懂的！

（5）挣钱不容易，省一分是一分，分分都是钱哪！

（6）活动已经告一段落，感谢大家的参与。喜欢我们，可以扫店铺微信二维码，以后有类似活动第一时间通知大家。

（7）先付先得，最后2分钟！最后2分钟！

（8）这次活动的力度真的很大，您可以再加一套的，很划算，错过真的很可惜。

（9）小仙女，喜欢的话可以直接下单哦，宝贝数量有限，喜欢要趁早，越早下订单宝贝就能越早到亲手中。

（10）抢到就是赚到，秒杀单品数量有限！

（11）小仙女，已经下单的产品赶紧付款哦，不然订单过时会自动取消哦。

（12）刚错过的小可爱们，现在下单还来得及啊！特为你们开了一个末班车，下手要快，错过真没了。

（13）没抢到的别灰心啊！这些款再发一遍，不怕你买多、就怕你错过！

（14）小姐姐这个是独一无二的一件，匹配独一无二的你，赶紧地带它回家！

（15）小仙女今天不买它，你今晚回去睡不下，心里总会想着它！来来来，让我来治你的失眠吧。

（16）这个真的超值的，我们都是亏本赚人气的呢。

7. 直播感谢话术

真诚表达谢意，即是真情流露，也是主播良好人缘的表现。感谢话术如下：

（1）感谢现在进来的100位观众，还没停吗？我希望可以达到150个。哇，200个人了。这个完全停不下来呀，真的非常感谢各位的分享以及转发，特别感谢。

（2）终于给点关注了。感谢××的关注，来看我那么多次了，终于给我点关注了。是我的美貌还是我卖货的技巧，让你忍不住下手的吧。

（3）首先感谢今天所有进入我直播间的观众们，谢谢你们的关注。虽然有一部分人没有陪到我下播的时候，但百忙之中抽时间过来，实属难得。感谢所有进直播间的各位。另外，很多人从我一开播就来了，一直陪着我下播。比如某某，某某。陪伴是最长情的告白，你们的爱意我收到了，咱们下次再见。

8. 直播预告话术

直播预告可以提前锁定用户，实现下一场的爆发。

预告话术如下：

预告虽短，但举足轻重。玩懂、玩好、玩精直播里的每个细小操作，不仅仅是为了优化提高直播间的效益，更是为了长久发展的厚积薄发。

（1）今天的直播接近尾声了，明天晚上同一时间开播。

（2）明天会提早一点儿开播，各位奔走相告吧。

（3）明天休息一天，大家放假了，后天正常开播。

9. 直播话术脚本总结

直播之前一定要准备好开播话术，做好直播脚本，脚本中一般包含话术逻辑。

（1）产品拥有优越的地理位置，比如靠近货源、地方产品很出名等。

（2）这个产品和别的产品特点上有哪些差别。

（3）产品价值，比如是营养价值，对消费者有什么好处。

（4）产品活动，今天购买优惠是什么，例如3斤只需要10块钱。

（5）常见售后问题解决办法。

（6）产品使用方法等辅助内容。

需要注意的是不要夸大产品宣传。

话术模板案例：

（1）欢迎各位朋友来到我们的直播间。

（2）产品口感描述：甘甜脆嫩的口感，高蛋白的森林蔬菜，3月份是吃笋的季节，在最好吃的时间，一定要尝个鲜（一个星期以后就会变老，口感不如现在，下周就不主推了）。

（3）根据自己需求去拍，人多可以拍大份，更实惠，人少可以拍小份，够吃也不浪费（体现亲和力、带入场景，也不要夸大描述）。

（4）物流方便，包邮到家，现挖现发不含添加剂。

（5）好吃不贵，价格实惠，所以直播间产品保证品质。

（6）想买的朋友直接点击下方购物车，链接直接下单，放心买放心拍，今天下单承诺24—48小时发货哦。

（7）售后一定到位，有破损先拍照然后直接找客服，替大家处理问题。

总结：

优惠方式：关注直播找客服领取优惠券。

品牌优势：品质安全，高性价比，质量保证，销售记录。

口碑好评：支持7天无理由退货。

小黑板：主播信息。

公告：福利抽奖时间预告。

直播策略：限时限量限价（刺激成交）。

充分了解产品（成分、品牌、场景、推荐人群）。

8.4 推广预热：快速聚集直播流量

预热前期，可以让公司员工、亲朋好友、水军帮助扩大宣传提高曝光度，营造活动氛围。让目标消费者收到信息，激发参与兴趣，提高活动参与率。

1. 线上推文预热

线上推文预热对于直播电商来说尤其重要，受制于流量分发，直播要前期大量蓄水铺垫、同步加热，以及后期的精细化运营。

直播的强实时性意味着强仪式感：如果前期没有充分的铺垫预热贸然直播，是很难获得充分有效的流量的，有足够的前期积累才能在直播中完成临门一脚。

（1）首先在微博上预热，通过明星的粉丝效应，炒热。

（2）利用品牌话题，进行品牌构建，搭建公域流量的"水库"，然后利用超级粉丝通预热发布会信息，抢占能够触达目标用户的私域流量，为品牌话题预热蓄水。

（3）而在"蓄水"完成后，直播当时就要高位"放水"形成爆发之势，最直接的就是要多点位高曝光、全方位多渠道导流，把声势真正地造出来。

（4）全渠道发布，利用好各平台，如抖音、快手、小红书、哔哩哔哩等。

（5）拍摄有关的视频，或者倒计时的视频进行大规模宣传。

（6）品牌自播，自有流量远远不足以形成声浪，必然要借力于各类公域、私域流量工具。要全方位进行了注意力截流，以流量工具投入撬动整体注意力杠杆。

2. 线下活动预热

线下活动预热、全方位引流的方法如下。

（1）通过扫优惠二维码到直播预定私域流量社群，通过各种优惠活动预热，线下导流到直播社群，为直播引流做准备。

（2）自身热点造势，与各种平台进行竞品互动，既带动了粉丝疯狂@各家竞品的强互动，吸引了关注，又留下了有趣会玩的品牌印记。

（3）与同类别的大号联动，提前埋梗；等到直播发布会当中，品牌再连线粉丝用新品自拍"交作业"，一下子就突出了产品"自拍神器"的标签。

（4）铺流量工具，通过各种线下场所收费及免费的地方进行预热造势。

（5）线上线下联营，线下活动中奖的可以在直播间提货等方式，提前锁定直播。

（6）请明星达人造势，助力宣传。

另外，考虑到直播场内外互动的割裂，直播结束后，互动要继续进行，持续引导舆论场。

3. 其他直播预热

预热效果关乎直播的成败。除了线上线下预热之外，还有以下几种直播方法。

（1）开启同城定位：开启同城定位能够吸引更多同城粉丝进入你的直播间。

（2）定期直播：就算前期直播时观看人数不多，也尽量坚持每天直播或者每周直播3—4次，这样做的目的在于提升直播权重，获得平台对直播间的流量推荐。

（3）设计好看的封面和标题：好看的直播封面和有吸引力的标题能够帮助吸引更多人进入直播间。

（4）分享直播二维码：开播时，将你的直播间二维码分享给你的粉丝和好友，并鼓励他们进行二次转发，为直播间吸引更多人气。

从直播预热的每一个细节进行优化，有助于为我们直播间积累人气。

第九章
直播带货实战

9.1 成功主播练成记

9.1.1 主播被喜欢的三个原因

主播为什么会被粉丝喜欢,一般有以下几个原因:

1. 偶像派

偶像派泛指颜值高的年轻主播,与实力派相对。偶像派在直播初期容易聚集人气,有天然优势,但不是光有颜值就行了,还必须要有内涵,这么多明星直播翻车就证明了这一点。所以新晋主播也不用过多担心,现在化妆技巧很好,手机拍摄效果也很好,颜值基本不成问题。

2. 有特点

"他的身上有一些优点和魅力,恰巧是我喜欢的,所以就是我的偶像了。"持这种观点的粉丝更在乎自己的真情实感。

3. 生活工作榜样

"榜样、被崇拜对象",艾瑞的调查显示,60.6%的被访者认为追星的目的是"视TA为榜样,想要学习/效仿"。在这种含义下,追星更加倡导正能量。

偶像的人设魅力如图9-1所示。

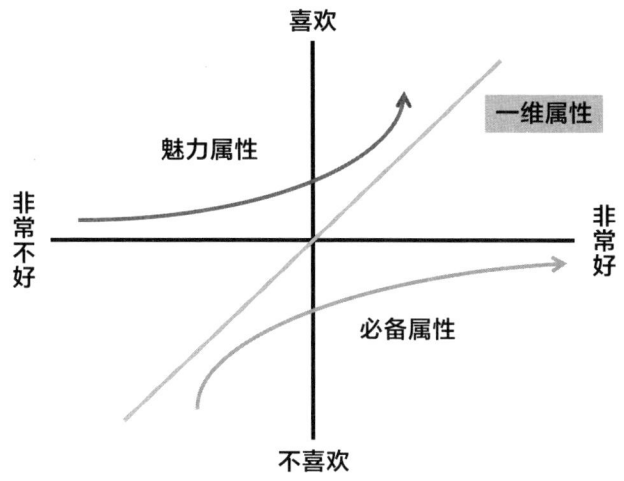

图 9-1　简化 KANO 模型图

粉丝认为"颜值能打"是偶像的必备属性,颜值不高很难圈粉。一维属性:业务能力/才华、努力认真。偶像的业务能力越强、越努力认真,粉丝就更喜欢,反之则越不满意。

平等亲切的偶像让粉丝受宠若惊,有鲜明特点的偶像让粉丝眼前一亮、印象深刻,这些都是超出粉丝预期的魅力属性,有则加分,没有也不会减分。

颜值高:始于颜值,陷于才华,忠于人品。帅气、精致、萌、可爱确实给人良好的第一印象,作为主播要通过屏幕与粉丝不断交流,高颜值能网罗大量粉丝,对于直播有百益而无一害。

业务强:对产品的背后文化理解、竞争品牌的比较、产品的性能特点特别能看出主播的业务水平,虽然粉丝相对宽容,但对于主播产品不了解不熟悉即使是明星也一样会翻车。头部主播都是特别勤奋的,不仅准时上播,而且对产品滚瓜烂熟。

持续在线:曝光率要高,要经常能在线,在粉丝需要的时候能恰到好处地碰到主播。主播定时开播就能保证粉丝经常见面,曾经有头部网红生病了都不敢休息,有记者问为什么?答,竞争激烈,如果不能保证经常与粉丝见面,担心粉丝都跑到别的主播那里去了。

认真努力:认真努力的人是自带光芒的,主播的努力、认真、坚持的态度上一定会在带货成绩上直观反应,反之,即使有漂亮颜值不努力不认真,日子久了,粉丝也会离你远去的。

亲和力强:主播不能仅做高高在上的巨星,而是平等亲切地接触粉丝,这样的主播才会更受欢迎。粉丝要求其实并不高,不会要求偶像的言行举止完美,有些小瑕疵显得真实,比如有的偶像有才华但比较内向,有的偶像明明颜值高却喜欢发自拍丑照等,更容易使普通粉丝有更真实的感觉。

不怕有缺点,就怕没特点:偶像们更愿意突出自己的性格特点得到粉丝的喜爱,比如情商高、幽默、有小个性等。偶像们也会突出某个缺点拉近与粉丝的距离。头部主播李佳琦的"Oh My god"形成了个人突出特点。

亲密关系要被鼓励:多年前国外的心理学家就发现,粉丝与偶像之间存在一种"虚拟的关系与联结",称之为准社会关系(Para-social Relationship),在这样的关系中,粉丝可以将自己对亲密关系所有的幻想和期许都投射在"偶像"之上。比如,很多女粉丝会把偶像想象成男友,把低龄偶像想象成弟弟或者儿子,因此她们会自称女友粉、姐姐粉和妈妈粉。在传统的偶粉关系中,亲密关系幻想更多来自粉丝的单相思,而在当下偶像文化中,这种想象的亲密关系得到鼓励,并通过偶像与粉丝的双向互动得到加强。

参与式供养:作为真正的粉丝,他们需要通过买买买来表达对偶像的支持。根据微博的调研数据,粉丝更愿意把钱花在粉丝应援和购买周边方面,这两项有过消费的粉丝接近2/3,明显高于购买代言产品和作品消费。从消费金额的量级上来看,单项千元以内的年消费额仍是主流,5000元以上的高消费比例很低,这说明现实生活中很多粉丝还是量力而行。

9.1.2 主播的三种核心能力培养

主播的核心能力如下:
- 表达能力:镜头表现能力、口播能力、互动能力。
- 个人魅力:人格化、感染力、意志力、合作能力。
- 商业能力:带货能力、种草能力、内容创意能力。

基础能力如下:

- 内容输出能力：视频剪辑、内容制作。
- 产品认知能力：选品能力、解读能力。
- 系统运营能力：粉丝运营、内容分析。

做个好看的皮囊千篇一律，有趣的灵魂如何打造：核心的需求就是变现和高效率的转化，重点考验的就是主播的连接粉丝的能力和选品的能力，而对于平台来说，则需要更多地培养腰部的主播，对腰部主播的流量扶持，能保证整个直播带货的生态更健康地发展。

作为一个主播要想有趣、有料、有爱，除了平常有意识地培养以外，在直播期间可以有意识地调整。

①学会讲故事，好的故事易俘获人心，大道理都知道但不爱听，有趣开场——好玩有趣的开场，真情实感——感情一定要真挚，亲身经历——自己的经历，身份证明——切合站在现场的身份，自我剖析——勇敢地展示自己脆弱的一面，让听众形成共鸣。

②热爱生活，对生活充满热情的人，总是能够将琐碎的、烦恼的日子过成短诗，而内心冷漠、情感贫瘠的人，最大的本事就是将"享受生活"变成"忍受某种煎熬"！

③洒脱点儿，人生就是场体验，遇到坏人，该拉黑还是得拉黑；遇到红包，该点就点。粗茶淡饭不要紧，朋友散场没关系，兵荒马乱也无所谓，只要你拥有热气腾腾的灵魂，日子就不会差。

对主播的建议如下：
- 多看一些书，增长自己的见识。
- 多经历，丰富自己的生活。
- 多学习，开阔自己的视野。
- 找到自己的风格，有定位。

9.1.3 开播前的四项准备

不打无准备之仗，开播前要做好四项准备：

第一，提高自己专业领域的知识储备。例如：做美妆的得熟练化妆，了解什么样的化妆品适合什么样的皮肤。做服饰的要知道穿搭，高瘦、矮胖、皮肤黑、皮肤黄、高个子、矮个子、胖的、瘦的怎么穿搭，包括服装面料的成分，都需要去掌握，这些都是专业领域里面的知识。储备自己专业领域的知识是作为一个主播最基础的条件。

第二，提前熟悉整理产品。本场直播共有多少产品，哪些是爆品，并加强每个产品的卖点提炼。

（1）人无我有，我有的东西你没有，就像某手机功能一样，世界上其他品牌的手机都没有，唯独它有！

（2）人有我优，例如，这一款T恤，你有卖，我也有卖，但是我用的面料比你好，我用的是蚕丝的面料，而你用的只是普通的纤维面料。

（3）人优我特，整个市场门店都在卖这款衣服。大家用料做工都一样，这时候我卖的价格比他们便宜，那我的卖点就比他们的更有优势。

第三，提前编写脚本。一份完整的脚本在整场直播里至关重要。像拍一场戏，做一期节目都需要有剧本、有编剧、有编排。一整场直播几个小时，如果没有事先准备脚本框架，全靠即兴直播，肯定没有秩序没有效果。

第四，做好直播演练。光写不练假把式。在开播之前先按写好的脚本去演练，熟悉脚本后开播才能够随心所欲地去掌控场面。对每一场直播都必须认真对待，才会收获不一样的结果。

9.1.4　新手主播攻略

每个主播都有一部成长史，都是从0到1发展起来的，不用太顾及面子、下不了场等没用的东西，做好自己的定位规划，找准自己的独特风格，长期坚持、勤奋努力很快就成长起来了。

（1）拒绝"面子"的心理

良好的心理素质对于主播来说至关重要，台上一分钟，台下十年功，作为主播一定要克服不好意思、面子拉不下来、容易紧张等心理，主动与粉丝沟通。不必顾虑，勇敢说出自己的想法，不忘时刻面带微笑。笑容能够很好地消除自己的紧张情绪，并且能够融洽观众对你的态度。

（2）克服镜头情绪

每天只面对镜头对于很多习惯线下的人来说不太容易适应，要学会适应对着手机隔着屏幕与粉丝进行沟通，平常我们对着线下讲，线下的观众情绪可以直观感受，并适时进行调整，但在屏幕上无法直观感受，这就要求场控多提醒，整个团队要默契合作。

（3）努力寻找共同点

和粉丝们打成一片对于主播来说至关重要，一方面能消除紧张感，另一方面又能获得认同，共同的兴趣爱好、共同的家乡、共同的学校都是认同的基础，要寻找与粉丝之间的契合点，最好找到"一见如故"的感觉。

（4）要勤奋努力

一个勤奋努力的人更容易获得粉丝尊敬，要勤练基本功，如说话的发音、口齿的清晰度、声音的大小及沟通的技巧，等等，可以自己经常有意识地录一下自己的声音并进行针对性整改提高。

（5）巧对尴尬

新主播一定会遇到各种各样的突发情况，如有人挑战、冷场等各个情况，在冷场情况下千万别着急。可以发红包暖场、讲笑话或邀请粉丝玩游戏、猜字谜活跃现场气氛。

（6）提升主播间人气

提升主播间人气也很重要，要提前做好各种线上线下宣传，提前锁定一批粉丝；其次在直播间准备要充足，直播要精彩；再次要有规律直播，固定好时间。形成稳定的规律。

9.1.5 吃透直播规则

平台对如下行为进行处罚，并对打擦边球的行为零容忍：

（1）新增违规内容类目：吃播、户外捕捉野生动物、公布他人个人信息、非法营销、炒作公众事件等。

（2）主播资料违规升级处罚：主播通过封面、头像、标题、动态、弹幕发言、私信、评论等方式，发布涉黄涉政涉暴等内容，炒作负面事件，挑起他人的矛盾、诱导粉丝相互攻击等，将按严重违规进行封号处理。

（3）对直播间内的擦边球行为零容忍，如下行为将面临封号处理：

- 软色情：露沟、抖胸、磨豆腐、S蹲、跑步、呻吟、机震、闪现等。
- 低俗游戏：面部涂画、体罚主播、危险行为（水中憋气、面粉袋套头）等。
- 奇葩惊悚：奇装异服（军装制服、低俗奇葩服装）、扮鬼吓人、血腥恐怖妆容等。
- 娱乐八卦：恶意炒作负面信息、辱骂主播与用户、谈论政治与社会事件等。
- 封建迷信：算命算卦、跳大神、怪力乱神等。
- 其他：抽烟、喝酒、文身、粗口、宣传买卖礼物等。

建议如下：

（1）主播开播期间，积极欢迎进入你直播间的粉丝，乐观积极的直播态度会吸引到粉丝，并使他们长期停留在你的房间。

（2）开播严禁挂机混时间、消极开播，官方巡查人员发现，将取消挂机时间并进行相应处罚。

（3）直播期间发生的平台故障问题，或者出现紧急情况，不知道如何处理，请联系运营。房间发现色情、迷信、反动等行为的，及时汇报官方运营。

（4）服从秀场管理人员的分配、指示，虚心接受管理人员建议或意见，有则改之，无则加勉。

（5）主播在直播时须保持良好的心态，做到和蔼可亲，别因个人情绪在用户身上撒气（意气用事），比如乱"踢"人、骂人等。

（6）主播在线期间说话不许带脏字，不管是对待熟悉的朋友或者是其他关系的人。

（7）主播在任何情况下都不允许直接参与公屏上的相互争吵以及无谓的吵闹，如果发现有不良（骂主播、说一些侮辱主播的话）用户，可以直接用主播的权限去制止。

（8）聊天过程中出现违规语言、不文明语言、不雅的表情攻击（呕吐、便便等）全部可以禁言处理。

9.2 开播技巧：策略用得好，产品曝光度才高

消费者往往追求的还是：低廉的价格，不错的质量，优质的服务。

如果把交易看成百米跑，就是所谓的百米跑交易模型。

前 10 米解决信任问题。

前 50 米解决价格问题。

第 90 米解决服务问题。

100 米前解决所有服务问题。

9.2.1 固定好开播时间，培养粉丝的观看习惯

让粉丝记住开播时间，如果你把直播时间固定了，时间久了，粉丝就会习惯在你的直播时间上线陪伴你，支持你。他们不需要经常问你：今天播不播，他们就会把这个时间空出来给你，也不会在你直播的时间里跑骚，减少了他们流失的可能性。

直播时间固定了，我们就不可迟到，一旦迟到，粉丝会有种被放鸽子的感觉，他们就会跑到别人的房间玩，也不可随意停播。长时间的停播必然会流失粉丝，因为大多数粉丝都不会因为你离开而不看直播了。在你停播时间，他们会找其他喜欢的主播。你停播一段时间，你可能就要需要更多的时间来重新跟粉丝建立信任。

9.2.2 开播时间段选得好，观众自然少不了

早上：此时观看直播的粉丝时间较为自由，收入相对稳定，没有固定支持的主播。且平台上开播的主播人数少，竞争小，是圈粉的好时机。

中午：观看粉丝多为上班族，午休时间放送一下。此时，平台上开播的主播人数逐渐增加，竞争逐渐加大，因此，这个时候是维护粉丝，展示才艺的时间。

晚上：此时平台迎来流量高峰，无论是主播还是观众，都在这段时间涌进平台。主播抢人大战开始，是刺激消费的时间！

凌晨：凌晨看直播的粉丝会更愿意和主播交流，因为在深夜中看直播的粉丝，是需要人聊天陪伴的，因此我们说这是一个培养忠实粉丝的好机会！

新人主播建议早上、凌晨开播，中型主播可以选择中午、晚上。大主播就要选晚上黄金时段。

9.2.3　直播时长要控制

直播的时长对很多主播来说却很头痛，尤其是新人，直播时间长又累又担心没话说，直播时间短了，又担心货品卖不出去。直播时长非常重要，因为直播时长与曝光量、积累粉丝速度、直播收益等是挂钩的。

但是，直播时长的定义并不是你在线的时间。如果你不互动不唱歌，或者只为凑时长而播，没精神，不化妆，直播吃饭，经常性离开镜头，那么就别指望观众会留在你的直播间了。

新手主播建议每场直播2—3个小时。

9.2.4　直播话题新鲜，气氛、互动自然好

一个好主播，一定要学会连接与粉丝的共同利益，也就是要找到共同点。共同点是和陌生人快速打开话匣子的有力法宝，例如哪里人、喜欢吃什么、教育背景、兴趣爱好、体育运动、电影电视剧、综艺节目等，找到共同点后，顺着这个共同点深聊下去，慢慢可以延伸到其他话题。

积攒话题：对于聊天话题，主播平时就要善于抓住实时热点，热播电影、重大事件都要略知一二，好玩的、有意思的段子要留意。

话题要新鲜：聊天没有新鲜的点子，没有让人兴奋的内容，一味靠播得长，一首《凉凉》就可能要送给这位主播了，诀窍已经教给大家了，接下来就靠各位主播们看家本领了。

适度互动：互动要适度，如果有一半都是主播在说，那么观众多半感觉不到很大的参与感，从而渐渐没了继续互动下去的欲望。

9.2.5 要想效果好，预热少不了

直播海报突出商品买点和折扣信息：直播宣传海报简洁、直奔主题、突出直播时间和商品折扣信息；海报上放上直播间二维码，引导粉丝提前订阅直播间。

宣传渠道和策略：直播前1—2天宣传，预热效果最为突出；渠道包括微信粉丝群、朋友圈、重点客户一对一私信沟通、公众号推文，等等。

9.3 直播"翻车"的核心原因

直播很火，但不会因为你是明星网红就不会翻车。2019年10月，某主播在直播间推荐一款不粘锅，结果现场"翻车"。就在助手将鸡蛋打在烧热的锅里准备煎鸡蛋时，突然发现鸡蛋粘锅了。随后，发现不对劲的主播从助手手里拿过铲子试图救场，但事实却很"残酷"，鸡蛋并没有因为是知名主播就变得听话，依旧牢牢地粘在锅底。随后此事即上热搜，引发网友热议。除了网络主播直播翻车，明星直播带货也曾引起争议。此前某明星在直播间销售貂皮外套，直播间显示有126万人在观看，但是某品牌的貂毛外套却一件也没有卖出去。直播开始前，该外套的销售量是26件，直播结束后销量依然是26件。后来该明星回应此事称，团队选品确实有些小失误，下次一定多选些物美价廉的好货给大家。

直播翻车通常有以下几个原因：

1. 产品本身性价比不高

根据数据统计，70%以上的热销产品，价格在40元以下；超过60元的商品，占比仅仅为10%。热销的单品，主要是食品饮料、美容护肤、服饰鞋包、床上用品等产品。薇娅曾将自己直播间的选品总结为四点：质量好、价格低、需求大、轻售后。而产品性价比高是直播成功最重要的保证。

产品性价比不高，体现在几个方面：

（1）产品质量不高，这个最要命，当下我国社会主要矛盾是人民日益增长的美好生活需要和不平衡不充分的发展之间的矛盾，现在我国已经过了温饱阶段开始走向小康，对产品质量的要求越来越高。产品质量是企业的灵魂。

（2）产品价格高，同质量比价格，同价格比质量，在同样的质量的情况下要合理标价，直播带货翻车退货率高很重要的原因并不一定是价格绝对值高，而是直播现场承诺的是最低价，而品牌官方的淘宝品牌店价格更低。细心的粉丝发现后投诉就会对品牌主播造成负面的影响。

2. 没有讲清下单流程

因为有些主播直播时间不长，还不太会设定如何在直播页面做好下单链接，所以，请主播一定要在直播的时候，讲清楚下单流程，当然也可以由助理来分享，让主播有喝水的空隙！

很多直播间因为没有说清楚下单流程，会有大量的机会流失，因为这是冲动消费，而冲动其实就是那一瞬间。

3. 促销力度不够

（1）促销力度不够，没有VIP感觉，曾经有一次兰蔻给李佳琦的价格比给薇娅的价格贵了五块钱，没做到承诺的全网最低价，然后李佳琦就说要在他的直播间封杀兰蔻；这其实就是反映了直播带货的最真实现象：低价＋饥饿营销！

几乎所有的网红带货都有一个要求，就是全网最低价，这是他们建立与用户信任的一个关键点，可以说目前没有人敢打破这个铁律；而饥饿营销，主要是针对促销力度下的整体数量控制，制造人为稀缺；很多厂商都喜欢通过联合品牌来控制数量，因为这样一方面会有更多的话题，一方面能够带来秒光的效果！

这样的政策，内核就是给予用户更多的VIP的特权感，这种感觉会刺激用户的下一次观看和购买，是直播带货的一个关键点！

（2）直播没有解决后顾之忧。在线购买的产品有售后服务怎么办？这也是需要在直播间说明的，因为看似主播的一带而过，但确是一种促进订单成交的技巧，因为你推荐的也许并非大牌，售后问题的解决，相当于主播做了一个承诺，这个会让已经有信赖感的粉丝，快速决定购买！

4. 主播不会逼单

先举一个例子，如果你推荐一个套装，你会怎么说？有的主播会直接说："299

元套装,包含一个贴膜,一个数据线,一个移动电源,一个定制真皮手机壳。"但是如果你换一个方式,效果就会完全不一样,你可以这样说:

"299 元套装,包含一个贴膜,一个数据线,另外送一个品质超好的移动电源和定制版本的真皮手机壳,数量只有 1000 套。真的很超值哦。"

你可以说这是主播技巧,其实也是一种逼单方式,逼单是主播必备的技能,限量、限时、绝版、整点抢,等等,都是逼单的方式,我们不能太过于直接,因为所有逼单的都是为了用户考虑,只有这个思维,才会成功。

5. 直播后跟进力度不够

直播本身很累,每天少则 1 小时,多则 5—8 个小时,直播完之后人只想休息,但是如果休息了,不理后面的事情就大麻烦了。那直播结束后我们还可以做一些什么?其实还有很多工作要去做。

(1)直播设备检查入库。清点相关物资设备,对于在直播出现故障要查明原因,出现问题的设备要及时更换。

(2)直播销售整理,做好数据统计,盘点带货销量、粉丝数、送花时间、与客服和仓库联系及时发货。

(3)每日复盘,回顾整个直播过程,尽量把直播再回看一遍。假设自己是一名用户,点进这个直播间,站在一个粉丝的角度看这场直播,你会更理解用户的感受,并发现其中的问题。要善于发现并总结直播中的优点。目的是加深记忆,在之后的直播中继续保持这样的做法。列出问题,复盘中最重要的一环就是挑错。找出本场直播中存在的问题,并列出解决方案。如果有失误犯错的地方,一定要画重点,切忌再犯。活跃度最高时要怎么做,观看整场直播中,哪些时间段用户的评论和点赞最积极,请反复观看这段时间主播的表现,总结其中能够触达用户的点,可以在以后的直播中多次使用类似的玩法。

(4)后台设计及时更新。对下一场开始预热宣传。

6. 现场的管理设备及客服有问题

直播结束,如果你有条件,可以建立这个产品的粉丝群,解决后续问题,这样你就可以去圈定了一大批粉丝,实现后续的持续经营,将公域流量转变为私域流量，私域流量的积累会给我们的企业带来更多的长尾价值！

7. 直播带货贵在坚持

作家格拉德威尔在《异类》一书中指出一个从平凡到卓越的 1 万小时定律，要成为某个领域的专家，需要 10000 小时，按比例计算就是：如果每天工作八个小时，一周工作五天，那么成为一个领域的专家至少需要五年。这就是一万小时定律，古人云"故不积跬步，无以至千里，不积小流，无以成江海"直播带货贵在坚持。

直播电商的底层逻辑是什么？明星主播说是：新品 + 限时 + 限量 + 低价；但是当全民直播的时候，就不可能全是新品了，但是后者依旧成立。

我们认为直播电商底层逻辑是：特色产品 + 极致体验 + 真实推荐 + 高效购买 + 限量限时低价，直播的低价一定是一个时间限度之内的，因为品牌不可能永远打低价，品牌商选择直播，一方面是广告效应，一方面是爆款思维，你要了解这个底层思维，你才能在直播中有更多的斩获。另外你既然上了直播或者在线商城等平台，你就不要局限现有经营的产品体系，线上虽然有垂直的模式，但绝没有固定的模式，一切以用户需求为导向，要拥有长尾思维和超级用户思维。

9.4 规避直播带货雷区

常见的直播违规案例主要有：
双平台直播，在不同的平台同时直播一个场景；
站内多账号直播同一主播同一场景；
直播时主播着装过于暴露；
恶意发布广告展示联系方式导流用户私下交易；
直播过程中长期静态挂机；
未成年人直播冒充官方非本人实名认证开播；
其他各种相关情况。

1. 平台规则雷

在带货前，一定要了解淘宝、抖音、快手等开放的类目商品。除了服饰、箱包等常规品类，像玉石、宝石等类目都需要提供权威检测机构出具的鉴定证书。其中，翡翠原石为邀请制入驻。孕婴类产品需要提供相关的许可证和食药监局公示页面截图。

如果主播发布超出快手允许范围商品，违规情节轻微者予以警告，情节严重者每次扣除12分，情节特别严重者每次扣除48分。其中，未经准入发布食品、保健食品、二级医疗器械、出版物等类目重复违规，全店或大量发布超出快手允许范围商品。因发布超出快手允许范围商品导致严重后果或造成恶劣影响的均属于情节特别严重，可能会直接封号。

以下为各大企业、商家推广营销前的第一步，了解如何在直播期间避免被封号。

（1）注意语言

①在直播期间不能出现无底线博眼球的低俗段子或者调侃、挑逗、媚俗的话语；

②直播期间禁止出现谩骂、黄色、擦边、暴力等违禁词汇或者歌曲；

③直播期间可以适当调动气氛，但是不能出现诋毁先烈、历史人物或者他人的名誉；

④直播期间禁止随意评价时事政治、乱放国歌；

⑤禁止使用极限型、夸张促销性的词汇（如绝无仅有、国家级别、亏本、倒闭、清仓等）。

（2）抵制低俗行为

①直播期间穿戴要合宜（不能袒胸露背、搔首弄姿，穿一些非公共场合衣物）；

②妆容得体，同时禁止出现在直播间喝酒、睡觉等行为；

③主播不能为了博眼球从事一些危险的示范动作，不能在直播间出现刀具、烟、毒品等危害性比较强的道具；

④售卖商品时实事求是，不能过分夸大商品、捏造一些商品的虚假信息。

（3）广告内容权限

①直播中不能出现任何联系方式（例如二维码、手机号、qq、微信号/群），可以增加弹幕互动，在互动中引导用户私信促成交易；

②直播时不能诱导用户进行私下交易，或者诱导用户关注平台账号以外的其他账号，但是可以在直播时有人打配合，一人负责介绍产品，一个人负责弹幕互

动，看到有弹幕询问价格时，@该买家用户，进行私信回复；

③直播不能出现与所销售商品无关的一些LOGO（例如关注扫描二维码看回答），更不能在直播中开展任何慈善募捐类活动。

（4）关键词违规

账号名称、抖音号、签名、私信凡能够添加关键字的地方，平台都有专门的审核的机制，一旦违规会被降权或者降级。所以商家在使用直播时要尽量避免。这些是专门为各商家总结出来会被审核、封号、降级的词汇，一定不能出现，不要抱有侥幸心理，目前平台视频采用机器审核和人工审核的双重程序，一旦被发现违规，轻者降权，重者甚至下线。

常见问题解答：

①不具备卖货功能还想卖货怎么办？

请在直播时尽量介绍产品（以介绍来带动用户的购买欲），增加弹幕的互动，在互动中引导私信，促成交易。不要出现卖货、下单以及秒杀等极限型敏感词语，容易导致封号以及降级。

②引诱客户私下交易会被暂停直播

在直播交易时，不要让用户加微信，请商户在直播时有人打配合，一人主介绍产品，一人把自己的名字改成自己产品的名字，比如：周大福客服××，有些买家会在弹幕询问价钱，请客服直接@此买家。

③展示联系方式被暂停直播？

平台有明确规定，出现联系方式会被处罚，请在今天直播时不要出现联系方式，不要抱有侥幸心理。

④直播时，主播没有实时关注弹幕？

直播时弹幕是很重要的信息，留住直播间的人需要我们进行实时互动，有弹幕问了主播就要回答看到的问题，要不然直播间的人数波动较大，留不住人。

⑤怎么解决说商品的价格会被暂停直播？

在进行直播时，可以进行口播，用其他字代替"钱"。

2. 违反国家广告法雷

2015年《中华人民共和国广告法》（以下简称《广告法》）颁布后，在

2018年进行了重新修订，针对部分广告业乱象，尤其是新媒体广告与明星代言领域的违法行为，确定了禁止条款和最高罚款额度，对广告代言、互联网广告等进一步规范，加大了对违法广告的处罚力度。在新《广告法》逐渐完善的背景下，作为主播及企业管理人员，自然需要熟悉《广告法》，特别还要掌握《广告法》规定的禁用词汇。

（1）表示权威性的禁忌词

国家××领导人推荐、国家××机关推荐、国家××机关专供等借国家、国家机关工作人员名称进行宣传的用语。

质量免检、无须国家质量检测、免抽检等宣称质量无须检测的用语。

人民币图样（央行批准的除外）。

老字号、中国驰名商标、特供、专供等词语。

违法案例：茅台拆除"国酒门国酒字样"

2019年6月29日，"国酒茅台"正式改叫"贵州茅台"，拆除"国酒"字样。

违法案例：3W咖啡推出"李克强总理同款咖啡"被罚

2019年1月10日，北京3W咖啡有限公司在经营场所内发布含有"总理同款咖啡"等文字及国家领导人形象的广告，被北京市工商局海淀分局处罚款20万元。

（2）包含"首/家/国"及相关词语

首个、首选、全球首发、全国首家、全网首发、首款、首家、独家、独家配方、全国销量冠军、国家级产品、国家（国家免检）、国家领导人、填补国内空白等用语。

（3）包含"最"及相关词语

最、最佳、最具、最爱、最赚、最优、最先进、最优秀、最好、最大、最大程度、最高、最高级、最高档、最奢侈、最低、最低级、最低价、最底、最便宜、时尚最低价、最流行、最受欢迎、最时尚、最聚拢、最符合、最舒适、最先、最先进、最先进科学、最先进加工工艺、最先享受、最后、最后一波、最新、最新科技、最新科学等含义相同或近似的绝对化用语。

违法案例：众邦包装材料使用绝对化用语

2019年，石家庄众邦包装材料有限公司因发布含有"北方最大的药用铝塑包装和重磅包装生产基地"内容的广告，被罚款20万元。

（4）包含"一"及相关词语

第一、中国第一、全网第一、销量第一、排名第一、唯一、第一品牌、NO.1、TOP1、独一无二、全国第一、一流、一天、仅此一次（一款）、最后一波、全国 × 大品牌之一等用语。

违法案例：正里元葛根粉广告内容与实际不符

2019 年 11 月，重庆正里元科贸有限公司发布含有"中国葛根行业第一品牌"等内容的食品广告，被罚款 20 万元。

（5）包含"级/极"及相关词语

国家级（相关单位颁发的除外）、全球级、宇宙级、世界级、顶级（顶尖/尖端）、顶级工艺、顶级享受、极品、极佳（绝佳/绝对）、终极、极致等用语。

违法案例：小红书 App 使用不当用语

2019 年 2 月 3 日，上海市嘉定区市场监管局公示的行政处罚决定书显示，小红书 App 的运营者行吟信息科技（上海）有限公司因发布广告时使用"国家级、最高级、最佳"等用语被罚款 3 万元。

（6）表示品牌地位的相关词语

王牌、领袖品牌、世界领先、遥遥领先、领导者、缔造者、创领品牌、领先上市、至尊、巅峰、领袖、之王、王者、冠军、地王、楼王等用语。

违法案例：瓜子二手车不实广告宣传语被罚

2018 年 11 月 15 日，金瓜子科技发展（北京）有限公司因在广告中使用瓜子二手车"创办一年、成交量就已遥遥领先"的不实宣传语，被罚款 1250 万元。

（7）表示绝对、极限且无法考证的词语

绝对值、绝对、大牌、精确、超赚、领导品牌、领先上市、巨星、著名、奢侈、世界/全国 × 大品牌之一、世界级、金牌、名牌、优秀、世界领先、顶级工艺、王牌、销量冠军、极致、永久、王牌、掌门人、领袖品牌、绝无仅有、史无前例、万能、100%、国际品质、高档、正品等虚假或无法判断真伪的夸张性表述词语。

违法案例：皇域新材料使用绝对化用语

2019 年，佛山皇域新材料科技有限公司发布含有"龙头品牌""绝对无污染""价格最低""质量最好""绝对是最好的选择，没有之一""全球顶尖""最佳替代品"等用语的广告，被罚款 23 万元。

（8）迷信用语

带来好运气、增强第六感、化解小人、增加事业运、招财进宝、健康富贵、提升运气、有助事业、护身、平衡正负能量、消除精神压力、调和气压、逢凶化吉、时来运转、万事亨通、旺人、旺财、助吉避凶、转富招福等迷信色彩的用语。

违法案例：碧桂园发布风水等迷信内容

2019年，广东省茂名市碧桂园发布"重金聘请国际开运名师黄楚淇风水讲解、猪年开运、开运宝典签赠"的广告，因涉及迷信内容被罚20.5万元。

（9）打色情擦边球的用语

零距离接触、余温、余香、身体器官描述等违背社会良好风尚的色情暗示词语。

违法案例：上海海王星辰药房网络直播宣传

2018年6月15日，上海海王星辰药房有限公司因开展"有球必硬夜夜激情"网络直播活动，被依法处罚款70万元。

违法案例：上海赢领眼镜有限公司广告发布违背社会良好风尚

为了产品推销，上海赢领眼镜有限公司在其微信公众号的广告宣传中使用荤段子和男女不雅图片等违背社会良好风尚的内容，2020年3月16日，市场监管部门依据《广告法》五十七条第（一）项的规定做出行政处罚，责令停止发布违法广告，处罚款22万元。

（10）虚假内容相关词语

史无前例、前无古人、永久、万能、祖传、特效、无敌、纯天然等无法提供证明的虚假宣传词语。

违法案例：珍仪本草虚假内容广告被罚

2019年，广州珍仪本草生物科技有限公司发布含有"千年古方""黑发秘方""让你一生拥有永久黑头发"等内容的虚假内容广告，被罚款20万元。

（11）涉嫌欺诈消费者的表述

点击领奖、恭喜获奖、全民免单、点击有惊喜、点击获取、点击转身、点击试穿、点击翻转、领取奖品、非转基因更安全等涉嫌诱导消费者的表述。

违法案例：神丹鸡蛋"好土"商标误导消费者

2019年"315"晚会曝光的湖北神丹健康食品有限公司旗下"好土"鸡蛋，对消费者形成误导。

（12）激发消费者抢购心理的表述

秒杀、抢爆、再不抢就没了、不会再便宜了、错过就没机会了、万人疯抢、抢疯了、售罄、售空、史上最低价、错过不再/错过即无、全民疯抢/抢购、免费领、0首付、零距离、价格你来定等激发抢购心理的词语。

（13）限定时间的表述

（14）普通商品包含疑似医疗用语

（15）虚假宣传专利技术

未取得专利权的，不得在广告中谎称取得专利权。

禁止使用未授予专利权的专利申请和已经终止、撤销、无效的专利做广告。

带货主播在推广商品时，特别要注意国家相关法律，脱口而出的文案一定要注意"第一""最好""最佳""秒杀全网""独家""顶级""之王"等绝对化词语，千万不要使用。

3. 虚假陈述雷

虚假宣传主要是指主播对商品的质量、用途和使用效果等进行虚假描述或引人误解的宣传。比如，食品宣传治疗疾病、减肥等功效。非特殊化妆品宣传美白、祛斑等功效。快手官方对这些违规用户处以扣除20分信用分。若扣分达到信用分节点，将采取相应节点处理办法（见表9-1）。

表9-1 虚假宣传违规处罚

信用分节点	限制提报营销活动	暂停使用购物车
100分	/	/
80分	14天	14天
60分	21天	21天
40分	28天	28天
20分	42天	42天
0分	永久	永久关闭

4. 迷信风水算命黄赌毒雷

虽然在现实中很多人知道，涉及迷信、风水、算命、黄赌毒都有风险，但是在主播带货过程，由于过程气氛高昂，容易出现出错情况，要特别注意雷区。

"这个手串买了可以消灾避难，升官发财！"

主播在带货时这样说可能会被判违规。对于转运饰物，主播在宣传时只能表达民俗和美好愿望。像迷信、风水、算命等都属于违规情况。

5. 引流雷

有些主播会在直播过程中违反平台规定，在直播中附上自己的微信号，引导粉丝绕开平台进行私下交易，甚至会在商品标题和详情页标注，引导用户添加微信，完成交易。

6. 直播语文明规范雷

在直播过程中用语要规范文明，不要在直播过程中说粉丝或供货商坏话，或诋毁竞争对手、辱骂客户等，直播是可以回放的，平台有监管。

在推广商品期间，出现挑衅、诋毁、辱骂等不文明语言，都会被平台判定违规，扣除20、40、80或100信用分不等。

7. 直播操作注意事项

（1）不要一个手机切换登录不同抖音号，不同的快手号，要做到一机一卡一号；

（2）花钱去互粉、互赞、刷粉、刷赞可能短期带来粉丝和流量，但意义不大，因为很快会丢掉，还有可能被平台降权；

（3）过于频繁的发布作品，会被平台错判为营销号，正常每天最多2—3个为佳，发布作品之间要有时间间隔，最好间隔几小时；

（4）定位宜早做，不要过段时间全部推倒重来，把之前的作品进行大量删除，会被系统判定为营销号，导致账号被降权，不想要的作品可以设置成私密；

（5）一旦开始运营，不要长时间停发作品，账号有可能被降权；

（6）新号一开始不要发布太长视频，完播率会很差，难以获得更多流量；

（7）不要在账号昵称、头像、个性签名、主页背景图等方面玩营销，出现违规内容；

（8）新号粉丝没有超过一万时，不要在个人签名中留微信、电话等任何联系方式，更换了文字的也有风险；

（9）不要在同一 Wi-Fi 下登录操作大量账号（超过五个）；

（10）切忌不要用模拟器等第三方软件登录账号；

（11）账号保持正常互动，不要在视频没看完时大量点赞、转发

（12）不要发布大量低质量、方向混乱的作品，抖音不是朋友圈，乱发一气只会造成平台不给流量。视频避免模糊不清晰，或让观看者感觉不适，不要出现任何水印，不要出现任何品牌的徽标。

第十章
直播电商内容价值实现从 0 到 1 的飞跃

互联网的普及带来了传播渠道门槛的降低,不需要过高的人员和成本投入,人人都可以是自媒体,这大大激发了全民娱乐内容的生产和创新热情,但反过来也导致内容竞争更加激烈,优质原创垂直的内容几乎受所有平台的欢迎,直播电商内容价值更加高涨。

直播电商的高速发展,带来一个新的现象,即人们的消费决策已经不再是以品牌产品为中心,而是红人(意见领袖)为中心,或者是社交中的朋友推荐、又或者是人工智能时代算法推荐(头条、Facebook)为中心,这几个维度中,品牌越来越退居幕后,而人越来越走向前台。

一想到万科,可能就会想起爬喜马拉雅山,进而想到红烧肉;一想到格力,就会想起格力手机,想起董小姐的直播带货过亿;一想到小米,就可能想到小米手机和"Are you OK"。对于80后、90后消费者来说,他们对一个有趣的人的接受度,顺其自然转向一个有故事、有情感的品牌的接受度。这就是直播电商带来的内容发展新方向。

10.1 评判标准:优质直播电商内容生产指南

现在进入内容营销时代,好的内容就是活广告,什么才是优质直播电商内容?如何评判?我结合"现代营销学之父"菲利普·科特勒的"客户行为路径"理论,根据对应评估受众接收内容后的六重反应——了解(Aware)、深入(Vertical)、吸引（Appeal）、问询（Ask）、行动（Act）、拥护（Advocate）。制作出六度模型，可帮助品牌主全链路、分场景追踪内容营销效果，进行针对性提升与优化。如图10-1所示：

图10-1 优质直播电商内容生产指南

1. 内容能见度

内容能见度（Aware）：代表内容覆盖消费者的广度，可用于衡量内容营销的第一重效力。即直播能让多少人看到！

衡量内容能见度关键指标：内容浏览人数，指统计时间内，直播后商品的内容被浏览的人数，一个人浏览多次按一人计算。"浏览"包括图文阅读、直播观看、短视频播放等多种形式。内容覆盖渠道分为网店内＋网店外。

为了提高内容能见度效果，需要最大量的渠道投放，增大流量，也即在各个平台进行直播，以获取最大的内容更见度效果，主要策略有：

（1）多渠道直播，在直播前能在尽可能多的渠道投放直播内容，比如要在淘宝直播渠道、抖音直播渠道、快手直播渠道、小红书直播渠道、京东直播渠道、拼多多直播渠道、有赞直播渠道等尽可能多平台直播。

（2）借力明星达人 KOL（关键意见领袖）流量，品牌商在开始带货时可以考虑与头部直播达人、明星网红、KOL 等合作，深耕流量。

（3）精细化内容运营，在内容上精耕细作，做深做透。特别是在差异化上下力。有了能见度，有了深度，自然而然在节目中就会出现创作者个人的一些看法、观点，直播内容就有了个性，有了灵魂，如做人文访谈类的带货直播，有人直播采访高端精英，我们可以借助街头巷尾的平常而有特色的老农，或是即将失传的手艺人，同样也有不同的效果。

2. 内容垂直度

垂直度（Vertical）其实就是专业度，也即直播内容的深度。够专业，垂直度就高。例如在做生活类技能直播，可以先将生活技能分成比如数码类小技巧、厨房小技巧、办公小技巧等版块，在各个细分的选题下再进行策划拍摄，这样不仅能避免选题撞车，还能增加自身选题的专业化、垂直度，在有限的环境下进行创新才能做出一片天空。

3. 内容吸引度

判断一个内容是否有深度，内容吸引度是个重要指标，内容吸引度（Appeal）：（互动数）代表内容吸引消费者关注，营销消费者情绪的能力，是品牌加强消费者记忆的重要抓手。

内容吸引度的关键指标是：内容互动人数，指统计时间内，与本直播商品相关内容进行互动的人数。无论是淘宝直播，还是抖音直播，可以通过评论、点赞、打花、分享等行为来评判。

为了提升互动效果，在做直播内容的时候要做到互动趣味化、产品个性化、内容情感化。

4. 内容引流度

内容引流度（Ask）：（到店 UV 可以是网店也可以是线下店）代表内容激发消费者"主动了解商品"的能力，说明内容已对消费者行为产生明显影响。

关键指标：引导进店人数，指统计时间内，消费者浏览内容后通过内容详情页进入店铺访问的人数。

直播效果好不好，引流就是最好的检验，通过直播引导客人到店浏览；到店体验，到店试吃、试穿、试戴、试玩。可以直播线上下单到店提货，也可以采取店内体验、直播间下单等多种方式。为了提高内容引流力。要在下面几项下功夫：

提高直播观众受众内容偏好匹配，引流一定要精准，一个真粉丝好过一万个假粉，一个真正有需求的好过一万个看热闹的。

做好传播关键词建设，主题词是一个内容最重要的搜索源，如果关键词有偏差、歧义自然引流过来的效果就打折扣。

加强消费者口碑建设，在做直播内容时一定要讲真话讲实话，否则极易带货翻车。退货如潮。

5. 内容获客度

内容获客度（Act）：（成交量）代表内容对消费者购买行为产生引导转化的能力，可用于评估内容营销"种草""拔草"效用。

代表性指标：引导收藏加购支付人数，分别指统计时间内，消费者浏览内容后产生商品收藏、加购、支付行为的人数。

为了提高内容获客力，可以在私域内容建设和活动权益引导方面进行加强。

私域内容建设，就是在内容上的原创能力，人无我有，人有我优，特别是在内容垂直度上、差异化上进行下力。

活动权益引导，引导用户按照内容指引有序地进行变现，通于二维码、RFID 等技术进行引流。

6. 内容转粉度

内容转粉度（Advocate）：（粉丝关注数）代表内容为品牌沉淀消费者资产的能力，说明内容已引导消费者对品牌产生强烈兴趣（不限于购买）。

代表性指标：新增粉丝数，指统计时间内新增的关注网店或店铺的人数。我曾在《移动互联网思维：商业创新与重构》中将用户行为分四级，从最开始的客户思维，即初步了解产品性能理解公司的做法，到用户思维，即认同公司处理方式和流程制度，接受公司行为，再到粉丝思维，即主动维护产品及公司形象声誉践行公司价值观。只有达到粉丝思维用户才真正实现了转化（见图10-2）。

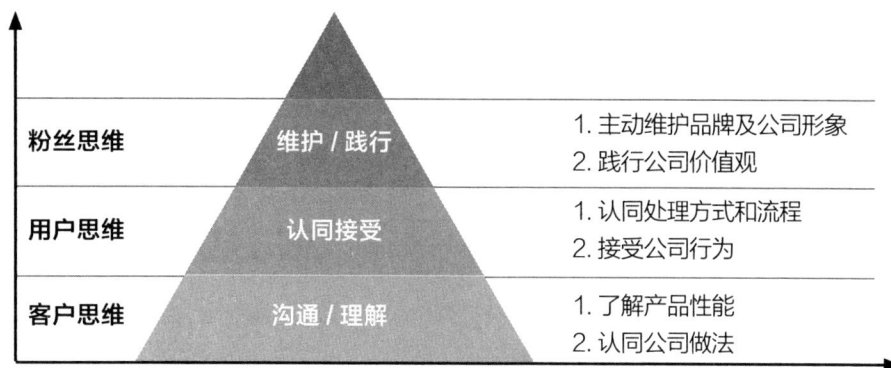

图 10-2　粉丝思维结构模型

为了提高内容的转粉度，需要在以下方面发力。

（1）深度了解粉丝内容偏好，通过大数据等工具对用户的年龄性别地域家庭情况等进行深度分析。挖掘出粉丝对内容的偏好，重点对粉丝关注的内容进行撰写分析。贴近粉丝的内心世界。

（2）对粉丝进行千人千权设计，多样化的世界多样化的人生，根据粉丝的需要进行粉丝千人千权设计。

10.2　内容设计：优质直播电商内容炼成技巧

1. 找擅长的领域做自己的赛道

正视内容价值，加速进入内容市场，抢占最后红利。随着90后、00后年轻群体崛起，天然带有娱乐性、个性化特征的内容将成为品牌与消费者互动的全新载体。在市场方兴未艾时，品牌商需要尽快正视内容价值，建立内容营销策略，抢占全新的营销高地。首先在自己最擅长的领域做自己的赛道。

（1）专注于自己的领域，挖掘平凡的事件背后的深义，每个人都有不同的经历、不同的背景。

（2）完善私域运营能力，打造"全域种草—套内割草"的销售闭环。内容营销要从传统的广告思维抽离出来，重视内容 "种草"特性的同时，重视店铺私域场景的打造与优化，最大程度承接淘内淘外内容流量，才能提升内容转化，形成"淘外种草淘内拔草"的营销闭环。

（3）专注：全景洞察传播效力，全面提升内容 5A 效果。给予 5A 度量衡及时评估内容营销效果，发现薄弱环节，有针对性地优化提升。

（4）深度挖掘"品类×KOL×渠道"的最佳匹配关系，有效提升内容转化率。成功的营销不仅仅是找到优质的 KOL 或渠道，品牌商万万不可忽略"品"的作用。

（5）坚持原创。

2. 紧盯时事热点参与热门话题

紧盯时事热点有助于我们快速找到热门话题，热门话题的直播往往吸引人注意，引流效果较好，我们可以通过不同的渠道去了解当前的热点，比如微信、微博、今日头条等。

通常点赞较多，阅读量较多会默认为是热点；其实还可通过搜索功能去发现热点，比如热搜榜、音乐榜、人气榜等以及我们的贴纸，等等，我们可以很好地将他们运用到我们的视频中，获得更多的曝光。

把别人的优秀内容变成自己的视频，这比自己创作能更快地达到预期效果。

3. 有价值、有故事、有内容

有价值的故事也是很重要的直播内容。大家都喜欢有故事性的内容，故事讲得越好，越能激发人的兴趣，被分享的概率也越高。因为故事本身就比单纯的事情更能打动人，更能吸引观众的情感波动或者好奇心。

现在是知识快消化的时代，对自己或他人有帮助、有价值的直播内容才能让人帮你转发，没有价值的直播内容观众甚至不会在你的直播间多待一秒。

（1）专业、新颖的直播内容。人们总是喜欢新鲜感，对于直播内容新颖的主播，观众总是喜欢奔走相告的。而比较专业的直播内容会让用户在分享的时候潜意识里觉得提高了自己形象。

（2）情感细腻的直播内容。大多数分享和转发是因为激起了观众共鸣的，一旦观众产生情感因素，不管这种情感是激动、同情、感动还是愤怒，他们就会想要释放情感，而这个时候分享就成为一种可能。

（3）具有社会流通性的直播内容。具有社会流通性就是让自我感觉良好的内容，既然如此，那就给观众毯子让他们感觉自我良好，感觉自己就是知情人，然后他们自然会去告诉别人。

（4）有争议的直播内容。有争议的内容往往能获得用户的关注，因为每个人的观点是不一样的，这样就需要讨论，而观众希望更多的人参与进来，希望别人和他的想法一样，自然就会去分享和传播。

4. 监测标杆及竞争对手获取灵感

毕加索曾宣称："优秀的艺术家借鉴，伟大的艺术家偷窃。"这并不是对抄袭的肯定，而是对模仿学习的鼓励，并且还指明了日后提升的方向。向成功者借鉴学习，足以让自己变得优秀；如果能"剽窃"到他们的精髓，而非仅仅停留在表面上的形似，让作品拥有灵魂，使之展现出作者个人的魅力与精神内涵，就能成为大师。

（1）观察竞争对手使用了何种直播平台及宣传媒体

首先，搜索头部主播及竞争对手公司名称，在搜索结果的前两页，我们通常会发现哪些社交网站中会有他们的简介。其次，比较一下自己和竞争对手的竞争力指数。

社会化宣传媒体主要有微博、微信、抖音、快手、小红书、人人网、开心网、优酷、土豆、贴吧、豆瓣、博客等。通过观察头部主播所选择的平台、成功经历、宣传媒体及方式有助于减少失误。

（2）观察标杆及竞争对手们如何自我定位

现在竞争激烈，为什么别人能成为头部网红，一定有原因，通过学习模仿他们的成功定位，能够获得灵感。

（3）观察标杆及竞争对手使用何种视觉设计

每个成功的网红都有优质的社交网站页面、封面照片和个人资料照片介绍，以及他们过往宣传策划案例，这些都是我们要学习的地方。

（4）对标标杆及竞争对手的更新频率

更新频率多高才是最合适的，这也是我们对标的地方，我们对标他们的微博、对标他们在淘宝等平台的直播的时间、频次，看用户的反应及评价。

（5）观察标杆及竞争对手发布内容

通过分析标杆及竞争对手发布的内容，观察原创性匹配度，是否是热点，学习他们发布的时间、标题的设计，通过用户的反应来优化我们自己的内容。

（6）观察标杆及竞争对手在哪些平台发布内容

淘宝、抖音、快手、腾讯、哔哩哔哩、小红书很多平台都有直播，没有最好，只有最适合，我们通过观察标杆及竞争对手在哪些平台发布内容，根据内容与平台的匹配度去分析平台用户的喜好度，以做出他们喜爱的直播。

这些方法都有助于我们产生一些优质的内容，当然可以发表在相同和类似的网站。这样，就可以获得更多的展示的机会，也给受众提供了除竞争对手之外的更多其他选择。学习模仿标杆，向同行借鉴学习，在这基础上去优化完善，达到事半功倍的效果。

5. 高质量内容持续输出

作为直播内容如何长久地进行创作，并且有稳定的高质量的作品输出，确实是一个有挑战性的课题。

（1）工欲善其事必先利其器：想要有输出，就需要有高质量并持续性的输入。需要我们每天高效输入大量的知识，在进行大量的实践，把学习的东西进行吸收转化再输出。

（2）持续监测学习：当您在创建高质量内容的过程中遇到瓶颈时，如果您试图长时间保持大量原始内容输出，首选方法是学习。向 KOL 学习，关注其博客和社交账户，以及行业协会官员平台联系最多的前言信息；向竞争对手学习，学习其内容结构及其专业知识；善于阅读，寻找与行业相关的书籍和阅读材料，了解专业人士的意见和看法，如直播优化教材等。

（3）贵在坚持：骐骥一跃，不能十步；驽马十驾，功在不舍。优秀与伟大之间，也许只差了一步坚持。给自己定个目标，固定时间进行持续内容输出，坚持一段时间之后自然效果就出来了。

10.3 内容优化：直播内容质量越高，人气就越高

（1）优化内容逻辑

在输出内容时，一定要注意内容内在逻辑，可以话题为单位，一个话题解决

一个问题，每个话题下面有多个小话题，这些话题之间进行关联，例如，我们写直播就可以分直播本质、直播逻辑、直播流程、直播运营、直播内容等大类话题，然后在直播运营等大话题里面再选小话题，如直播平台规则、直播团队等。

好的逻辑可以让我们的内容赏心悦目，不然内容一大堆，很零乱，效果出不来。我们优化展现形式就是要让别人看到更多的内容，最后形成转化。

（2）加入情感因素

在做直播内容时，如能加入一些趣味性、有幽默感、有情感性的因素就更能吸引人，不要以为实用性的内容就必须是枯燥乏味的，你完全可以用诙谐幽默的方式把一些实用性内容做得有滋有味，让观众轻轻松松地长知识，开开心心地得到新技能。总之，做实用的内容，然后把实用的内容趣味化。

（3）学会用直播讲故事

大家热衷听故事，听别人的故事。越有故事性的内容，尤其当故事描述得越详细生动，越能激发人们的兴趣点，被分享的概率也越高。因为故事本身就比单纯的理论更具真实性、更能打动人、更能引发用户的情感波动或者好奇心。

如今，故事性内容已成为一种无形的传播模式。只要故事得当且贴近生活，便能深入人心，得到大量的探讨与宣传，这就是故事性内容的价值所在。

（4）内容有争议，更具传播力量

争议往往会成为焦点，会引发群体关注，直播有争议的内容会引发大讨论，参与的用户多了，粉丝量就会上来，人到一百，形形色色，每个人的观点都是不一样，那些模糊不清、有争议的内容本来就有一定的谈资，才能引发别人的分享和传播。而用户也希望更多的人能参与进来讨论，自然就会主动转发，进而提高曝光度。但在使用此条前一定不能触犯国家法律法规及一些大的原则问题。

10.4 打造内容附加值

直播"内容"的搭建将是维护消费者长期性的重要举措。直播间的创意性内容和产品上的新奇体验总能获得持续性的重点关注，这就倒逼了主播和品牌们在内容打造方面上一定要重视起来，同样的也不能落于俗套，如此，才能获得长久的生命力。

（1）提高个人品牌附加值

IP人设是主播传递给社会的信息，如何提升个人IP品牌附加值却要主播不断寻找机会，除了以个人特色和私域流量更好地服务好粉丝，认真做好每一场直播之外，还要认真思考如何通过自身的影响力为社会创造价值，通过个人影响力为公益或其他社会事业提升价值。

（2）满足消费者精神需求

曾经听过这样一句话："当代中国社会，物质消费与精神消费的边界在逐渐模糊"，这也就意味着，在满足消费者"物美价廉"需求的同时，可以为消费者提供某一种精神需求，比如：排解孤独。拿罗永浩直播为例，很多消费者并不一定是奔着购买产品，而是喜欢线上热热闹闹的氛围，以及能和罗永浩进行互动。

（3）注重消费场景构建

无论线上线下，想要触达长期复购的消费者是不可能脱离场景营销的，哪怕是在小小的直播间里。所以有时候你会发现，某些主播会在直播的时候为消费者预设一个消费场景，搭配其他产品彰显产品品质，试想一下，是一个干巴巴只有卖货的直播间吸引人，还是一个构造了场景的直播间吸引消费者呢？答案不言而喻。

性价比只是直播带货的最大特点之一，但一定不能将低价作为产品的特征反复强调，对于品牌来说，旗下产品不可能持续做低价，这样，消费者只会忠实于你一时的低价，而当你的竞争对手给出更低的价格的时候，或者当品牌调回正常价格时，消费者便会"狠心"地离你而去。

第十一章
数据驱动直播运营

11.1 直播前粉丝四感模型

直播带货虽然是一场大秀,在较短的时间内达到入心并购买的效果,要想做到完美就需要进行走心的策划和设计,经过精心策划的、有"设计感"的活动才能让粉丝感动和买单。可以基于4个模型提升直播活动的设计感。

11.1.1 用户需求精准画像

粉丝画像模型:任何一场成功的直播,对粉丝的了解画像都是必不可少的,主播一定要熟悉自己的粉丝的需求,能带到他们想要的好货,达到直播电商的目的。这些画像包括:粉丝的性别、年龄、区域、兴趣偏好、关注的话题、购物偏好、消费承受力等,这些数据有助于平台和主播深入洞察粉丝的特征,便于选择拟售卖的产品类型,提前掌握这些信息,有助于避免出现"曲高和寡"、光看不买的情况(如图11-1所示)。从图中可以看出:三四线消费人群男女比例相当,35岁以下消费者占七成左右,与二线城市情况相近;作为非职业群体,私营个体户和自由职业者占三成以上,是不可忽视的消费力量;公务人员明显高于二线城市,而白领则明显偏低,与三四线城市的企业结构有一定关系;83%的消费者个人月收4000元以下,79%的消费者家庭月收7000元以下,平均收入明显低于二线水平。

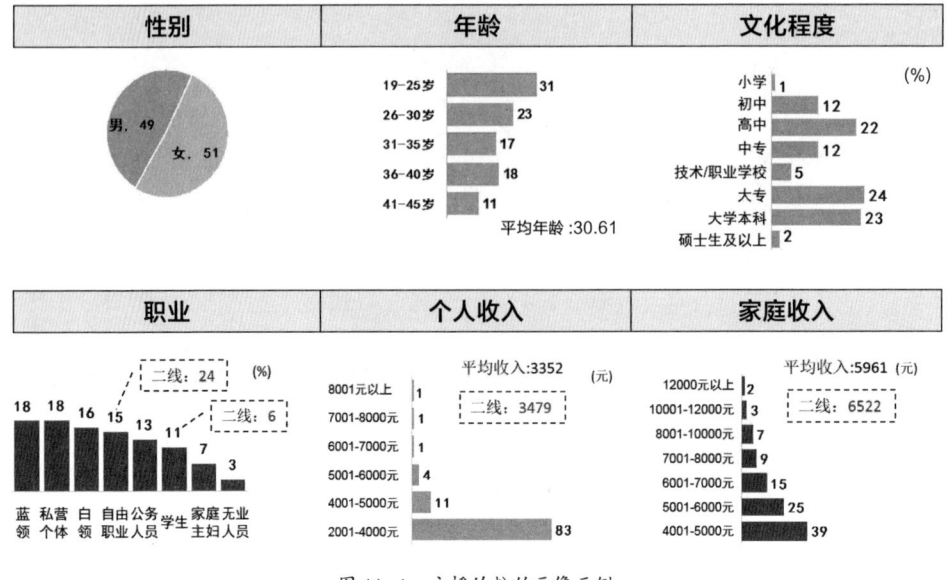

图 11-1　主播的粉丝画像示例

11.1.2　数据化智能选品

直播选品模型：直播选品是直播成败的关键，什么样的产品适合粉丝需求，适合什么样的主播带货呢？利用大数据技术可以事半功倍。如何操作呢？

首先基于粉丝属性数据、消费数据、行为数据进行消费者画像。

其次根据数据画像进行精准选品，例如针对二线城市与四线城市的人群画像肯定不同，选品也千差万别。

再次根据可能上线的粉丝进行分析预测，做出预测模型，再根据预测模型制定拟售卖的产品组合模型。

在这之前为配合好直播效果，可以针对性在粉丝社群里发布问卷调查，让粉丝们列出想购买的产品清单，结合众多粉丝的购买需求，从产品类型、尺寸、价格、样式等方面可以做到更细致、更精准化的选取，让粉丝们感受到平台是在为他们量身定制产品组合方案，这对于激发粉丝的购买欲望、降低决策难度等是大有益处的。当然，直播产品选型时还要综合考虑主播人设、直播主题、市场热点和趋势等因素（如图 11-2 所示）。

直播策划模型：直播带货的本质通过场景模拟和重构来缩短粉丝们的购买决

策路径，而设计产品的使用场景是可以借助数据的力量的。大数据可以在很多方面提供支持，比如：产品的定价、产品促销方案的策划、直播日期与时段选取、活动 H5 宣传文案设计、主播造型与道具搭配、直播辅助参与人员的选择等，这些直播方案涉及的要素都可以基于数据分析来决定，甚至可以用 A/B test 的方法来设计对比组来评估哪种方案效果更优。

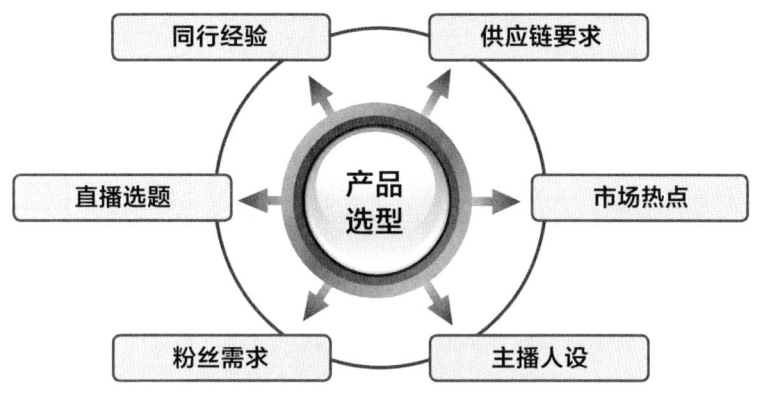

图 11-2 直播带货的选品分析模型

11.1.3 数据化智能投放

直播开始前一般都需要进行舆论造势，会在微信公众号、微博等主流媒体上进行预热和宣传，以吸引粉丝的关注。粉丝在哪里，广告就应该出现在哪里。通过对粉丝的媒体接触习惯进行数据分析，可以定向选择合适的媒体进行广告投放，一方面可以做到精准触达、有效覆盖，另一方面还可以节省广告投放费用。

通过粉丝画像模型、直播选品模型、直播策划模型和精准投放模型就能设计出一套比较完美的直播方案，为直播活动的顺利运行奠定坚实的基础。策划出一套有"设计感"的活动方案是直播带货成功的良好开端。

11.2 数据监测直播实时动态，适时调整直播策略

在直播进行过程中，一方面要实时监测相关指标和数据的变化，另一方面就是要基于数据变化适时调整直播的策略，目的就是提升粉丝的参与感，控制好主

播在产品推荐时的节奏感。

实时监测的数据主要是三个方面：粉丝流量、互动度、带货效果。涉及的指标有：在线人数、观看人数、最高在线时长、评论次数、送礼次数、链接点击次数、点赞数、下单数、下单金额等。

当粉丝互动度、带货效果等相关的数据表现异常或不符合预期时，就需要及时进行直播策略的调整。一般主要调整四个方面。

1. 调整产品顺序

在直播活动中，根据现场粉丝的反应，及时调整产品顺序，及时通过算法优化排序，将产品出场顺序、推荐顺序、重点推荐和非重点推荐进行优化。

2. 调整营销话术

及时进行营销话术调整，例如在粉丝对某款产品评价不佳时，或某款产品负面评论较多或当粉丝评论出现一些敏感词告警时；提前做好两套或多套营销话术，在关键时刻及时调整。好的营销话术可以拉近与粉丝之间的距离，提高推荐效果。

3. 优化福利发放时间及进度

红包、秒杀、限免等福利发放当然对现场气氛带好很有好处，但不是所有时机发放都是最优的，利用大数据进行合理优化，在关键点发放，以求达到最好的效果。

4. 峰终定律演绎优化场景

场景演绎也需要结合数据监测进行适时调整。根据峰终定律，在最能影响粉丝体验的"峰点"和"终点"上多下功夫，在"峰点"时加紧直播带货的催单动用，在"终点"时为下次直播进行提前预告。利用数据分析和数据挖掘有意思地进行强化粉丝的认同感和价值感。

11.3 数据复盘及反馈，营造获得感

每次直播活动的价值可以从数据中找到答案。直播结束后，直播运营团队及

时反馈直播效果的数据可以提升粉丝、主播和平台的获得感。

1. 粉丝福利

得粉丝者得天下，宠粉才有粉丝追随，要不忘提供粉丝 VIP 待遇，直播结束后要及时复盘，在视频过程中的播放时长、停留时间、点赞次数、转发比例、分享次数以及每次直播形成的消费聚像形成相关报告，直播结束后给粉丝一次真诚地感谢，一份直播数据分析报告，相信粉丝，制造更多机会让粉丝参与进来，参与复盘过程。

2. 直播数据实时反馈

一次复盘是指直播活动结束后，直播运营团队应及时复盘，分析这次直播的成败得失，吸取教训、沉淀经验。

复盘一份实时运营报告，把整个直播过程中粉丝参与的数量、时间、转发分享次数、带货的效果等做成报告。

复盘一份互联网监测报告，在直播过程中运营网络舆情分析、在互联网上的声量、传播路径、正负面评论等，为下次的直播活动策略设计提供依据。

复盘一份满意度指数报告，研究粉丝反馈和评论数据，为下次直播带货提供直接依据，也是检验整个直播团队能力的重要指数。

3. 监测在互联网上的声量、传播路径、正负面评论

直播平台配备专业化的数据运营团队将是大势所趋，通过数据实时监测在互联网上的声量、传播路径、正负面评论为直播带货提供指导依据，也是优化主播、优化选品的重要依据。在不远的未来，随着人工智能、5G、VR 技术等与直播电商的深度融合，直播带货行业的数据化运营将更加智能，直播带货的场景和边界将会被无限地扩展。

同时，在数据技术的加持下，人、货、场的数字化程度将更加细致全面，特别是通过数据对推荐的产品进行全息化、溯源式解读，将会有助于加深粉丝对产品的认知和体验。还有，数据化运营的力量将促成每次直播活动的完美演绎，使每次直播带货都具备"合适的主播""合适的场景设置与演绎""合适的话术""合适的时机""合适的产品""合适的定价""合适的福利"等成为可能。

第四篇

直播电商策略

第十二章
"地摊+直播+社群+电商"裂变激活收入暴增

12.1 直播间爆粉秘诀

移动互联网时代一个人的影响有多大,你的事业就能做多大,一个人的粉丝量有多大就有多大的话语权,"官大不如粉丝量大,钱多不如粉丝量多"。如果你经营的是实体店,流量就是来到你店里的人,如果是做直播电商的,流量就是能够看到你发布内容的人。如果你经营的是传统企业,流量就是你的业务员每天拜访的客户量,以及每天能够看到你朋友圈的人。

12.1.1 直播间吸粉大法

没有粉丝的直播不是直播,粉丝对直播的意义不言而喻,吸引粉丝进入直播间是每个直播团队最重要的工作,那如何吸引新粉丝关注呢?

(1)主播本身的人格魅力与直播内容。这是吸粉的原始依据,网红、KOL本身就是流量源,颜值高低、争议性话题、直播内容好坏都是引流的关键。而直播内容除了选品之外就要看主播的敬业度及与粉丝沟通的效果了。

(2)利益牵引。经常做秒杀、红包雨、限免等活动的直播间自然更能获得粉丝青睐。

(3)多平台推广。经过更多的平台展现,吸引的粉丝就会变多。在其他平台推行二维码链接,重视达人账号的抽奖活动,以及其他能够迅速吸粉的活动。

(4)淘宝关键词优化。关键词常出现在文章的标题、内容或某些分类上。

在标题与内容中较常见,淘宝达人对自己的淘宝优站标题、旺旺群这些地方设置搜索的关键词,这样能够加大被搜索到的概率。

(5)粉丝互动密切。能够在淘宝的活动主题参加互动元素,维护好与参与活动的客户的联系,以粉丝活动、专享专区、粉丝价等来区别粉丝和非粉丝,常常与粉丝沟通讨论,可以增进与粉丝的关系。

(6)发放粉丝福利。给自己的死忠或是淘宝直播间等级高的粉丝们发红包或送出一些赠品,给予粉丝购买产品和优惠的特权。粉丝数达到一定数量,能够享受折扣等方式可以调动粉丝的积极性,协助自己拉人气。

(7)跟着做得好的人学习。互相之间沟通交流分享这些吸粉的经验,效仿同行的吸粉策略,学习制定战略,将其为自己所用。

(8)重视直播后期维护。直播后的互动,最大化用户存留,实现再次或多次营销。

直播间粉丝可不是自己来的,需要主播们花费心思去维系。

12.1.2 直播间粉丝激活流程

粉丝进群后一定要进行维护,很多主播建立了粉丝群但不会维护,导致粉丝流失,那之前所做的就都是无用功了。所以粉丝进群后,一定要做好维护,让粉丝快速融入以你为中心的大家庭。

(1)创建粉丝群:使用QQ/微信创建粉丝群,开通直播间一键加群功能并设置好群介绍。

(2)完善制度:完善粉丝群资料,粉丝群制度,建立好粉丝群良好的秩序体系。

(3)设置管理:设置粉丝群管理,让管理员协助维护和管理粉丝。

(4)引导加群:通过各种方式引导粉丝加群,可采用红包引流、直播间引导等手段。

(5)维护:经常聊天、发红包、分享生活和趣事,不要让粉丝群冷清。

(6)直播通知:每次开播提前粉丝群通知,到时间点分享直播链接,让粉丝提前知道什么时候开播。

12.1.3　宠粉：通过福利增加粉丝黏度和购买力度

（1）不定期发红包。没有什么比简单粗暴的现金红包更有吸引力，不定期在微信群中发送一些现金红包，大部分用户都会打开微信群抢一把，可以有效提升群活跃度。注意：发红包要注意节奏，适时、适量。

（2）在社群中发布店铺新品或优惠活动。微店面小程序发布的商品可以直接转发到微信群中，对产品感兴趣和有购物需求的用户会直接在群里对产品和活动发问。

（3）鼓励用户晒买家秀。基于社群的社交属性，鼓励用户在群里分享自己的买家秀和产品使用反馈，以满足用户"秀晒炫"的需求，也可以有效刺激社群活跃度，让没有购买的用户进一步了解产品，从而影响购买决策。

（4）发布讨论话题，引起用户关注。讨论话题可与时下热点相关，贴合用户的亲身经历阐述，引发大家互动交流的欲望。

（5）打卡签到，获取积分。

12.2　直播社群4.0："IP+社群+场景+分享"模式创新

12.2.1　从社群1.0到社群4.0，你做到了几层

1. 社群进阶的四个阶段

社群经过了这么多年的发展，主要分为四个发展阶段，如图12-1所示，分别是：客服工具阶段、营销渠道阶段、社交场景阶段、商业模式阶段。

社群1.0版：社群是客服工具，如母婴行业的宝妈群、社区的生鲜水果群。目前很多企业就是把社群作为一个营销的工具、营销的手段。简单地可以把它理解成微信群的运营维护，尤其在现在疫情背景下，如社群团购，微商等。

社群2.0版：社群是营销渠道，如白酒业的肆拾玖坊、樊登读书会。真正从营销模式的角度去布局企业营销。

社群 3.0 版：社群是社交场景，如各种健身社群、车友会、驴友会。社群 3.0 是商业模式的载体。

社群 4.0 版：社群是商业模式，如小米、混沌大学、黑马会、阿那亚。如果从商业模式来定义社群的话，一定要有长远战略布局规划，一定要有品牌战略。社群的核心就是共同体，共同体决定了企业跟客户的关系是利益共同体、事业共同体、命运共同体，还是认知共同体、精神共同体。

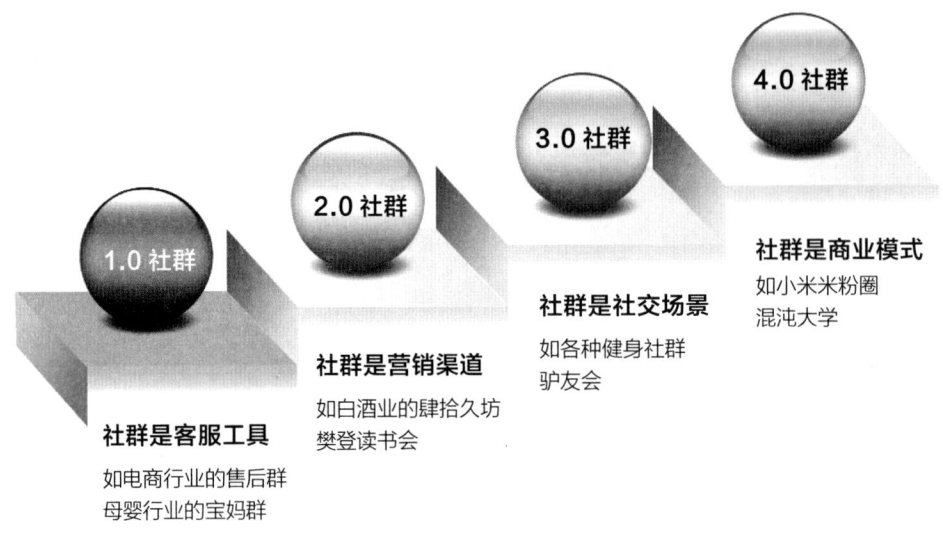

图 12-1 社群的四个阶段

虽然各行各业有想法的人，都在经营和尝试运营自己的社群，但是，目前只有极少数企业真正感受到了社群的力量。

2. 社群顶层设计，IP+ 社群 + 场景 + 分享

很多社群运营比较好的企业，其背后的逻辑、核心要素就是这 4 点。第 1 步一定要有一个 IP。IP 既可以是人也可以是品牌，要根据企业的实际情况。有了 IP，社群就要有定位，要思考你的目标用户是什么人，痛点是什么，同时，社群要制定相应的规则。场景有了 IP，就有了流量，然后才能有粉丝，才能把人聚过来。有了需求，你才能把弱关系转化成强关系，才能把客户变成粉丝，把一群人聚起来，然后才能把这群人的能量或者价值激发出来。社群要应用到分享经济这种模式，要有一些口碑裂变。

12.2.2 为什么要使用"社群+直播"形式

（1）直播为社群提升活跃度

一个健康的稳定的社群，自然少不了优质的内容输出。而视频相对于文字、音频传递的信息量更大，所以可以作为很好的内容沉淀形式。而直播本身具有及时性，可以很好地提升群内的活跃度。

（2）社群为直播提供前置引流

企业为了实现传播量的最大化，一般都会提前 2 天以上进行直播预告，页面上写着直播房间号让大家提前关注。但是，这样的前置关注无法强迫用户去定时观看直播。而如果让用户先进入社群讨论，配合群内氛围的建设，那么后续的转化观看量将会更好。

12.2.3 直播社群的选择技巧

1. 社群平台的选择

社群本身可以理解为一群具有共同价值观的人聚合在一起。经营社群的主要有微信群和 QQ 群，他们各有优劣，对比分析如表 12-1 所示。

表 12-1 微信群与 QQ 群对比

		微信	QQ
创建群	群规模	3—500 人	3—2000 人
	建群要求	直接拉人或者面对面建群 1. 超过 40 人，你的邀请需要对方同意 2. 超过 100 人，对方需要通过实名认证才能接受邀请，需要绑定银行卡进行认证	需要填写群的分类以及先起群名 "普通用户"可以创建 200、500 人群 "年费会员"可以创建 1000 人群 "超级年费会员"可以创建 2000 人群
	群显示入口	1. 消息列表显示 2. 保存的群可以在通讯录中查看	1. 消息列表直接显示 2. 消息列表—群助手中显示 3. 联系人中查看

续表

		微信	QQ
创建群	群消息显示入口	1. 正常 time 流（默认） 2. 设置群屏蔽 3. 设置群置顶	1. 正常 time 流（默认） 2. 接受信息且提醒 3. 接受信息但不提醒 4. 收进群助手且不提醒 5. 屏蔽群消息
	群名称	任何人都可以修改	只有创建人可以更改
	群公告	2000 汉字，单次只显示一条	15—500 汉字，允许多条，可设置置顶。支持文字、表情、图片、视频
	入群验证	可以设置群主同意后进群	1. 允许任何人进群 2. 需要身份验证 3. 需要回答（正确）问题 4. 付费入群 5. 不允许任何人加群
	群特色	无	有群介绍，群标签，可以升级同城群等
	群推广形式	1. 群二维码（超过 100 人无法进群） 2. 个人邀请入群	1. 群二维码 2. 群链接 3. 群主及管理员邀请 4. 群成员邀请入群（需群主设置） 5. 搜索 QQ 群号 6. 通过标签，名称形式查找
运营群	群成员头衔	可以设置群昵称	群成员可以修改昵称，同时管理员可以设置成员头衔
	群成员权限	除群主外，权限平等	呈现金字塔结构。群主拥有最大权限，其次是管理员，可以踢人、禁言、传群文件等，最后是群成员
	群主及管理员	只有群主，无法设置管理员	可以设置管理员，其中管理员个数 1. 2000 人，15 个 2. 1000 人，10 个 3. 500 人，10 个 4. 200 人，5 个

续表

		微信	QQ
运营群	群数据	默认只能看到个人先后加群顺序，无法看到其他数据	可以看到，另外还有QQ自带的群主助手工具 1. 群成员等级排序 2. 最后活跃时间排序 3. 加群时间排序 4. 群成员分布 5. 礼物榜等
	群玩法	群红包，群收款等	含有微信群所有基础功能，除此之外还有匿名聊天、送礼物、音乐、投票、群订阅、群问问、群作业等20余项功能

通过对比发现，微信群使用群体较大，但功能相对简单，限制较多；QQ群更为开放，功能上更加复杂，管理起来更加方便。二者各有优劣，我们要根据实际需要进行合理选择。

12.2.4 玩转社群

社群一般有四大特征，即有共同的爱好，成员之间自组织，要有一定的制度化的机制，同时生产一定内容，如图12-2所示。作为直播用的社群与普通的社群又有一定的区别，着重点不一样。成员对象管理机制也不一样。

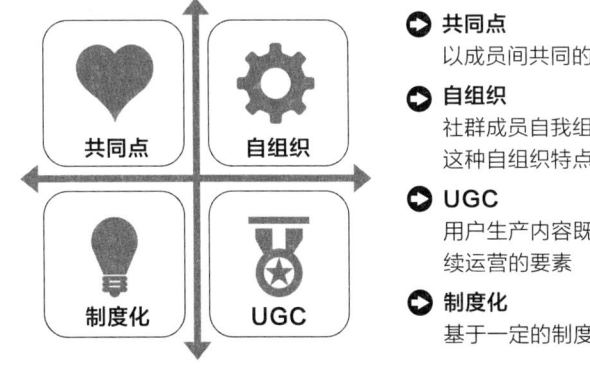

共同点
以成员间共同的兴趣爱好来凝聚起社群

自组织
社群成员自我组织，自我运转，不依赖于某个领袖，这种自组织特点有赖于其人群结构

UGC
用户生产内容既是社群得以形成的基础，也是社群持续运营的要素

制度化
基于一定的制度来维持社群保持良好的氛围

图12-2 社群基本要素

（1）设立鲜明的群价值观

社群最重要的就是要有统一的愿景，作为直播的社群其愿景更是要清晰明了，不能让成员来猜，要么是家居产品复购，要么是社群学习，要么是化妆品美容，总之，越垂直化越好，专门为解决某个问题而设立的社群，更能使成员产生认同感。

（2）严格的入群门槛

为了保证进群人员的质量，就需要有严格的入群门槛。

一方面通过入群的回答，比如"你最喜欢的直播产品"这类问题，然后由管理员手动对入群人员进行审核。看个人头像，年龄设置等方面，防止小孩子等乱入。

另一方面进入社群后，管理员每隔10分钟左右手动发一遍入群须知。其中最重要的一条就是先入群改真名，不改名的当天都会被踢掉。虽然没法去核实用户的真实姓名，但是通过这类门槛，让他们更加珍惜这个群。

（3）合理的群仪式感

仪式感的建立，可以持续维护群的活跃度。在社群里仪式感主要体现在某项动作的固化，比如，群主在固定的时间点，早上发早安签。群员有固定的动作，比如每日的签到等。我们同样也应设置阶梯式的签到抽奖方式。

关于仪式感大多数人认为，一个社群人越多越好，越热闹越好，其实不是的。很多时候，非目标群体进来后喜欢互相加人，找老乡，过于活跃，反而让那些真正愿意交流的群成员不知所措。所以要适时采取分时间段的禁言方式，引导话题方向。

（4）向直播前向的导流

向直播间导流是我们的目的，在直播前一周开始预热，提供神秘礼物及VIP待遇的机会，前期不定时在群内渲染氛围，宣传的高峰期是在直播临近的3天，鼓励大家在微信群转发等。

（5）后期的转化分流

活动群有鲜明的特点，来也匆匆，去也匆匆。一般活动结束，维护的力度会减弱，群会渐渐冷清。其实，每个群都有生命周期，与其出现冷场，不如在群的生命周期结束前，对优质用户进行分流。后期，我们再在活动群的基础上，进行分流，新建群等级，使社群始终保持一个稳定的活跃度。

12.2.5 "直播+社群"运营心法

做直播有两大问题是最困扰大家的，一是流量问题，就是你的客户从哪里来；二是成交问题，如何才能让客户下单。直播表面上看是流量和成交的问题，但底层上来讲是客户的需求和信任的问题。

1. 如何解决流量的问题

答案是"免费+社群裂变"，如何实现呢？分三步走。

第1步：卖什么送什么，免费送，设计好裂变海报。海报怎么来设计？海报设计很简单，你送什么产品就把产品漂亮的照片、名称、价值多少写清楚，然后强调免费送，再加个时间限制，比如几月几日到几日，最后再放一个微信群二维码，同时注明：进群领取！举例：你是卖电饭锅的，你就直接在海报上说价值598元的电饭锅免费送；你是卖化妆品的，你就直接送价值1280元的化妆品。

第2步：建立裂变社群，寻找种子用户，确定客服私号，进行首轮测试。先建一个微信群，设置好群规、自动进群欢迎词和进群任务，避免粉丝进来不知道群是干什么的。进群任务要清晰，进群的人都是想免费领东西的人，但我们的东西绝对不能白送，必须要送得有价值，所以如何设置群任务给大家几点建议：比如进群后必须邀请5个人进群，完成后找助理领取；或者在朋友圈转发设计好的海报和文案，完成后找助理领取；凡完成任务的让粉丝加客服领取，你把群任务设置好后可以有选择地群发100个好友，检验下效果，测试完成后将进行正式的裂变。

第3步：建立直播间，生成直播间海报，设置好客服私号自动应答。到了这一步，有些粉丝已经完成了之前的群任务，当这些粉丝找客服私信时，你只需回答他：恭喜你获得我们免费送某某产品的资格了，你只需要在几月几日几点进到直播间（尽量把直播时间跟活动开始时间控制在3—5天内，太久了客户容易遗忘），到时在直播间里填上你的收货地址，我们直接寄送给你。同时把直接间的海报推送给这位粉丝，提醒他先扫码预约直播，避免错过。

通过以上步骤，你的流量会瞬间集中起来，为直播成功做好铺垫。

2. 如何解决成交的问题

直播间培育客户、用价值牢牢锁住客户。

第1步：直播开播前两天一定要做群通知，把直播准备阶段的花絮拍成视频放在社群里面，让粉丝们了解实时进度，同时把直播中的福利如限免等政策提前公布，让粉丝享受VIP待遇。开播前两小时提醒客户，避免客户遗忘。

第2步：直播准时开播。尽量克服直播中的各种困难，准时开播，进来的粉丝可能各有目的，先不要点破。同时加强互动和引流。

首先，主动介绍直播活动规则，把直播的产品介绍清楚后，详细介绍领取动作要领。如今天赠送100个名额，直播人数达500时赠送20个名额，直播人数达到1000人再赠送80个名额，如果没有领取到，前10名可以1元购买，第10名到第20名可以9.9元购买，以此方式去刺激你的客户。同时发动大家分享直播链接到微信群、好友或朋友圈。

其次，开始介绍你的产品，一定要用熟练的语言来描述你的产品的价值，它能给大家带来什么。同时告诉大家这个产品就是今天晚上要赠送的产品，进一步刺激大家想要得到的欲望。并要求新用户关注并分享后才有机会领取。

再次，达到赠送的标准，提前在直播间商城设置好一个1元钱的产品，库存设置为之前所讲的规则，达到赠送标准时，再一次强调活动的力度及马上要赠送的紧迫感，让大家准备好，同时告诉客户为了能快速抢赠品成功，可以让用户先填好自己的收货地址，这一轮只送20份，然后上架赠送产品，也可以让大家拍下付款后再修改地址，总之一定要让客户支付，哪怕是1元钱，养成用户在你的直播间下单消费的习惯，因为是抢购，并且库存只设置了20个，这一轮很多人都会参与，但大部分人一定会收到库存不足的提醒。本轮活动之后要恭喜抢到的，同时安抚没抢到的，让大家继续等待第二轮。还是那句话，客户为了占便宜，不会在乎多看你几眼。

最后，就是边分享价值，与客户互动，边按预先设计的规则销售产品，最终的销售成果取决于你在直播间的表现及产品本身的价值。前面你的产品可能是赠送给客户的，但到最后客户就不知不觉变成了真正购买，同时由于你设置了价格阶梯，可能从中间的某个价格开始，你就已经是在正常销售了。

每次活动和直播结束总结优化，不断地重复修正，前面没有流量的时候可以通过社群裂变做一些流量，当你有了流量之后逐步培养你的客户，同时用社群将老客户维护好，后期你都无须再做拓客活动了，只要一开播，你的人气自然就来了。

以上是关于如何打好微信直播与社群营销的组合拳，让流量与成交同时兼得的流程分享，每一个行业每一个产品都可以基于以上的流程去设计，营销万变不离其宗，掌握底层逻辑，选对工具，营销将不再费力。

12.3 激活社群：多次复用，常年运营

12.3.1 打造新人归属感

（1）社群欢迎，每天打卡

当新人进群后，不要冷落他们，而是要主动欢迎，并且告知身份，让对方感知到你的温暖。

入群的欢迎语：

你好，我是群主×××，欢迎入群参加××主播的【××××】直播预报名群。

入群福利：6本×××主题电子书大礼包＋福利链接添加群主私信"福利"即可领取。

（2）福利赠送

新好友进群后，要立刻让好友感受到价值，让社群好友更愿意在社群中驻留并保持热度。因此，要在社群文案中包含赠"入群福利"，让粉丝有一种受宠若惊的感觉。

这个福利的选择，其实是有技巧的，不能给尽，那样会让粉丝没有进一步的期待，以至于让社群粉丝不愿意留在群中；也不能赠送不具有吸引力的福利，用户也不会买单。

（3）告知行动

一般来说，裂变群就是要粉丝转发海报+文字，活动群就是让粉丝转发活动，参与进来。

12.3.2 活动+话题

如果社群变成一言堂，只是社群主说话，其他社群成员习惯沉没，社群肯定不久就会陷入沉寂，没人说话了。

小互动游戏，抢红包、红包发言、接龙、每日分享，这些活动在平时的社群中比较常见，关键是社群运营者要善于收集好玩的游戏，以便于用在自己的社群中。

（1）领袖作用

社群领袖，既是社群的精神核心，又是话题的制造者和出发点。

（2）积极分子带动

主动联系社群中的积极粉丝，比如"天生群聊手""疯狂打卡族"。

12.3.3 福利发放

进入你的社群，成员就是想享受某种特殊福利或特别待遇，如果你能够在社群中不定时发放福利，就可以带动群气氛。活跃的氛围可以使大家很自然地在一起聊天，从而增强群活跃度。

（1）社群红包

发社群红包是最常见的激活社群的方法，对于社群建设有很大的作用。但是红包只能用于促进活动或者话题辅助。

节日红包：选择在逢节日，如春节、清明节、建军节、中秋节、五一、六一、十一黄金周等发放。

定向红包：对社群做出了贡献的人，可以私信给他一个定向红包，以感谢和激励对方的激情。

（2）产品

比如，课程、百货产品、服装等，有特定标识，让群员产生归属感。

第十三章

流量江湖生态：用好流量

13.1 流量生态：公域流量为私域流量赋能

流量是电商交易的核心，没有流量就没有交易，GMV= 流量 × 转化率 × 客单价。直播电商逻辑中，流量源主要有两个，一是主播 KOL 或网红达人自带的流量，另一个是内容平台的入局给直播电商带来的新增流量，如下图所示，社交平台、内容平台、传统搜索平台为了流量变现，都在为电商平台导流，而传统平台在做大直播电商过程中配给了较多的存量资源，共同作用下，拉动了直播电商的流量快速增长，如图 13-1 所示。

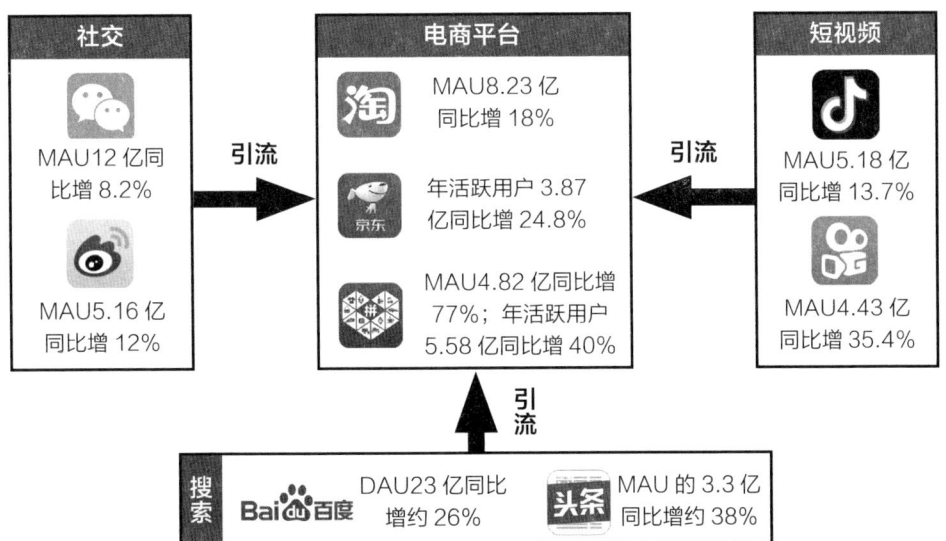

资料来源：各公司公告

图 13-1 直播电商流量运行图

从社交流量分发是由谁来决定、谁来控制的角度看，社交流量池分为公域流量和私域流量。

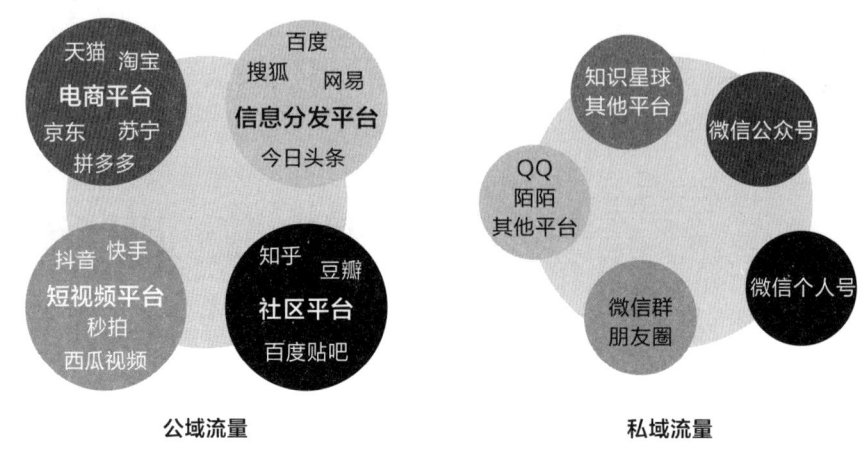

资料来源：网络公开资料整理

图 13-2　社交流量池

如图 13-2 所示，从社交流量分发是由谁来决定、谁来控制的角度看，社交流量池分为公域流量和私域流量。

公域流量：流量需要花钱购买，流量具有一次性且用户不可控，获客成本高等特点。

私域流量：流量是品牌或个人自主拥有，可反复多次利用、免费，又能随时触达和流量变现。

公域逐步入侵私域，私域流量成价值洼地。公域流量通过网红、店主、自媒体等触点方式转化成私域流量，而通过 KOL 种草带货等方式建立的私域流量池聚流量、易留存、易触达、易复购，能降低商家引流成本，提高成交转化率。流量碎片化推高品牌获客成本，私域流量兴起，提升运营转化。随着移动互联网流量红利衰减，消费场景日趋碎片化，用户注意力日趋分散，企业获客成本高，用户的转化效率也随之大打折扣。在此背景下，私域流量兴起，其本质是对品牌流量的社群化管理。

私域流量的获取过程通常为：将公域流量经一定引导，逐渐沉淀至品牌方，以品牌微信公众号、小程序、订阅号、微信群等为载体，进行运营转化。与公域流量相比，私域流量的特点是：转化率高、客单价高、复购率高、裂变意愿强，进而能有效提升运营效率，如图13-3所示。

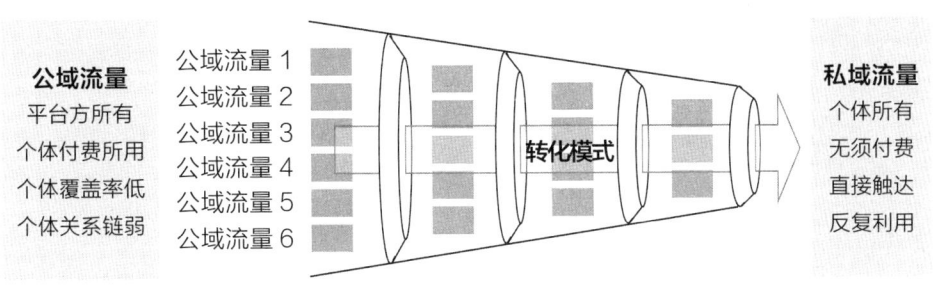

图13-3　从公域流量到私域流量

公域流量具有四大特征，分别为：平台方所有；个体付费所用；个体覆盖率低；个体关系链弱。私域流量也具有四大特征，分别为：个体所有；无须付费；直接触达；反复利用。

1. 引流渠道多元化，打造私域流量矩阵

流量在手，天下我有。没有流量，绝大部分的生意都失去了最强有力的支撑。目前，私域流量已经成为线上线下各类商业业态十分常见的运营手段，能够助力品牌和商家打造私域用户池，实现自营生态的闭环。从流程来看，私域流量运营已经形成了从流量获取、流量沉淀、流量运营到交易转化、分享裂变、复购达成的典型路径。另外，整个生态体系也涌现出众多的工具与服务供应商，帮助各类商家更好地实现私域流量运营。企业的私域流量池，通常由门店导购微信号、自建社群、公众号粉丝、小程序的自然流量组成。如何把公域流量转化为私域流量也成了很多互联网人绞尽脑汁思考的问题。

（1）私域流量的几个优点

首先是流量更可控，随时可以复用，特别是"直播 + 社群"，助力直播随时随地进行。其次是性价比高，一次直播，多次使用。最后是给了我们深入服务用户的可能，关注后可以深入交流，如图13-4所示。

面向 C 端消费者	具备复购特性
·C 端用户基数大易产生规模效应 ·C 端用户信任更易建立 ·C 端用户消费决策流程短易转化	·易维系用户情感，提升用户忠诚度 ·易于提升用户复购率增加收入 ·易于拓展品类
高客单价	提供整体解决方案
·提升产品附加值，强化品牌效应 ·支撑高运营成本	·满足个性化需求服务 ·满足长周期服务需求 ·方便交流沟通

资料来源：公开资料整理

图 13-4 私域流量品类特色及原因

（2）私域流量的载体

公众号、QQ 群、微信群、个人微信、企业微信、企业 App。

（3）如何导入私域流量

方法一：给利益，关注公众号领红包，下载 App 送现金，等等，在流量池获得曝光后，当用户看到进到私域流量有好处时，一般都会形成转化；

方法二：生产优质的内容，靠内容本身打动用户形成转化，多产出有价值、有内容、有帮助的干货，当别人发现你做的东西对自己有帮助时，会主动前来。

（4）如何维护运营私域流量

与粉丝做朋友，经常线上线下交流，了解粉丝内心需求，对货品的偏好；

经常提供 VIP 信息，例如直播时间场次主题的提前通知，优惠力度优先供给，让粉丝有尊宠感觉。

2. 私域流量核心特征构建粉丝矩阵

私域流量核心特征是构建粉丝矩阵，而信任感是私域流量沉淀与转化的核心。私域流量的核心特征如下。

直接触达：私域流量是直接与品牌或商家进行联结的用户，是品牌和商家可以直接触达的流量，不需要通过中间平台进行付费购买。

重复使用：私域流量沉淀在品牌或商家的各种流量载体内，品牌或商家可以重复地进行激活、触达与转化，不限次数且触达更高效、成本更低。

双向交流：私域流量体系下用户与品牌沟通渠道顺畅，双方可以互相交流、互相影响，降低信息不对称。双方的直接交流也更有助于商家按需进行研发、及时获得反馈、优化供应链以及优化用户体验等。

长期价值：私域流量不是一个短期收割的运营逻辑，是需要进行长期积累、持续经营的，以深度挖掘用户的全生命周期价值为目标。

总体而言，私域流量下商家与用户之间的触达与交流更加方便，但是私域流量的运营也需要商家真正为用户提供有价值的产品与服务，与用户建立信任联结，并通过精细化的流量运营，来实现高效拉新、高转化、高口碑、高裂变、高复购的闭环稳定增长，不断挖掘用户的长期价值。

3. 腾讯：主攻社交，私域流量爆破

如图 13-5 所示：腾讯系以社交功能为基础，私域流量价值变现，基于熟人关系链由信任驱动决策，主销产品包括美妆、保健品、母婴、知识产权等。主要形式有：公众号内容＋微商城、微信个人 IP 打造、社群裂变营销、个性化小程序商城等。与传统的拉新、促活、转化、交易等营销流程相区别的是私域流量运营更强调长远性和持续性，完成交易并不意味着私域流量运营的结束，作为直播电商的营销方会以用户的终身价值为导向，持续地提供内容或服务反复触达现有用户，提升用户复购率，并借助用户实现传播、裂变，吸引更多潜在用户。

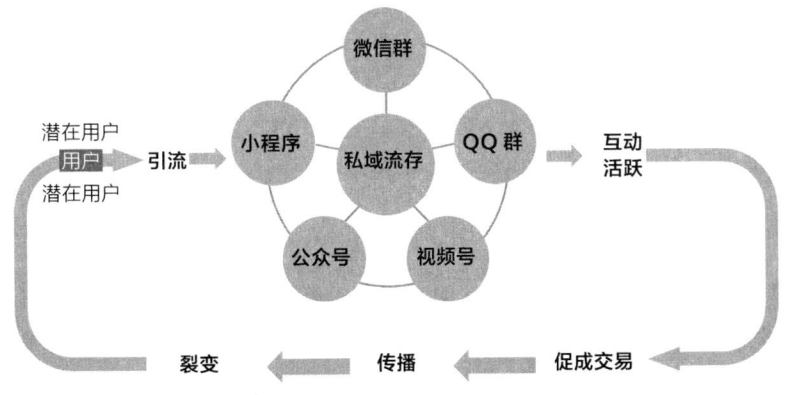

图 13-5　微信生态私域流量运营流程图

4. 微博：以资讯为载体，"红人店"对接电商

微博基于强大信息渠道对接淘宝等商城平台，实现流量闭环变现。通过电商私域流量和公域流量的结合，"红人店"模式提供了天然的红人通路。内容粉丝仍是核心。

5. 抖音：抖音"有毒"引领潮流，圈粉无数

抖音成功抓住了短视频红利，从起初的"无图无真相"到现在的短视频"种草"，短视频与电商的融合恰巧满足了数亿用户强烈的娱乐消费需求。

抖音主打内容，双线上引流转化路径，缩短用户购物决策时间。一个是平台自有带货工具，另一个跳转淘宝天猫、京东页面实现直播变现。

6. 快手：以老铁文化为基础，打通第三方电商

快手主打"老铁文化"，以内容为核心，平台上线快手小店，内测"快直播"平台，另一方面与第三方电商平台合作，已接入淘宝、天猫、有赞等多个平台实现电商直播变现。

从百亿流量扶持再到商家的服务保障，快手电商持续升级。快手电商的理念是：关注生活和情感，激活独具魅力的"老铁经济"。

7. 小红书：打造"内容+社交+电商"的商业闭环

小红书用户主要以女性为主，活跃社区内容，打造"内容+社交+电商"的模式变现。打造了高活跃度高用户黏性的分享社区，KOL和明星通过产品介绍使用分享技巧、深度种草、附送购买链接等方式将产品信息和品牌完整地呈现给粉丝，并通过搭建的自有商城，实现分享种草消费的商业生态闭环。

8. 阿里：积极拥抱社交内容，共同繁荣电商网红市场

淘宝直播是最早进行商业直播探索的平台之一，目前也是最成熟最大的网络销售平台，2019年成交额超过2500亿，占了整个行业的一半，其本质是"人肉'聚划算'"，以互动式的立体交流叠加平台背书的高性价比的产品，促使销售转化率显著高于传统方式。淘宝正以"内容化+社区化+场景化"打造全方位内容矩阵。

9. 京东系流量运营全面布局内容生态领域

京东直播以"营销阵地+玩法工具+内容产出"的形式形成完整的社交购物闭环。在社交上，通过橱窗京东商城向微博用户开放。在内容上接入抖音，在社交上通过小程序加大与腾讯系的合作。

10. 获取公域流量的三个技巧

有几点技巧要特别注意。

（1）吸睛的短视频/直播的封面（重中之重）

第一印象至关重要，封面是否吸引眼球往往是用户能否继续点击的重要依据。在确认不违规的前提下，优质的封面能获得更多的流量和播放量。封面一定要视觉冲击力强，能引发用户的联想和好奇心。

（2）优质的标题

如果封面没有在第一时间抓住用户的注意力，标题在这时则充当了完美替补。如何定义一个好的标题？这个问题没有明确的答案，不过我们总结了大批优秀的标题：

①在标题里多用疑问句或反问句。

②结合实事、热点，或是和明星相关的话题。

③猎奇的标题更容易吸引读者。

④能够戳到用户的痛点。比如你的用户多是勤俭居家的类型，那"省钱"这样的字眼一定能抓住他们的眼球。如图 13-6 所示。

图 13-6　吸引眼球的标题

（3）细分的标签分类

不是所有的流量都有价值，只有精准的流量才有意义，合理的细分标签助你用户更加精准。

13.2 用好直播流量

直播间流量获取的方法。

直播前：

（1）视频、图文预热，提前3—5天发布预告短视频，在短视频内容文案评论中加入直播日期、主题信息，尽可能多地发到各个平台引流，直播当天发布预告短视频，在视频流量增加的过程中开启导流直播间。

（2）直播预热，提前3—5天每天在直播间预热告知用户直播活动时间。

（3）个人主页及昵称预告，在个人简介添加直播预告。

（4）站外流量预热，社群、QQ群、微信公众号、微博、小红书、抖音、快手多平台预热。

（5）优化直播间标题封面，吸引粉丝点击。

直播中：

（1）直播，购买直播短视频，投放高播放量的短视频，提升直播间流量；当直播间视频流量下降时，也可选择投放，进一步增长直播间流量。

（2）视频花絮，直播过程中导流直播间。

（3）直播推荐流，通过直播间内一系列营销玩法，如抽奖红包增加直播间互氛围，增加直播推荐流展现。

（4）活动资源侠，参与平台方组织的直播活动，话题，获取活动资源位。

直播间互动转化：

粉丝互动目的，增强用户对商品的了解，增强主播信任感，增加粉丝直播间停留时长。

粉丝互动方式，引导用户关注引导用户评论设计互动话题，活跃直播氛围下单引导。

1. 加强对导购员的激励，实行分销

好的激励政策能吸引导购员加大宣传推广力度，作为一线人员导购员对于商品和消费者心理都非常了解，因此完全有能力去转化直播间和朋友圈以及社群这些私域的流量，只需要制定好佣金策略，导购员就会有更强的意愿去卖货。优厚的佣金精神的激励都必不可少。

2. 加强直播间互动，提升留存

互动的方式有很多种，例如，直播间不定时抽奖，能减少用户流失或离开直播间；又或者直播间点赞量超过多少，送出福利回馈给直播间的用户等。总之，不能让直播间冷场，要营造出很热闹的氛围，增进用户留存，激发用户消费的冲动心理。

3. 提供直播回放，持续转化

在直播结束后，可以把直播回放链接发到社群里，借助直播的余温让用户感知最后的优惠抢购机会，这样也有助于促使用户转化，带来销量持续增长。

13.3 打造企业流量矩阵

13.3.1 直播新媒体内容引流矩阵

移动互联网时代，自媒体的高速发展给每家直播企业，也给每个个体主播提供了流量机会，虽然现在流量分散在各个平台，但相对以前还是容易一些，这也是当直下直播电商能爆发的原因之一。直播新媒体内容引流矩阵是指在不同的媒体渠道，建立触达用户的媒体内容，从而完成对用户触点的立体覆盖。自媒体于企业来讲，打造自己的自媒体矩阵，首先要基于自己的需求，而不是跟风。作为直播平台，不管是选择微信公众号、微博等老牌明星平台，还是今日头条、百家号这类的资讯类自媒体，都是建立在自身的需要上面建立直播新媒体矩阵。

我们做直播、做自媒体，都是为了获取流量，获取曝光度，甚至达成实实在在的商品交易行为。相对于单个平台，自媒体矩阵更容易获取流量。PC流量逐年降低，移动流量也越来越碎片化。在如今这个"眼球经济"时代，争夺用户有限注意力的有效方法之一就是持续输出内容，而自媒体矩阵是性价比最高的方式，既可以多流量渠道分发，也能有效规避平台风险。除此之外，它还有以下4点作用。

（1）新媒体矩阵是运营在多个平台运营，相比单一平台，投入产出比高，成本低、覆盖面广。

（2）协同效应，放大宣传效果：微博上的资讯，头条上品牌公关，微信上社交转化，各个平台各有优势。

（3）内容多元化：微信公众号图文，微博140字+图片，抖音15秒或1分钟，可以吸引不同人群。

（4）分散风险，单一平台存在平台没落或被封号的风险。

企业为什么要做新媒体矩阵运营？

（1）新媒体多样化，流量分散，单一局限于微信公众号，会散失其他新媒体平台的机会。

（2）微信公众号生态已成熟，马太效应明显，企业现在进入投入产出比低。微信公众号平台打开率不足2%，且继续呈现下降趋势。微信公众号是封闭性的，从零起步，需要大量的投入。

（3）头条号、百家号等自媒体，是采取平台推荐制的，存在爆粉的可能性，相比微信公众号更容易成长起来。

（4）企业做新媒体运营是鱼塘思维，自建流量池。而投放互联网广告，则是购买流量，流量只会越来越贵，甚至可能超过企业的承受范围。

13.3.2　单平台流量矩阵

新媒体矩阵有横向矩阵和纵向矩阵两种类型。横向矩阵指在全媒体平台的布局，包括微信、微博、今日头条、百家号、一点资讯、企鹅号，等等。纵向矩阵主要指某个媒体平台的生态布局，比如微信体系。

微信平台可以布局订阅号、服务号、社群、个人号及小程序。如今头条平台可以布局头条号、抖音号、西瓜号、火山号、悟空问答，等等。另外，矩阵的广义概念，也可以是在一个或多个平台，注册多个账号同时运营，产生协同效应。

单平台流量矩阵，是指一个平台内以多个相互关联的账号互相引流而建立的矩阵。做矩阵的目的不仅是涨粉，在同一个平台内运营矩阵，是为了突出差异化，输出不同风格的内容。头部账号拥有大量粉丝，这些粉丝的喜好千差万别，以矩阵形式裂变出其他账号，并输出不同内容，有助于满足粉丝的不同需求。

目前比较常见的矩阵类型有七种。

1. "一个主账号+多个分账号"模式

在发布作品时以主账号为主，多个账户进行联动模式，主账号可以加以认证成为官方认可店铺，多个个人账号主要是为了分担流量不稳定因素的影响，当商家的账号越多，出货稳定性就会越好。如图 13-7 所示。

图 13-7 "蓝 V+ 个人号"矩阵

2. 大 IP 带小号矩阵

大 IP 号可以是网红号、KOL 号等，这种模式是以核心 IP 为中心，在开始的时候所有的小号都以大 IP 为中心，参与主账号建设，在主账号达到一定粉丝量后，再进行账号裂变其他账号。即早期主攻一个账号，当这个账号粉丝量达到一定规模后，再由这个 IP 通过参演、转发其他账号的视频进行引流。比如 Papi 酱和她旗下的 papitube 系列账号就是这种模式。

3. 团队矩阵

这是目前影响力较大的一种矩阵形式，很多 MCN 机构采用这个模式，MCN 旗下有多个艺人，每个人都可能有多个账号，而且每个账号都有自己的发展，在活动中可以采取大号之间互相引流倒量、宣传推广或是合作。

4. 个人矩阵

就是个人开设一个主账号后，再开设一个或几个小号。但这几个小号分别主打不同的方面，例如主号是"AI 化妆品"，小号可以是"AI 化妆品趣事""AI

化妆品科技"等。但在使用过程中要注意分类，发布不同样式的内容，否则不仅不利于打造 IP，而且几个账号的权重互相影响，容易被发布平台定义为营销账号。

5. 独立的大号直播连麦，互相客串

这可能是最常见的一种方法。平常多注意平台之间发布相同、相近内容的朋友，在平台可以通过连麦等方式互相导流。这也是平台鼓励的方式。

6. 从一个爆款 IP 开始，垂直发展

集中全部团队成员力量主攻一个爆款 IP，等到爆款 IP 成功后，以此主号为基础，向垂直细分领域深耕，建立内容更细分的相关矩阵账号，并通过在签名区或评论区 @ 小号的方式为矩阵造势，形成矩阵集团。

7. 分类精细化运营

分类精细化运营的好处是不把鸡蛋放在一个篮子里，分散风险，东方不亮西方亮，在当下碎片化时代有一定积极意义。

所以很多教学机构都采用矩阵化运营，来精准定位某一个垂直领域，只吸引某一类精准粉丝，如图 13-8 所示。

图 13-8　精细分类矩阵

13.3.3　多平台流量矩阵

找全渠道发布，打造全网营销矩阵。常规的自媒体渠道如表 13-1 所示。

图 13-1　常规自媒体渠道

平台类型	自媒体平台			
资讯平台	公众号	百家号	搜狐号	企鹅号
	网易新闻	大鱼号	一点资讯	今日头条

续表

平台类型	自媒体平台			
社区平台	贴吧	豆瓣	小红书	兴趣部落
知识营销	得到	简书	百度知道	人人都是产品经理
视频平台	腾讯视频	爱奇艺	优酷	哔哩哔哩
音频平台	喜马拉雅	蜻蜓FM	企鹅FM	荔枝FM
文章平台	知乎	天涯论坛	360图书馆	新浪博客
短信息平台	微博			

资料来源：网上公开资料整理

文字平台可以选择知乎或今日头条。音频平台的选择有喜马拉雅、荔枝FM、蜻蜓FM等，视频平台选择抖音、快手、哔哩哔哩等。多平台流量矩阵易建立但维护内容不易，每个平台都有自己的流量。在做好内容的前提下才能做好流量矩阵。

（1）微博热点

凡大事必在微博上发酵，后在微信圈流行。因为微博主打陌生人交际圈子，有围观效应。例如，我平常有空就会上微博热搜榜上看一下有什么热门话题。我的微博账号：xiongyoujun，重点关注了一些热门话题，如图13-9所示。

图13-9 微博账号界面

(2) 所关注的大 V 的微信公众号

微信公众号，特别是一些名人的微信公众号往往具有强大的影响力，有时候他们的一篇原创文章会暴红网络，例如，吴晓波凭借文章"日本马桶盖事件"一下子就有了几百万人关注。我平常关注的微信公众号如：友君大讲堂、清华大学智慧学堂、App 营销、罗辑思维等。利用白天的碎片化时间去学习了解。如等客户的间隙、开车等人、吃饭时等。如碰到好文章我都会置顶和打赏。我自己也经营了几个公众号，如：友君大讲堂，如图 13-10 所示。

图 13-10 微信公众号界面

(3) 新媒体类学习平台

现在有很多新媒体人在开发新媒体学习平台，如网易云平台、第九课堂、馒头商学院、插座学院、新榜、36 氪，等等。每天有时间我都会先看一下，往往快速浏览标题，看到感兴趣的内容就会随手整理到有道云笔记，利用碎片化时间慢慢消化，如有必要再输出。

(4) 知乎和百度知道，汇总精华问题

最近有一个叫作分答的 App 应用很火，就是可以通过付费的方式在这个平台询问专家。说明现在很多人有了问题却苦于没有答案。百度知道回答得相对简单，知乎上有一些比较专业的解答。如能汇集一些核心观点，再把问答整理成文章，则可以打造个人品牌。

(5) 用百度指数做到心中有数

平常我们写文章时往往不知道什么最热门，就可以通过数据观察来得到答案，我平常经常用百度指数。通过百度指数搜索"新媒体""自媒体"等关键词，也可以通过需求图谱、舆情洞察，推测出用户对什么内容感兴趣，然后再设计文章框架。

(6) 与社群的意见领袖 KOL 交流

好的社群往往有好的意见领袖，我自己建了两个读者群：《移动互联网思维：商业创新与重构》读者群和《微商 3.0 移动电商实战》读者群。另外，我加入了清华大学的 EMBA 同学群及北京大学的博士群，每天会关注下他们的交流动态，如果看到有价值的对话或者留言的提问，就会有针对性地写成一篇文章，这也是互动的好方式，并且在写文章之前我也习惯听取一下他们的看法。

我还有专门的电商专家群，在这个群里集中了国内很多电商领域的专家，他

们的文章也对我有很大的启发。

（7）多看自媒体平台专家文章

国内有很多很好的自媒体平台，每天都有好的文章呈现，如，搜狐平台、网易平台、凤凰平台、今日头条、一点资讯，等等。这些平台上有一些很好的统计工具，每天可以让用户看到读者数量增长情况和文章阅读量，便于用户实时了解文章的效果和读者的关注热度，如下图 13-11 所示。

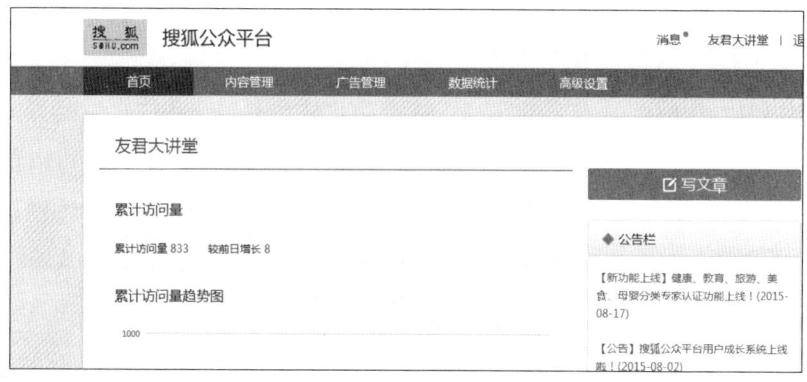

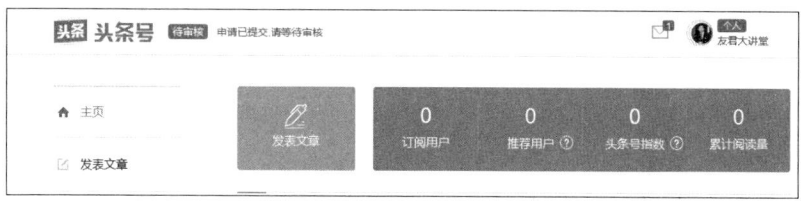

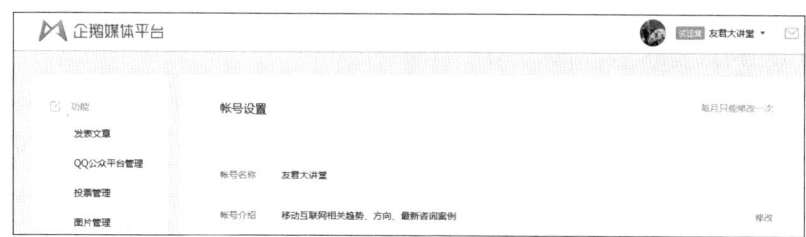

图 13-11　自媒体平台统计界面

（8）拜访自媒体大 V、行业专家和参观学习

国内有很多做采访的自媒体，例如，站长圈、a5 访谈、微大咖访谈，电子商务中心也做相关的访谈。做采访也能借力，吸引对方粉丝的注意和转发。比如，阿里巴巴的专家、微信的专家，等等。做访谈有了影响力以后，就会有很多人愿

意花钱找你采访他，如果没想好自媒体的内容定位，是可以考虑做访谈的，我也计划以后有空了去访谈几位行业专家。

13.4 流量沉淀：持续留存促复购

13.4.1 把自己变成KOL引导关注公众号，深度运营

图 13-12 为 KOL 消费影响路径，从产品"被注意到"到"产生购买行为"中间还隔着"感兴趣""积极了解"两大鸿沟，有经验的 KOL 恰好可以帮助用户转化，平常直播平台的主播主要扮演其中销售导向的 KOL；只有特别有能力的头部主播可做到舆论导向的 KOL，他们通过直播引领消费者实现从第一步到第四步跨越。

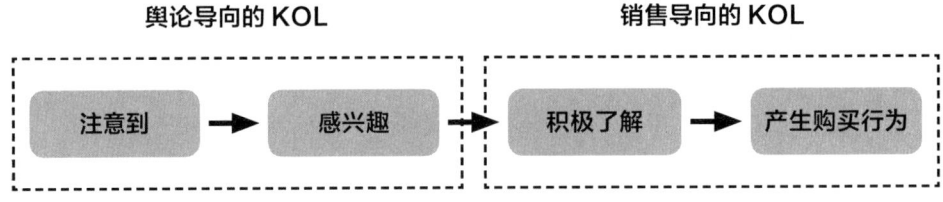

图 13-12　KOL 消费影响路径

KOL、网红经济有望继续受益于粉丝经济效应，"二八定律"明显。

KOL、网红主播备受粉丝信赖，作为一个特殊群体，数量和规模都在不断提升，根据卡思数据国泰君安证券研究，各短视频平台的 KOL 规模总数已超过 20 万，KOL 市场"二八定律"效应明显，即 20% 的头部 KOL 获得市场 80% 的关注度，贡献 80% 的消费力，其中头肩部 5.33% 的数量占据了超 90% 的点赞量。以抖音 KOL 为例，抖音 KOL 根据粉丝数量大致分为四类：头部（粉丝量 500 万+）、肩部（粉丝量 300 万—500 万）、腰部（粉丝量 100 万—300 万）、尾部（粉丝量 10 万—100 万），头肩部粉丝整体活跃度更高，影响力更强，头部效应明显。如表 13-2 所示。

表 13-2 抖音 KOL 四大梯队中，头肩部 KOL 以 5.33% 的数量占据了逾 90% 点赞量

	头部 KOL	肩部 KOL	腰部 KOL	尾部 KOL
粉丝量	500 万+	300 万—500 万	100 万—300 万	10 万—100 万
点赞	37.9 万	16 万	4.5 万	12 万
评论	5652	2074	770	239
分享	9286	3555	1434	388
更新频次	6 条/周	7 条/周	6 条/周	4 条/周

资料来源：卡思数据、国泰君安证券研究

粉丝经济下，KOL、网红主播成为连接用户和电商平台、品牌主的重要桥梁，KOL、网红粉丝群体购买转化率高，忠诚度、黏性高。年轻用户越来越看重商品价值以外的附加价值，从产品消费动机转变为情感消费模式，追求商品背后的人格属性，购物过程中的用户体验，包括主播的专业领导能力、专业的内容能力、个人人格魅力，及直播的娱乐性、互动性等，KOL 直播能有效地满足这些需求。无论是店铺主播还是 CEO 直播，如能在效把自己变成 KOL、网红就有机会扩大粉丝量，掌握话语权，在直播带货过程中带货能力和变现能力都能得到更大的提高。

如何把自己培养成 KOL、网红呢？以张大奕为例，首先不要直接做直播带货，而是以打造个人 IP 为核心方向，如定期向粉丝群体提供美妆教程、搭配心得、线上互动等，以图文或视频方式拉近与粉丝之间的距离，营造亲和的形象，建立强烈的信任纽带，等粉丝积攒到一定量级，再推广自己的品牌，转影响力为消费力。2014 年，张大奕与冯敏开了一家女装淘宝店；同年冯敏的如涵控股签下张大奕；仅仅两年后，张大奕与如涵控股母公司合作成立的杭州涵奕电子商务有限公司就实现营收 2.28 亿元，净利润达到 4478.32 万元；2019 年 4 月 3 日，如涵控股正式登陆纳斯达克证券市场挂牌交易，成网红电商第一股，也正式宣告了以张大奕为代表的网红 KOL 们凭借高购买转化率推动整体网红电商市场成长。

13.4.2 打造个人IP，拉近粉丝距离

万物皆有灵性，人人皆有IP，个人IP是每个人在创业和生活以及工作中必不可少的一个重要组成部分。很多人不懂什么是个人IP，也没有重视到个人IP的重要性，忽略了个人IP与粉丝之间的关系。

IP的商业本质是影响力经济，IP是天然的社交货币，自带流量红利。2019年"双十一"当天，薇娅直播间观看人数为4315.36万，李佳琦直播间粉丝数量也有3683.5万。直播成为2019年卖货的新战场，"电商+直播"模式创造了千亿级的市场。这就是IP的流量价值。

超级IP是IP中的战斗机，是顶级流量，是赚钱机器。李佳琦、鹿晗、《英雄联盟》《王者荣耀》、哆啦A梦、小猪佩奇、《奇葩说》、喜茶、故宫文创等都是光芒四射的超级IP。图13-13即为快速打造超级IP的方法。

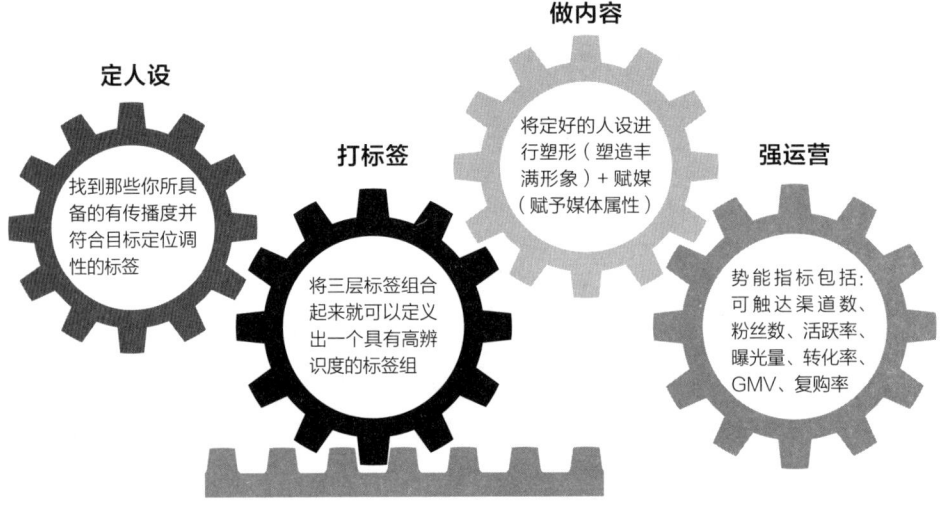

图13-13　快速打造超级IP

1. 确立自己的人设定位

一个好的人设会加强用户对于品牌定位的认知，而且还能和用户建立起感情联系。确定人设是关键之关键，人设简单说就是给外界的印象，包括外貌、个性、兴趣、特长、性格、价值观等。本质是核心形象的标签组合。定人设就是找到

那些你所具备的有传播度并符合目标定位调性的标签。李佳琦的人设是："口红一哥" + 勤奋努力；喜茶的人设是：高颜值 + 灵感 + 快速易携带；新故宫的人设是：帝王之家 + 卖萌 + 创新，这些都颠覆了普通认知。强烈的情感特质 + 真实 + 创新，是好人设的三个核心。

2. 打标签

打标签是人设的关键，"散打哥"一看这个名字就知道标签是健身武术；papi酱将自己的标签定为"一个集美貌与才华于一身的女子"，李子柒的标签是"东方美食生活家"，这个依靠自己的努力付出和对美食用心研究，展现中国民族的勤劳智慧而获得广大网民追捧。生活那么真实，又那么富有诗意，是人与大自然最本质的存在。人设是人格化的，最终为转化为个人品牌。

3. 内容化

内容化就是将定好的人设进行内涵赋予，塑形（塑造形象）+ 赋媒（赋予属性）。内容形象包括长什么样、穿什么、说什么和做什么。内容媒体由符号和载体两部分组成。符号包括文字、图片、音频、视频、短视频等；载体可以是微博、直播、游戏、动漫、虚拟现实、影视、综艺、广告、活动等。

变与不变：你的外貌、穿着、话术、做事风格不能轻易改变，长久坚持才能在粉丝心中形成稳定清晰的形象，这是IP内容化中的不变。但人总是喜新厌旧，所以必须通过花式变化来保持新鲜感。可以组合各种符号要素，用不同的载体形式呈现，这就是IP内容化中的"变"。守住不变的人设，变化媒体内容，这就是IP内容化的所有工作。

判断好内容是否符合IP标准是：是否达到粉丝共识，并形成长久偏爱。

（1）是否达到粉丝瞬间共识：粉丝认可你的表达，欣赏你的打扮，理解你的颜值，容认同你做的事，这就叫作共识。共识是情感共鸣，价值观匹配。

（2）形成粉丝长久偏爱：李佳琦、薇娅这些超级网红可以带各种各样的货，而不是只有一个品牌。这些直播达人甚至可以形成自己的产品品牌，爱屋及乌是偏爱的商业化体现，这就是为什么动漫IP、明星除了票房外，还有很多周边产品广受粉丝们的追捧。

打造 IP 内容化的方法：制造仪式感；场景化定制；种下话题。

（1）制造仪式感，仪式就是固化的与众不同。李佳琦的"OMG""所有女生""买它买它买它"就是他营造带货的仪式感；罗辑思维每天早上 60 秒语音就是罗胖制造认知焦虑的仪式感。仪式可以是衣着打扮，可以是话术，可以是时间，可以是动作等，只要你能固化它，然后进行周期性重复。

（2）场景化定制，李佳琦直播室里一排排的口红就是场景化，营造了"口红一哥"的场景，在场域中释放正能量，形成强烈的气场，俘获粉丝。场景化定制，是 IP 内容化的"变"。

（3）种下话题钩子，在流量成本高企的背景下，IP 自带流量的本质是粉丝的偏爱，形式是自带话题，这种天然的自带话题属性源自其自身内容化时所提供的话题钩子，正是这些钩子把粉丝互相钩住，形成一个稳定的圈子。超级 IP 本身就是一个社交货币，话题钩子正是其社交货币的内核。话题钩子有四大类：①正能量钩子，比如展示爱心、帮助他人、公益等；②隐私钩子，比如独家秘密、成长史等；③游戏钩子，比如瑞幸咖啡的裂变玩法等；④猎奇钩子，比如故宫 600 年呆板庄重形象与萌萌哒形成巨大反差感、喜茶的高颜值门店、盲盒等。

4. 强运营

检验运营的标准：就是是否增强了 IP 的影响力。指标包括：可触达渠道数、粉丝数、活跃率、曝光量、转化率、复购率。用户价值指数、渠道转化率、用户获客成本、用户分享率、渠道到达数、GMV、客单价、活跃交易用户数、活动曝光量、ROI、K 因子、病毒传播周期，等等。品牌 IP 对消费者心智的确认会逐渐形成行业壁垒，浸润生活方式，构建品牌护城河。

在运营中要以粉丝为中心，善于借势造势，提升影响力。借势即蹭热度，搏版面，以数据驱动运营迭代，要透过数据看到本质问题，不唯数据；需要通过数字看到趋势；需要结合多维度数据进行分析，以获得更精细的洞察。

13.4.3 用心经营粉丝

流量沉淀粉丝是关键，如何经营粉丝不仅关乎主播能否带货，更关乎主播能否在这个行业生存,所有的头部网红 KOL 没有不重视粉丝的感受和需求的。

(1)做好自己的人设定位,人设越清晰,粉丝越聚焦,弱水三千只取一瓢,平常对粉丝进行数据画像,对粉丝情况心中有数,才能知道什么样的货能带,什么样的货不适合自己的粉丝。比喻说李佳琦带口红效果很好,但带 3C 就不一定有罗永浩强。

(2)不断提升自己,让自己成为有趣的灵魂,多读书(腹有诗书气自华),多旅游(增加见识,给粉丝新鲜感),多健身(身体好,精气神好),你若盛开,蝴蝶自来。增加粉丝认同感、归属感。

(3)把粉丝当朋友当家人,线下多搜集粉丝情况,及时给粉丝建议,准确地记住那些对于粉丝特别重要的日子,如生日、周年纪念日。逢到这些时候,要发个信息给粉丝,或者亲自打个电话给他,让他感到被重视。这些小细节都是维系和巩固关系的黏合剂。

(4)建立粉丝资源数据库并进行粉丝分层分级管理,帮助自己及时分析。数据库越详细越有助于对粉丝的了解,粉丝有脑残粉、真爱粉、路人粉、阿姨粉、妈妈粉、姐姐粉,等等,真爱粉是非常真实的情感;路人粉仅仅是有点喜欢你的某个地方而已,还要持续地关注并进行转化。

(5)了解粉丝真实需求,及时掌握粉丝的基本情况,比如:家庭状况、收入状况、学历教育背景、兴趣爱好、价值观、工作生活习惯、职业目标、性格特点等各方面的细节,有必要的话还要在备忘录或数据库中记录备忘,多与粉丝沟通并进行力所能及的帮助。

(6)营造粉丝尊崇感。粉丝的感性体验并不是绝对的,而是来自群体比较。这是粉丝最基本的驱动力。既包括对外群体的优越感,也包括群体内部的优越感。要想体现出这种优越感,就要在积分、等级、排行榜、奖品等激励机制上,想方设法满足粉丝的尊崇感。

第十四章

营销策略：构建直播电商创新营销路径

14.1 带货模式：不同推广渠道，不同变现操作

直播带货模式＝产品 × 流量 × 转化率，直播电商颠覆了传统电商认知，在体验互动交流等多个方面给消费者带来了新的高度，目前虽然增速强劲，但渗透率依然很低，如何营销是十分考验智慧的。

14.1.1 产品宣传，直接销售产品

如果说网红主播开启了营销第一层次的变化，那么用户体验迭代和效率升级的直播电商才是更深层次基因的注入，直播带货可以把货卖得更多，并增加了产品宣传，直接销售产品，它不是电视购物的加强版，而是5G和数字化等新基建赋能下，"新消费＋新电商＋新直播"深度融合的一个零售新场景，是网络协同平台向纵深发展的新节点。

首先，它重构了"人—货—场"，重新高效连接，实现了新零售体验迭代。"人"或KOL成为流量入口；"货"为全球优选\原产优选，"场"变成可以实时体验互动的新场景；

其次，从传统电商的图文式"人找货"变成人格驱动"货找人"，通过对粉丝数据的精准画像，如用户的属性特征（性别、年龄、受教育程度、职业）购买偏好特征、交易特征等，再通过主播直播，通过主播的现场体验来引导用户下单购物过程。

最后，直播带货通过主播的选品和现场交流引导用户销售，实现产品的销售和宣传。刚性和柔性驱动的"货找人"实现了完美融合。

14.1.2 解惑答疑，引导产品变现

直播可以解惑答疑，引导产品变现，直播间如何讲解产品，才能提高用户转化率？首先，我们应该从用户的需求出发，了解用户的痛点，基于直播间分享的行业研究、竞品对比、产品优势给出相应的解决方案。

很多时间用户对产品是不了解的，有很多疑惑，直播时主播通过使用体验现场有意识引导用户实时交流，引导用户提出问题，通过解惑答疑，引导产品最终变现。

14.1.3 企业宣传，兴趣激发购买

直播是营销，更是宣传，通过激发用户兴趣，引导用户实现购买，实现产品变现。

（1）品牌故事的介绍：品牌故事是产品的灵魂，它可以是肯德基上校的创业故事，也可以华为民族品牌背景，还可以是小米的雷布斯创业经历，既有品牌创立和发展过程中有意义的新闻也有品牌创始人艰辛经历，还可以是发展过程中的里程碑。能体现品牌的理念，加强消费者认知，增强品牌的吸引力。

（2）产品成分的讲解：很多客户很重视产品成分，比如，化妆品中害物质浓度，牛奶中菌的比例数等。主播在直播前要详细研究产品，做好竞品对比，做好功课，以便在直播间详细介绍。

（3）产品功效的讲解：产品的使用价值，也是消费者最为关注部分，在讲解时要保持客观公正，切记不可夸大、虚假宣传。

（4）使用展示：场景也是消费者越来越重视的地方，它包含但不仅限于产品外观设计、产品质地、使用方法、使用效果、使用技巧分享等。以化妆品为例，其使用的展示如下。

使用方法：可进行使用后上脸效果的展示，外观特色的讲解。

产品外观设计：外在颜值及这样的设计是不是可以让使用更方便。

产品质地：可以展示产品的水润、吸收程度、延展性等。

使用效果展示：例如粉底、眼影都可以直接展示上妆效果，比较适用于明显的彩妆、洁面、卸妆等。

使用技巧分享：对使用技巧进行分享，可以边化妆边展示。一遍展示化妆步骤，同时植入产品，能够让粉丝更加直观地看到产品的使用效果。

（5）使用感受：可以做使用前后的对比，以及前后的思维过程体验给用户完美感受。

（6）对比市场同类型产品：可选择市场其他同类型产品，分析对比其不同，从而凸显你直播间产品优势有哪些。

（7）重点讲解产品核心优势：产品的价格，有效成分，使用效果，安全程度等都可以是它的产品核心优势。

由于直播间用户流动性比较大，可以尽可能反复多讲几次以上这些产品核心优势，以及竞品对比，强化用户体验，以便照顾到新来的直播间观看的粉丝。

14.1.4　知识输出，引发知识付费

直播也可以通过持续的高质量的成果输出，引发知识付费，我们把整个链条分成三个阶段：

1. 持续生产优质直播内容

通过大数据进行监测用户对哪类型的内容比较感兴趣，不断生产此类内容，再通过推荐机制推送给用户，满足用户的个性化观看需求，提升用户的观看体验和时长，为用户进一步的付费转化创造条件。在这个过程中有两个方法，第一个方法是去筛选出平台优质的主播，并将优质主播首先加入推荐池。第二种方法是通过监测主播的粉丝喜爱度，包括直播时的粉丝量、打花数、分享数、转发数和评论数等来综合评定。让优质的直播获得更多的曝光。引导用户关注。

引导用户关注主播的目的是建立主播和用户之间的社交关系。社交关系的提升不仅有助于主播增加更多的粉丝，而且增加粉丝对平台的黏性，为平台用户提供更好的价值。间接提高了用户转化率。

2. 引导新用户完成付费转化

用户为什么要自愿付费呢？原因无外乎以下两种，一种是用户认可主播的直播内容，并通过充值消费来体验打赏功能，用户付费的原因是表达对主播直播内容的认可。第二种是用户想通过消费获取喜欢主播的关注。对于直播产品的用户来说，通过打赏可以让主播知道"自己"送了礼物，收到礼物的主播也会对送礼用户进行感谢和互动。送礼的用户能够获得主播更多的关注，并通过送礼消费增加与主播的互动和聊天。通过以上分析，要做好直播引导机制设计，重点考虑四点：①给用户超出期望的收益，如"首充送大礼包"；②降低用户首充门槛；③提供更多质优价廉的产品；④给粉丝更多的VIP待遇，做好转化引导，提升用户的存在感。

3. 引导用户持续付费

用户持续关注是主播生命力的重要保障，用户为什么要持续关注主播，要么是主播提供的产品确实是用户想要的，而且质量好价格好；要么是希望加强与主播之间的亲密度；要么是提高用户等级获得更多的超VIP待遇；通过对用户消费动机的观察，产品可以通过以下方式刺激用户进行持续关注。①加强对用户的画像，洞悉消费者真实需求；②加强选品，为特定用户特定人群提供服务；③沉淀用户和主播的社交关系让用户加入主播的粉丝团，通过粉丝团建立主播和用户的粉丝关系。并通过用户的"粉丝"身份增加用户和主播的亲密度，并通过刺激用户完成每日的粉丝任务。通过建立用户和主播的社交关系，可以提升用户的活跃，进而提升用户的消费。④设置用户合理等级体系。吸引用户持续消费升级。⑤设置消费排行榜，在直播复盘时给用户提供一份大数据报告，报告中将消费排行榜在重要位置刊出，同时排代供周排行榜、月排排行榜、年总排行榜刺激用户竞争购买。⑥设置多样化的付费方式和付费场景，增加直播道具和玩法创新，激活直播间和用户。

4. 直播产品的用户付费引导可以总结为三个阶段

用户破冰—用户首次充值引导—用户持续消费引导。在用户消费的不同的阶段，需要产品进行相应的设计引导来刺激用户完成从新用户到持续付费用户的转化。用户从新用户转化为首次付费用户的关键是优质的直播内容，内容可以作为付费的"转手"吸引用户完成付费的转化。在引导用户持续付费的过程中，设置合理的用户等级体系，用户和主播社交关系的建立和亲密关系的增加会不断刺激用户进行消费，直播产品还需要通过直播玩法的设计、直播道具的创新进一步拓展用户的付费场景，刺激用户更多的消费。

14.2　种草模式：激发兴趣与好奇心占领营销心智

"种草"：即占领心智且转化购买，因此，种草营销，就是用内容创造需求，并用电商满足供给。"种草"其实与传统广告有所区别。因为广告主体不再是商家，而是来自他人的观点或经验分享，传播学里称这种传播模式为人际传播。"种草"可不是拿起锄头，栽花栽草，此"草"非彼"草"。所谓的"种草"是网络流行词，是指"分享推荐某一商品的优秀品质，以激发他人购买欲望"的行为，或自己根据外界信息，对某事物产生体验或拥有的欲望的过程。那么，人们为什么会热衷于"种草"呢？

一是归功于社交媒体的发展。"种草"某种产品，靠的就是用户间的口碑和信任，而社交媒体打破了人与人交流的屏障，让人们随时随地方便沟通，相互分享。

二是从心理层面来说，人们本质上都喜爱跟风。模仿他人的动作与行为，是人类的本能。

以 UGC 为主的内容分享社区，小红书的内容营销无疑是成功的。小红书上的笔记，以文字、图文、短视频的形式，向用户分享吃、喝、玩、乐各方面的生活笔记，其内容覆盖了美妆、美食、旅游、健身、母婴各个领域，丰富且优质的内容能够全方位满足用户的精神需求。在小红书里，用户不仅是消费者，还是"种草"笔记的内容创作者。将自己使用过的好物以种草笔记的形式发布在小红书平台，增加产品在用户心中的可信度，由此引发新一轮用户自发的内容营销，并通过小红书线上商城实现转化，形成一个完美闭环。

1. 开箱体验种草

有多少人会觉得，拆快递时的心情比拿到商品的心情要激动几倍？

答案是：有很多人都这样觉得。

开箱种草的视频就掌握了大部分用户的这个心理，通过开箱来营造惊喜的气氛，刺激用户"喜新"以及"尝鲜"的心理，从而引导用户释放自己的购物欲望。

2. 试用种草

随着各种光影特效在民间普及，有部分用户开始不相信"眼见为实"这个道理。

那有的种草视频号就将试用内容进行升级，做成了测评内容。这种内容会用看似更加权威也更全面的数据指标来展示商品，顺着部分用户刨根问底的心理，打破他们心中的顾虑，刺激其购买行为发生。

3. 专业测评，产品种草

通过对比测评、实验测评、长效测评、全球首测等形式，来直观介绍产品卖点、特色以实现种草的目的。

4. KOL 话题炒作品牌种草

通过 KOL、借助明星相关话题，如明星同款进行推荐，可应用于与明星引爆的联合营销中。

5. 明星"种草"大众"拔草"完成营销闭环

明星或 KOL 结合自身的风格特色，向粉丝推介自己的爱好，多会介绍产品卖点和使用方法，"种草"的最终目的是促使消费者完成"拔草"的购买行为，并开启新一轮的"种草"行动。成功"种草"都有一套逻辑。

强调价值而不是产品，"种草"的本质在于跟消费者建立联结，塑造消费者理想的价值状态。将消费者的理想状态具象化、产品化。

激发兴趣与好奇，众多网红品牌的"种草"都与猎奇心理相关。——这是什么？我想要尝试下。兴趣会自然促进消费。

阐明可见的好处。因此在给消费者"种草"的过程中一定要有明确的语言表明"拥有了它，你将……"，让大众成功"拔草"，从而带动购买转化。

14.3 互动设计：为直播电商激活流量带来新方向

互动设计要提前谋划，新手主播遇到最多的问题——互动不够，容易冷场，场面尴尬。有部分人认为是因为自己的性格不够开放，一时的不适应，其实绝大多数主播是心理压力和不懂技巧的原因。性格不是决定因素，冷场其实是新手自己给自己的压力造成的。既然已经开播，就应该已经做好了心理准备，只是一时间还不适应和众多的陌生人互动，一旦互动得不到反馈，就会不知所措，不知道如何应对，无形中给自己造成了压力，这些都是开播前准备不够充分造成的。现实中，无论多完美的人，都不可能实现众口一词说好，何况这么开放的网络平台，记住，你永远不可能讨得全世界的赞同。能取得一小小部分人的赞同就已经很成功了。

直播间互动主要有：限时限量促销活动、抽奖、发放优惠券、发红包等多种方式。同时为活跃直播间气氛，可以进行直播间剧情表演，如，粉丝直播间砍价、制造库存紧张氛围、现场联系商家补库存、砍价等，联系品牌方店长讲解，甚至可以与其他主播进行连麦，营造有趣的氛围。

14.3.1 幽默道具互动，把产品卖到消费者心中

每个直播平台上都会有很多有趣的虚拟道具，比如，跑车、飞机、游轮、钻戒、挖掘机、小黄瓜、萌哭、给跪、么么哒等。用户通过给主播送礼物的方式，表达自己的情感、想法，这是直播平台上常见的互动方式。

14.3.2 话题互动，充分调动参与感

如果直播的时间比较长，靠着放音乐和聊天是支撑不住整个直播的，特别是如果粉丝数量比较多，这时候需要一个小节目来调动大家的气氛。小话题就相当于气氛的调和剂，丰富直播内容，增添直播的趣味性。

14.3.3 游戏互动，将产品植入游戏中

游戏选得好，粉丝报道早！每次直播，选择2—3个小游戏，让直播间更热闹！

在直播间做一个小游戏真是调节气氛的神环节,想一些适合在直播间玩的尺度适中的小游戏,能很快地调动起直播间粉丝与主播间的气氛。下面列举几个高频常用的互动游戏供大家参考:①脑筋急转弯,可以选择有内涵一点的,也有搞笑的;②猜歌名,音乐最好是新歌和老歌交替来进行,最好是经典的歌曲,大家耳熟能详的歌;③成语接龙,为了降低难度,也可以是谐音;④真心话大冒险,主播准备个小物件放在手里,让对方猜有无,猜错接受惩罚。具体的有:

• 数三十。主播和粉丝按顺序从 1 数到 30 数数,每人每次可以数 1—3 个数,先数到 30 为输或者为赢。粉丝留言参与,主播口头回复,输了会有惩罚。

• 选信封。主播准备 5 个信封选项,上面分别写有主播送礼物,刷礼物,主播唱歌等,由粉丝抽取,参与互动。

• 猜故事。由主播讲述一个故事,在讲述过程中可随意打断,用户进行竞猜,故事的结果或者造成的原因等。猜错的用户进行惩罚,猜对则主播受惩罚。

• 一口气。主播可以一口气说多少个字,比如找一篇文章一口气读下来,看能读多少字。

• 猜电影。播放一段电影片段猜是什么电影。电影尽量找广为熟知的经典影片中的经典片段,以最先答对为赢。

• 猜榜单。猜榜单靠后的一些,可以让用户来秒榜。送礼物榜的第 20 位是谁?这里可以调动核心用户去秒榜。

• 抽牌比大小。准备好一副扑克牌,洗好牌,统计人数,抽出任意张数,主播点名后粉丝各认领一张牌,主播抽取一张。牌面最小为输——主播输,接受任意惩罚;粉丝输,可以连麦受罚或者刷礼物受罚。

• 猜歌名。提前准备好歌曲或伴奏,让粉丝猜歌名。猜错或者在规定时间内没答出来,接受惩罚,多人参与最先答对的有奖励。猜歌名,最好新歌和老歌交替,有经典的歌曲,也有冷门的歌曲。

• 眉目传情。主播规定左眼、右眼、嘴等为个位数、十位数、百位数等。不准说话,主播通过眼睛、嘴来进行,让大家猜。

• 踩地雷。由主播连麦与其他主播或粉丝连麦共同完成,两人或两人以上,进行,如 3,6,9 位地雷数字,依次念出数字,涉及地雷数字则直接跳过,误念惩罚。

- 说名词。由粉丝或观众给出一个范围或区间(御姐/萝莉),连麦主播轮流说出这个区间内的代表人/物等,说不出可受惩罚,也可增加粉丝援助等功能。
- 记忆比拼。两名或两名以上主播,以肢体动作或名词进行比拼。第一名主播做一个肢体动作,第二名重复第一名的肢体动作,同时增加一个肢体动作,循环往复,直到第一个忘记动作的人出现。
- 说反话。由两名或以上主播参与,游戏中左与右相反,上与下相反,举左手则将右手举起。可以以肢体语言进行也可以语言参与,两队主播分别操作,另一对进行动作。
- 不许说。游戏规则是两个连麦主播对话100秒,不能说出"你(ni)、我(wo)、他(ta)",发言不能低于5个字,禁止答非所问,也不能重复一句话(词),以上词汇不能说,谁说错谁输,输了会有惩罚。

小游戏的作用除了对直播间的气氛进行调节之外,还有另一个作用就是"骗取"粉丝的礼物,与粉丝玩一些具有输赢性质的游戏,比如"你画我猜",猜对了有奖励,猜错了送礼物。既活跃了直播间气氛,又收到了礼物,岂不是一举两得?

14.3.4 巧用连麦,激活流量

连麦是提高直播间互动的有效技巧之一,特别是与网红、明星、KOL连麦,不仅可以为自己增加粉丝,也间接提升了主播自己在行业的影响力。在连麦选择上首选粉丝类型与自己直播带货的粉丝基础一致,其次连麦对象与自己要互补,再次在内容上要严把关。当然为了适当增加人气,方式上可以提前增加宣传,营造气氛。自己也要持续输出直播高质量内容,否则对方不会轻易与你连麦。

14.3.5 VR趣味互动全景体验

随着技术的发展,视频用户的要求越来越高,他们开始追求更高的视觉体验,以前游戏和电影通过3D技术实现视觉立体感,现在则通过VR技术让用户体验更加真实的虚拟场景。比如,花椒直播打造的VR直播,用户戴上VR设备后,可以看到立体的直播内容,感受360°的全景体验,进一步打破了人与人之间的空间壁垒，用户可以与明星、主播"零距离"沟通，彻底颠覆了用户的视觉体验。有些平台还设计了人脸识别功能，为用户添加动画素材在脸上的卖萌交友软件，让主播"变身"美少女战士、印第安少女、猫女郎等，其趣味性引起了众多网友的关注。

14.3.6 线下互动，加深品牌认同

通过直播引流，社群激活或活动等方式，引导线下互动，进行线下体验，加深品牌认同。对于商家来说，可以在社群中进行多种类型的价值共创活动以满足人们高层次的需求动机，让用户参与产品研发、宣传、营销等过程，价值共创的核心思想是"以用户为中心"，把用户纳入价值创造和价值传递的过程，就是让用户在价值创造中对产品、对社群、对自身产生强烈的认同感，从而获得归属、尊重乃至自我实现的需求。让用户体会到自己在社群内的价值，从而加深成员将自己视为该社群一分子的程度，形成高度的品牌认同或社群认同。

例如，小米一直很重视直播与社群的关系，强调线下活动，它的社群定位是：小米产品社区线上销售用户服务。小米的粉丝：对小米有文化、价值观认同感的一批人，小米的忠实拥护者，对小米有高度认同感，小米线上线下活动的组织者，他们提供品牌创意，是真正让小米产生影响力的传播者和负面舆论的正面拥护者。从情感上，他们觉得小米能给他们带来归属感、集体荣誉感，作为组织者不仅锻炼能力还能认识更多朋友，对自己的个人成长有帮助，忠实米粉由于参与组织活动，提供活动创意，参与感、成就感极强。小米的线下活动做得多姿多彩，不仅有同城会、线下俱乐部——MIUI俱乐部，甚至还举办了"米粉节"。

第十五章
掌握必杀技，提升直播带货能力

如今线下门店拉新成本太高，线上流量也遭遇一定瓶颈，而直播电商小程序的社交裂变模式，降低了品牌拉新成本，越来越多家纺品牌看到了小程序的巨大潜力，纷纷入驻。我们帮助品牌搭建起分销体系，为品牌建构全新的场景，品牌会在这里发展出很多新玩法，建社群、推爆款、玩直播，等等，这些丰富的玩法会增加品牌活跃度，增强客户黏性，为品牌赋能，加速品牌数字化进程。

当直播、秒杀等电商最先进的销售玩法，都被实体零售学会，并正确使用的时候，实体零售就不是单纯的线下了。门店把实物体验、线上互动、顾客信任叠加，产生了新的商业模式和玩法。

你心目中的新零售到底是什么？

"直播带货+私域流量运营+社群+电商"通过网红IP打造、小程序引流、社群运营、通过电商商业模式创新来变现！未来直播一定是从网红直播到原产地直播，再到全民直播，以直播或自媒体引流，进行私域流量的耕耘、社群的互动，再到电商成交！

时代在变，原来我们所熟悉的"4P"营销理论早已过时，如下图15-1、15-2所示，我观察过数千场直播，总结出一个核心规律，即"AISAS"也已让位于"PERI"。直播电商以品牌KOL或网红达人主播为事件原点，进行引爆，建立事件性的吸引，"Expand"创造多元的扩散机会，然后展开常态化的沟通"Ropines"，最后通过"Interaction"进行互动成交，实现直播从"声音的平台到流量的平台，再到销量的平台"的具体变现，无论是"一夜成就的网红品牌"还是"单品单场直播销量破千万"都符合这个逻辑。

短缺经济时代	饱和经济时代	过剩经济时代	互联网时代
4P： 产品（Product） 价格（Price） 渠道（Place） 促销（Promotion）	4C： 顾客（Customer） 成本（Cost） 便利（Convenience） 沟通（Communication）	4V： 差异化（Variation） 功能化（Versatility） 附加价值（Value） 共鸣（Vibration）	4D： 需求（Demand） 传递（Deliver） 动态（Dynamic） 数据（Data）
一对多的沟通机制	一对一的双向沟通	一对一的合作沟通	多对多、立体化的动态沟通机制
供应型	推动型	拉动型	互动型
规模化营销	整合化营销	差异化营销	数字化营销

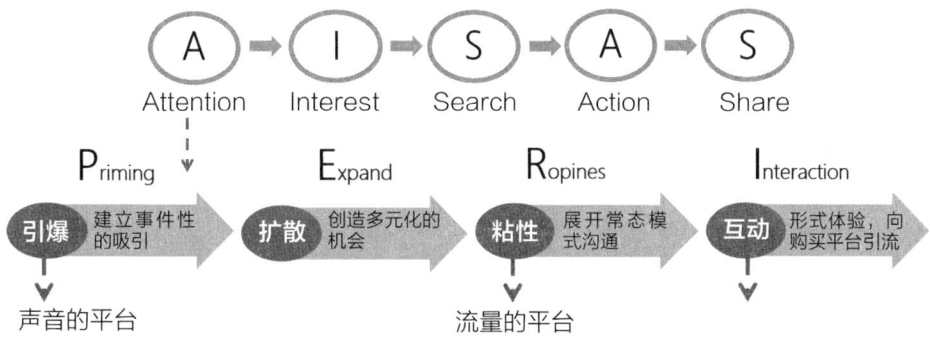

图 15-1　营销理论由 4P 转向 4D

图 15-2　营销模型由 AISAS 转 PER

15.1　变现途径：选择适合自己的变现方式

社交媒体已成为用户获取信息的重要来源。KOL 是新生代化品牌传播的关键因素。KOL 包括明星、网红、社会名人或公众人物。社交媒体上的 KOL 数量在不断增加。KOL 的带货方式从种草、推荐、评价向电商导购延伸，形成完整营销闭环，广告投放彰显价值，如图 15-3 所示。

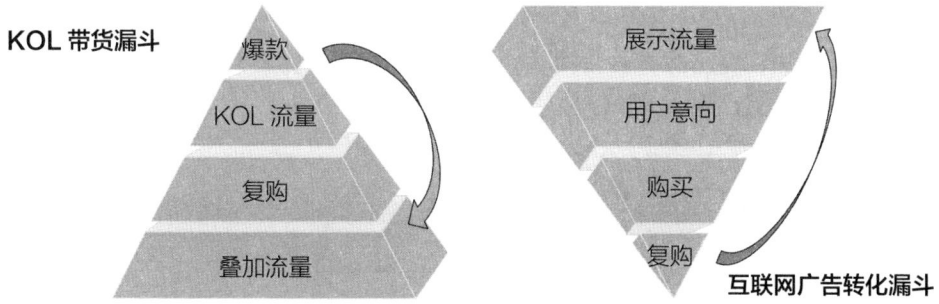

图 15-3　KOL 带货漏斗互联网广告转化漏斗对比

15.1.1 自建直播间，培养自己的带货主播

目前直播电商场景分为商家自播和达人直播两类，根据下图商家直播与达人直播的对比，可以看出，自建直播间，培养自己的带货主播优势明显。如表15-1所示。

表15-1 商家自播与达人直播对比

对比	商家自播	达人直播
强调方向	突出品牌，冲着品牌来	突出个人，冲着主播来
驱动力	用户是货品需求	用户是感情驱动
更新快慢	货品更新不稳定	货品天天更新
心态对比	工作心态	创业心态
时间限制	多人24小时在线	单人直播有时间限制
流量	以整个公司的能力去打造	粉丝从0开始积累
电商能力	专业	非专业
优点	成本低，可控强	成本高不可控
缺点	开始流量少，带货效果开始不太好	开始流量多，带货效果好

自建直播间是主流，各个直播平台中淘宝直播、抖音直播、快手直播等平台供应链、商家资源丰富，电商业态发展成熟，是理想好选择。淘宝直播中商家自播场次占比为90%，抖音主打内容质量和优质分发，快手平台则以老铁文化为基因，各有侧重。商家自播根据自己企业及品牌实际情况合理选择。

自建直播间优点：（1）成本低，可控性强，是直播电商发展趋势。参与"双十一"的电商中，有一半都已经搭建了自己的直播间。（2）自建直播间要弱化主播的个人IP，突出品牌IP。要让企业品牌吸引用户而不是主播吸引用户，降低员工离职对品牌的影响。

自建直播间缺点：（1）流量少，带货效果不佳。直播带货是个新鲜事物，大家都来尝试，但做得好的很少，一是不熟悉平台规则，不知道如何获得流量和吸引关注。（2）是销售技巧缺乏，带不动。风险与机遇并存。

不要总是迷恋明星带货，如图15-4所示：其实明星带货失败的案例比比皆是，

素人的成功带货也屡见不鲜，根据自己企业实际情况，早日开建直播间是个不错的选择。

		明星的失败带货	素人的成功带货
货	品牌成熟度不同	➡新产品知名度弱，销售时机不成熟	➡品牌及产品知名度高
场	直播场景不同	➡快手直播	➡微信小程序直播受众精准
人	种草导购能力不同	➡男明星技巧相对少	➡店员专业的种草导购能力

图 15-4　带货是多种元素共同作用

15.1.2　KOL口碑种草

KOL口碑种草是行业发展的一个重要方向，通过KOL的产品体验，通过其真实地使用感受，为用户节约选择时间，助力用户选择。

品牌要想成功种草，有四点特别重要：（1）定位好目标消费群体，做好用户画像，筛选合适的KOL，并不是KOL的都适合种草，要找到气质IP与产品品牌基因相似度高的，要精准匹配；（2）定制合适的内容策略，要创作高质量的内容并持续输出，要循序渐进，不能强推；（3）KOL要有真实的体验，真正体验过产品，才能更真实地反馈使用感受。否则浮于表面，很难取信。（4）真实有效的执行机制，要持续监测分析投放效果。

对于成熟品牌产品的种草营销，要进行多维度宣传。第一阶段靠超级大号以短视频直播、多图文分享等方式，向粉丝全方位宣传，扩大传播量；第二阶段，主播对产品进行1—2个小时的高强度解说，向消费者展现产品的功能、成分以及销售导向；第三阶段主要靠社群营销，由群主、素人KOL向周围人推荐，发挥熟人营销的效应。

KOL和品牌的适配是种草营销的关键，只有产品、平台、KOL、KOL粉丝及内容高度匹配，才能更好地助力品牌营销。

15.1.3　找明星网红达人带货，付费推广

达人带货优点：见效快，效率高，带货效果好，分分钟卖断货。由于明星、

网红、KOL等巨大明星虹吸效应，粉丝多，流量大。如果公司品牌价值高，产品质量过硬，价格不高，主播介绍详细，消费者体验效果好，非常适合这种方式，但在找 MCN 带货时，也要特别注意主播电脑刷单造假等行为。

15.2 变现技巧：触发高效转化变现

变现是直播电商的关键，好的变现有助于直播电商高效发展。

1. 秒杀，小高峰氛围刺激购买

借助秒杀等促销措施提高直播间气氛，刺激消费者加速购买。秒杀：就是直播平台在某个时间段，发布一些质量好品牌大但超低价格爆品，所有买家在同一时间抢购的一种销售方式。由于商品价格相对低廉，往往刚上架就被买家抢购一空，有时是用秒来计算，所以称为秒光，秒杀。

国人消费有从众心理，秒杀作为一种营销工具，利用限时限量、先到先得的用户心理，刺激购买或制造机会吸引用户关注。秒杀主要有限时秒杀和品牌秒杀，秒杀这种直播形式主要的优势是时间短，见效快，一期只有 24 小时。其次初期快速冲量，季末有效清理库存，回笼资金。获得的流量较为集中，消费者可选择的商品也较少，缩短消费者购买的决策时长，提升商品的转化率。

这里就会带出来两个玩法：整点秒杀和长周期秒杀。

（1）整点秒杀：整点秒杀针对的是高价值或秒杀力度较大的单品，主要目的是希望通过这些高价值单品提升该时段直播间的用户活跃度，起到的是导流的作用。

（2）长周期秒杀：是我们常见的维持一天甚至好几天的秒杀活动，或隔一段时间又自动重启的玩法。这类活动适用单品较为一般，且折扣力度有限，新品较多，商家希望通过秒杀的玩法让新品短时间获得大量流量，从而营造爆款氛围。

商家参与秒杀活动的目的一般有三个：获取销售额；获取流量；提升该单品的商铺搜索排位，进而增加店铺权重。所以在做秒杀活动的时候，一定要注意以下两点：同个商品在相同活动时间内只能参与一个同类型的秒杀活动；一笔订单不可以同时享受两个及以上不同商品类型的秒杀优惠价格。

秒杀的玩法不同于拼团、砍价等的地方在于，秒杀非常在意时间性，主要是营造稀缺哄抢的氛围，提高流量。

2. 限时抢购，集中引爆用户购买意愿，引爆销量

限时抢购，集中引爆。"物以稀为贵"的观念刺激着人们的购买行为。就是直播平台商家在某一个固定时间段，发布一些品牌大质量好价格较低的爆品，所有买家在同一时间抢购的一种促销销售方式。

通过抢购刺激客户更多消费，帮助商家吸引更多的客源，迅速引爆流量，提高购买转化率，进而提高店铺的营业额。

限时抢购通常有以下 2 种玩法。

整点秒杀：限定某个特定时段进行秒杀。适合短期爆品。

长时段抢购：较长时间段如 1 天或半天进抢购，适合新品。

3. 时令促销清仓引流

时令促销一般分为三种，一种是季节性清仓销售，"清仓大甩卖"通常可以在季节交替的间隙进行一拨大甩卖；第二种是针对滞销商品，正常销售很少有人买的产品，还有一种是反时令、反季节促销，商品在消费旺季时往往十分畅销，在消费淡季时往往滞销。但有些商家反其道而行，如在冬季对空调打折，在夏季对电器打折。

4. 录播回放，持续促销带来持续销量

直播结束不代表营销结束，精彩回放持续扩大品牌影响力！是不是经常会有这种声音？

"下午没有时间看直播怎么办？"

"今晚直播课讲的内容太深，没有听得很明白，明天能再讲一遍吗？"

"上班时间，错过了直播！想看商品介绍的回放！"

直播结束后系统会自动生成回放。在已结束直播列表中，观众直接点击"观看回放"，回放视频带进度条，可快进、可暂停。回看界面展示直播间上架商品，观众可边看回放边购物，主播还可查看回放观看人数！

15.3 变现布局：全渠道运作，提升直播电商变现力

15.3.1 多渠道直播实现最大限度盈利

为了实现最大限度盈利，可以考虑多渠道直播的方式，直播平台的火热趋势水涨船高。我们一起分析一下各个直播平台。

当直播平台越来越多，直播行业深入到垂直领域与内涵专业性领域，这导致专业型特色性网红需求量非常大。

1. 淘宝直播

淘宝直播定位于"消费类直播"，用户可以边看边买，涵盖的范围很广。

运营要点：

（1）先维护老客户，再考虑吸纳新客户；

（2）注重主播 IP 打造；

（3）前期需要进行粉丝囤积，在粉丝和知名度达到一定量级之后，才会引发销量的提升；

（4）在淘宝进行直播，最好有一个固定的时间段，每次直播完之后可以将直播要点发布在微淘里，进行二次沉淀。

直播条件：填写直播申请资料，缴纳 2000 元店铺保证金，完成个人实名认证。

其他功能：分类标签、封面图、宝贝链接、红包、优惠券、抽奖、投票等。图 15-5 所示为淘宝直播登录界面。

图 15-5 淘宝直播登录界面

图 15-6 京东直播登录界面

2. 京东直播

在直播电商中做得不温不火，有自己的态度。图 15-6 所示为京东直播登录界面。

运营要点：

（1）品牌必须有自己的态度；

（2）消费群体对于新产品购买率较高。

直播条件：PC 端直播资料提交；直播申请；站内、外粉丝数 ≥ 20000 人。

3. 拼多多直播

重视拼购，强调用户裂变。如直播首秀只要三位好友组团就能获得直播商品的五折优惠券，组团看直播可以获得拼团低价。图 15-7 所示为拼多多直播登录界面。

图 15-7　拼多多直播登录界面

运营要点：

（1）合理利用平台活动进行用户裂变。

（2）拓展产品宣传渠道。

直播条件：填写直播申请资料；缴纳 2000 元店铺保证金。

4. 抖音直播

抖音是内容电商，直播是其内容电商化的外面表现，优质内容是其核心。

运营要点：

（1）内容为王，高质内容是核心。

（2）用短视频为账号引流，再用直播或橱窗带货。

直播条件：实名认证；个人主页视频数（公开且审核通过）≥ 10 条；账号粉丝量 ≥ 1000 人。

开通购物车条件：开通商品橱窗，发布 10 条视频，粉丝数大于 1000 人；开通橱窗后，自动解锁购物车功能。

5. 快手直播

主打老铁经济，强调下沉市场。快手规则少，卖货短平快，用户多样化。

运营要点：

（1）有品质内容是其核心。

（2）流量分发机制是按照内容质量，素人也有机会。

（3）可以结合私域流量一起运营。

直播条件：实名认证。

开通购物车条件：开通快手小店（主页—更多—小店订单—填写资料—缴纳500元保证金）；快手小店开通后，自动解锁购物车权限。

6. 微博直播

微博的基因是信息化载体，流量大，直播界面可以使用购物车添加淘宝商品链接，也可以进行用户打赏。微博直播与微博前端是互通的，可以与前端粉丝相关联。

运营要点：

（1）加V认证，提高权限。

（2）有价值的信息输出。

（3）粉丝流量是关键。

直播条件：实名认证。

开通购物车条件：微博加V。

7. 小红书直播

小红书以青年女性为主，直播以"种草""拔草"为主。发展将以"笔记＋直播"双向"种草"为核心，同时直播也将成为用户"拔草"的转化渠道。

运营要点：

（1）选择热门品类进行带货，自有种草笔记为产品宣传曝光。

（2）可以利用笔记为产品宣传推广。

直播条件：实名认证。

开通购物车条件：仅限官方邀请。

8. 哔哩哔哩（bilibili）直播

哔哩哔哩用户以Z时代为主，这是一批跟着手机长大的一代，对二次元文化有一定热爱。更注重商品价值与服务，且不局限于实物消费，对于虚拟物品的接受度较高。

运营要点：

（1）哔哩哔哩目前还没有购物车选项，也没有转化路径，如需带货只能在直播内容中植入软文广告或广告图。

（2）哔哩哔哩群体适合进行有价值的内容输出。

直播条件：实名认证。

9. 腾讯直播

腾讯直播目前两个：一个是看点直播，另一个是小程序直播。

微信日活用户过十亿人，这是腾讯直播最大的优势。而且重点打造私域流量，并能在微信号、微信群、公众号中进行裂变，且拥有回放功能，在回放过程中支持下单购买功能。

直播条件：缴纳599元技术服务费；实名认证；≥500人的公众号粉丝截图。

10. 微信小程序直播

目前只有收到系统直播开通邀请的小程序主才能使用直播功能。商家申请直播功能后，系统会给予小程序直播组件，插入直播组件后就能开启直播。直播系统内拥有：点赞、评论、抽奖、优惠券、购买跳转、直播数据查询、回放等功能。

直播条件：满足小程序18个开放类目；主题下小程序近半年没有严重违规；小程序近90天存在支付行为；主题下账号公众号累计粉丝数≥100人；主题下小程序连续7日日活跃用户数≥100人。

"小程序直播＋微商城"是当前中小企业进入直播的一条很重要的途径。

15.3.2　线上线下形成交易闭环

直播是过程不是目的，营销才是目的，为了最大化营销，必须做好线上线下两手布局。光有线上直播是远远不够的，特别是对于品牌商而言，合理布局尤其重要。

1. 直播线上线下整合一体化，形成交易闭环主要有四种模式

（1）线上直播、线上交易到线下消费体验，这是目前直播平台的主流合作模式，通过在淘宝、抖音等平台上建立直播间，以 MCN 网红合作模式进行直播，引流粉丝到线下公司或体验店进行实地体验，建立社群进行二次、三次营销，并在下次直播时通知这些粉丝到直播间再次交易。

（2）线下场景营销到直播间线上交易，通过主播到原产地或到多种平台进行预先宣传，对直播进行提前造势。或直接利用品牌商的线下渠道商进行联合直播，力求达到直播最大效果。格力集团董明珠在第一次直播只带货了 20 多万，全面总结经验，充分发挥线下渠道商优势实现了第二次带货 3 个多亿，甚至到 60 多个亿的华丽转身。

（3）线下场景营销到直播间交易再到实体店消费体验，利用各种线下场景进行营销，现场发放直播优惠券，引流到直播间进行现场直播，由主播引导交易，并到实体店进行体验。目前这种方式越来越受消费者欢迎，在线下各大主流消费场地正在发生，也是引流到直播间的一种特别好的方式。

（4）线上直播间交易或营销到线下场景消费体验再到直播间体验，交易从来都不是一蹴而就的，一定会有反复的过程，这也是直播退货率较高的一个重要原因。这是一个通过头部网红或 KOL 直接引流到直播间进行营销，再到线下消费场景进行体验，经过试用或种草后认准某些品牌，并长期关注网店或直播间的过程。

2. 线上线下布局，一定要合理利用流量，特别是私域流量的运营

要做好线上线下布，利用好私域流量运营。要做好流量引入和流量运营闭环两大部分，流量引入：是指从淘宝直播、抖音直播、小红书直播等公域流量平台和其他私域流量平台通过运营引流来建立自己的私域流量池。流量运营闭环：是指从其他公域流量引入、流量激活、流量运营、直播交易、交易转化、分享裂变到复购的闭环流程。通过流量引入和流量运营闭环来实现直播交易的持续的增长。

流量引入可以有多所来源，如通过广告引来的流量，即基于广告效果分析、搜索排名、平台算法等引来的流量来源，如本直播平台流量、淘宝直播、抖音直播、快手直播等平台内容运营流量（如短视频等）与其他如知乎、微博等流量，也包括各种线下门店基于扫描二维码等引来的来源。

私域流量运营需要自己的工具来承载，根据联结关系的强弱可分为强关系载体（双向沟通）和弱关系载体（单向载体）。强关系型载体包括微信、QQ、企业微信、腾讯会议、钉钉以及相应的社群等；弱关系型载体主要有微信公众号、小程序、各种自媒体平台等。

私域流量的运营闭环主要包括内容运营、活动运营与数据化运营等。内容运营主要通过各类内容的输出、社群和用户的互动来增强与用户之间的信任联结，活动运营主要通过直播、促销等活动来促进交易转化，而数字化运营主要是指通过用户分层、精准营销、数字化研发等方式来实现精细化运营。交易转化环节主要通过电商平台、线上自有渠道以及线下门店、社区团购、货到付款等其他交易方式完成转化。交易转化后用户的分享裂变是流量池的重要增长来源，这个环节的分享裂变可以是自发性的，也可以是通过激励手段促进的传播与推荐。用户在深度体验及分享之后，对于商家的信任加深，选择持续沉淀在流量池内，成为能重复触达的用户，至此完成流量运营的闭环。

3. 平衡好线上线下

在线上没有成为主渠道的时候，如何不冲击自己的主渠道，需要做好适度区隔。在产品售后退货等方面要做好服务。

品牌或商家需要用多种复杂的手段来不断提高流量转化、留存与裂变的效率，同时在产品、内容、服务、用户关系等各个方面也都要做好体验，这将是一个需要精细化运营且持续投入的过程。

第五篇

直播电商赋能产业链

第十六章
案例解析：领略和剖析直播电商营销智慧

16.1 欧阳夏丹、王祖蓝为湖北经济复苏带货

16.1.1 明星公益为产品背书

2020年4月6日，朱广权和李佳琦就主持了一场名为"谢谢你，为湖北拼单"的带货直播，而朱广权和李佳琦组成的"小朱配琦"组合因为"国家级段子手"与"直播带货一哥"的强强联手，撞出了奇妙的"化学反应"，让整场直播全程高能。

2020年4月12日晚上，欧阳夏丹和王祖蓝两个人组成云搭档，一起为湖北直播带货。两个人的组合被网友们调侃为"谁都无法祖蓝我夏丹"。欧阳夏丹在直播开始前同网友们的交流中说，她的妈妈一听到她要为湖北卖货，便说，疯了疯了，你这个只会"买买买"的人怎么会来卖东西？你卖的东西会有多少人买？欧阳夏丹也调侃地对妈妈说，我的名字起得好，我叫夏丹，谐音就是"下单"，是最合适的一名带货官了。

2020年5月1日晚，中央队开始进入直播领域，央视四大名嘴康辉、朱广权、撒贝宁、尼格买提合体，三个小时狂卖5.28亿元。四人插科打诨，现场笑料不断、金句频出，如同相声搬到直播间，颠覆了对央视主持人都是严肃、端正的"高大上"形象。直播三小时，1600多万人次观看，销售额破5亿元，"顶流"的战绩刷爆了国家队的首次亮相。网友们称"央视boys"为"王炸"组合、"央

视F4",还脑洞大开地给他们制作了标语:"权力小康,撒手去买",既有趣又无形助力了中国经济。

欧阳夏丹和王祖蓝的联袂带货直播中,引爆了湖北特产带货潮,香香脆脆的锅巴,名产鸭脖子,洪湖的莲藕,地道的热干面,王祖蓝的卖力吆喝并引导现场试吃,夸张表情让人捧腹不止,博学的欧阳夏丹为湖北特产做上文化解读,让普通商品秒变高大上,往往上大家还沉浸在文化中陶醉中,欧阳夏丹及时催单:"下单下单,赶紧下单"我是夏丹,事后欧阳夏丹就玩起名字谐音的梗还让人回味无穷。就连催单也这么有气势。

陈小春、蔡明、郑爽等明星也空降直播助力,郑爽的带货能力超强,10分钟,鸭脖就被销售一空,又追加了10万份,也统统被秒。

直播中共卖出热干面、汉口二厂汽水、花菇、红薯粉等12种湖北商品和农副产品。数据显示,最终本场直播累计观看人次达到1.27亿,累计点赞1.41亿,"谢谢你为湖北拼单"直播,当晚共卖出6100万元的湖北产品,创下为湖北公益直播卖货的新纪录。

早先已有明星积极入局短视频直播,此番国家队选手入场,不仅激活了主播生态,也盘活了官媒的粉丝经济。一直以来,央视在职的主持人、新闻主播是被禁止代言产品、出席商业活动的,尽管"央视girls""央视boys"积攒了大量人气,但在平常很难将这些人气进行变现。而近期这一系列的公益直播,不但展现了央视主播们的另一面,还成功激活了主播们粉丝群体的购买能力,可以说是一次实打实的为公益变现。2020年4月以来,央视推出了3场公益直播,旗下名嘴们也纷纷组CP进行直播带货,从"小朱配琦"到"欧阳下(夏)单(丹)",再到吆喝着"权来康康,撒开了买"的"央视boys",以名字谐音造梗更是吸引不少关注。

除此之外,湖北各地县市长也开启了直播"带货"。

由于疫情,湖北各县市的"一把手"们纷纷走进直播间,使出浑身解数,卖力推销本地的农产品:

潜江市副市长陈庆忠推介潜江小龙虾;

嘉鱼县副县长华红展示鲜鱼、莲藕等极富嘉鱼特色的农产品;

鹤峰县副县长覃长玉当起了春茶推广员;

洪湖市委书记张远梅介绍排骨藕汤的制作方法；

房县县委书记蔡贤忠现场喝房县黄酒。

外行看热闹，内行看趋势。热闹过后，我们需要认清局势，目前直播带货已经是势不可挡了。对于普通实体店商家来说，选择小程序直播就是一个非常好的工具。作为国内首批对接微信原生直播组件的小程序第三方平台，有客多小程序直播组件为商家打开线上销路，帮助商家解决流量贵、开发难等无法快速落地小程序直播的问题和痛点。再配合有客多小程序的拼团、砍价、秒杀、优惠券、积分等营销工具，对于商家就是非常完美的营销利器。

现在转型互联网已经势在必行，再加上微信的大力推进，有理由相信小程序直播电商的全面爆发时期已经到来，从抢占流量风口的角度来看，越早开始越有利于瓜分红利，抢占市场。

16.1.2 花式植入吊足年轻人胃口

"各位网友大家好，我是夏丹，不要恍惚，这不是晚上 7 点的新闻联播。"2020 年 4 月 12 日晚 8 时，央视主持人欧阳夏丹出现在直播间。她此行不是来播新闻，而是来卖货的。欧阳夏丹化身"带货官"与演员王祖蓝组成"谁都无法祖（阻）蓝（拦）我夏（下）丹（单）"组合上演了带货首秀。

5 月 1 日晚，央视四大主持人康辉、朱广权、撒贝宁、尼格买提合体直播带货，三小时卖货 5.28 亿元。直播现场笑料不断、金句频出，央视四大才子单打独斗话题度已经非常高了，合体之后，更是产生了 1+1>2 的效果。他们四人分属不同节目，在形象、气质上各有不同，贴合了各自的节目和观众，拥有鲜明的人设。康辉，"国嘴"，新晋怼人大师；朱广权，著名段子手，逼疯手语老师；尼格买提，综艺担当，吐槽于无形；撒贝宁，"北大还行"，机智有梗。

"这样的直播看一年都不想换台。"名嘴们在公益直播过程中互相逗趣，不忘发挥主持人的特长又有实用性和趣味性，有网友表示，这样的直播氛围打破了观众对于官媒主播严肃的刻板印象，刷新了观众对融媒时代央视名嘴的认知。

在直播带货全面铺开之时，央视主持人、艺人、虚拟偶像等不同类型的带货主播是这一行业群像当中的引领者，吸引他们各自的圈层受众关注直播带货，用将其从粉丝转换为购买者,让用户结构更加广泛,从而让直播带货的主播向全民性泛化进阶。

16.1.3 自黑、自嘲、自我调侃,化解直播尴尬

在直播过程中,会遇到各种意想不到的问题,很难及时反应,自黑、自嘲、自我调侃都是化解直播的好方法,欧阳夏丹在与王祖蓝直播合作过程中,欧阳夏丹一开始就用"下单下单,赶紧下单,下单应该是今天频率最高的词。"主打谐音,意在"下单",充分调动全场气氛。对此,网友纷纷评论道,"哈哈,这个名字太适合做卖货主播了,喊她就行""这名字简直为直播而生""闪开,闪开,我包场了""'夏丹'这个名字一听就想'下单'""我怀疑就是因为你的名字才让你干这个的,图个口彩""为了湖北也是拼了,名字也拿来做文章了"。

演员出身的王祖蓝不忘带上演员朋友:"我的好兄弟?小春,一直在下单!春哥这是买了什么?一直刷礼物!"王祖蓝带上陈小春来到直播中,"让他再接再厉!你们俩住一栋楼,可以让他替你多买几单。"欧阳夏丹随即接上。

蔡明、郑爽两位明星也空降直播助力,当天郑爽主要负责推销鸭脖,只见她撕开一盒子鸭脖,一边向镜头前的网友展示,一边戴手套准备开吃。虽然是第一次做主播,但是郑爽的带货能力超强,10分钟,鸭脖就被销售一空,之后又追加了10万份,也统统被秒空。

其实这已经不是央视第一次"跨次元"带货,早在4月6日,朱广权和李佳琦就主持了一场名为"谢谢你,为湖北拼单"的带货直播,这一组合被称为"小朱配琦"(见图16-1)。

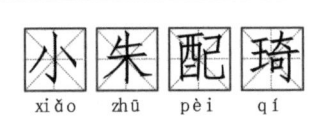

图16-1 "小朱配琦"释义

相比较李佳琦的"OMG!""买它买它买它!",身为央视名嘴的朱广权依旧贯彻他"第一押韵王"的身份,来了场带货版。

出场时他说:初来乍到,技术不好,手艺不妙,请多关照,我命由我不由天,我就属于佳琦直播间。

在预告商品时他说：烟笼寒水月笼沙，不止东湖与樱花，门前风景雨来佳，还有莲藕鱼糕玉露茶，凤爪藕带热干面，米酒香菇小龙虾，守住金莲不自夸，赶紧下单买回家。买它买它就买它，热干面和小龙虾！（这段引用了杜牧的《泊秦淮》）

在夸李佳琦时他说：你能让大家激动的心，颤抖的手，推荐什么都买走。而且是颜值担当，眼里藏星，笑里带月光，看得你发慌，不买都泪汪汪。

16.2 锤子情怀罗永浩抖音直播，旧网红借直播云带货

16.2.1 话题花式炒作，以情怀打动粉丝

这是一个直播带货的时代，新冠肺炎疫情的特殊作用下，更是放大了直播带货的作用和意义，而罗永浩的加入更是将直播带货引向一个新的高潮。通过抖音自媒体平台带货的人非常多，上至大腕明星，下至平头老百姓，但是像罗永浩这种的企业家，还从未有人在抖音上带过货，开了名人带货的先河。为保证成功，在宣传上打"情怀牌"花式炒作，以确保带货顺利。

（1）调侃称自己是"赚钱还债"，按他的微博原话就是为了还债，直言直播赚的钱不脏，需要抖音平台提供电商直播的新机遇。这个解释可能太过真实，太接地气了，很难不与罗永浩的创业史联系在一起。职业本没有高低贵贱，从原来一家市值几十亿公司的 CEO 沦落到开直播卖货，实在是令人唏嘘。花式话题够人消费好一阵了。

• 2000 年，罗永浩凭万字求职信成为新东方教师，曾靠幽默风趣的"老罗语录"火遍网络。

• 2006 年，罗永浩离职，创办牛博网，亏损几百万元。

• 2008 年与吉林老乡合伙开"老罗和他的朋友们"教育公司，随后出书、演讲，顺风顺水。

• 2012 年，跨界做手机创立锤子科技，完成五轮融资估价 26 亿，后亏损。

• 2019 年，锤子科技因负债加入字节跳动，罗永浩因个人原因离开锤子团队。

正当大家认为他去向成谜之际，罗永浩高调宣布自己要直播带货。

（2）开播前做好花式预演，"虽然我不适合卖口红，但相信能在很多商品的品类里做到带货一哥"。2020年3月19日下午，罗永浩在其微博账号上宣布，正式进军直播行业，并有信心成为"带货一哥"。罗永浩在不到一天的时间里就收到了上千封合作邮件；公布首场直播时间后，又在短短6天时间内，积累了超过500万的粉丝，一跃成为抖音大V。如图16-2所示。

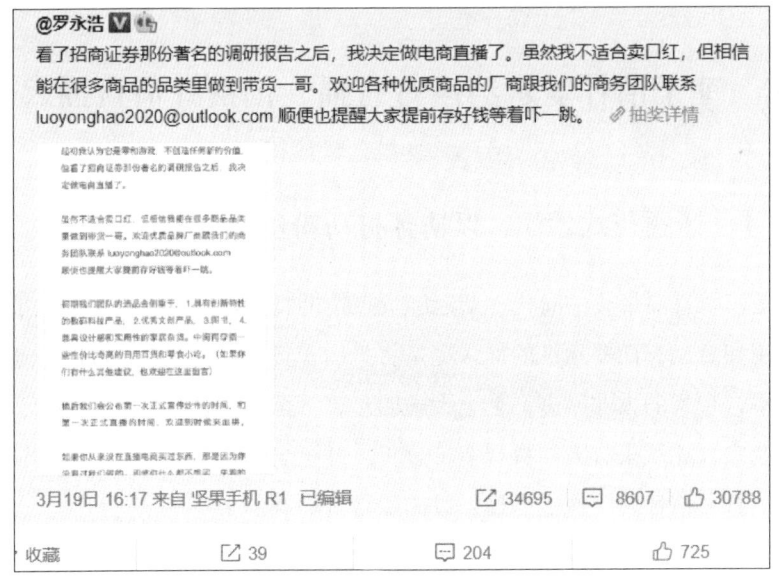

图16-2　微博花式预演

（3）直播口号是"基本不赚钱，交个朋友"，这句话可能是今年直播最高频的词。这句话打破了人们对直播带货的认知，让人感觉耳目一新，很接地气，本来直播带货就是门生意，昨日还是锤子手机的总裁，前日还是风趣幽默、犀利张扬的网红，今天端端正正坐在直播间，认真地介绍着自己当年的竞品对手小米手机，让人感觉恍如隔世，这是理想主义的崩塌，还是新机会的降临？给很多犹豫不定是否进入的人更多的遐想！

（4）致敬罗永浩说的那句话，"彪悍的人生不需要解释"，很多年轻人对曾经的罗永浩，有一种深深的情怀，看着自己年轻时候的精神偶像，一步步起起落落地走到了今天。对于罗永浩新的职业选择，也不妨抛开深夜故事的脚本，回归市场经济的常规逻辑，变现能力巨大的商业模式，必然会改变人的行为模式与文化景观，很多人看罗永浩直播，是想听他的故事，听他讲段子，听他讲相声……对于产品本身，并不是关注太多。可是，如果一直持续这样，罗永浩的直播能做多久？带货的水平是不是会存在风险？毕竟卖的是商品，不是情怀。

16.2.2 你有故事我有酒，平台借力发展电商

抖音自 2016 年 9 月上线以来，一直在内容电商上一路狂奔，作为一款音乐创意短视频社交软件 App，是一个专注年轻人的 15 秒音乐短视频社区。用户可以通过这款软件选择歌曲，拍摄 15 秒的音乐短视频，形成自己的作品。一出生便开挂：

2017 年 1 月获今日头条百万种子投资；

2017 年 3 月相声界大咖岳云鹏入驻，首单便有 83175 的点赞 5083 的转发；

2017 年 8 月 VV 超过 10 亿；

2018 年获泰国免费榜单第一名，国际化凸显成效；

2019 年 DAU 是 2.5 亿；

2020 年 DAU 超 4 亿，增长 60%。

抖音虽然一路开挂，但是一直缺乏变现之路，自 2018 年开始就试水电商，"双 12"电商节，抖音为天猫带货引流。小试牛刀大获成功之后，抖音加快了带货步伐。2019 年 4 月，抖音上线了"小米商城""京东好物街"等电商小程序，进一步扩大了抖音在电商领域的业务。2019 年，抖音逐步放开直播权限。相比抖音，在 2018 年，快手就已经举办了电商购物节。不难看出抖音对电商这块蛋糕的垂涎。而抖音频频涉足电商的背后，是电商市场海量的消费需求，巨大的市场潜能。据国家统计局数据，2019 年国内网上消费品零售总额达 411,649 亿元，用户规模突破 7 亿。电商行业广阔的市场前景，吸引着抖音等短视频直播平台不断向前迈进。另一方面，疫情促使直播带货成为新的风口。据中国互联网信息中心数据，截至 3 月份，国内电商直播规模已经达到 4338 亿，预计 2020 年市场销售总额超过 9610 亿元。此后，抖音又和多家电商企业合作，扩大其在电商领域的影响力。

发展电商。想在电商直播领域有所作为的抖音，迫切需要一个有标杆意义的超级主播为其加码。一直以来，抖音没有能培养出自己的"薇娅""李佳琦"或"辛巴""散打哥"，即便它拥有巨大的流量池。而转型的罗永浩是抖音扶持大主播的不二人选。

这不仅是因为罗永浩的独特性，更是因为优质主播的稀缺性。首先，对抖音来说，最显而易见的利好无疑是拓展新用户。老师、直男、技术、段子手、文青……罗永浩的标签简直太多了，罗永浩的到来也将为抖音带来增量用户。另外在带货定位上，多以3C电子、生活家居等产品为主，这就区别于淘宝、快手等主播。罗永浩的粉丝用户画像多以男性为主，这也与其他平台头部主播差异明显。再次，罗永浩的带货能力和营销能力此前也有过证实。之前做客陌陌直播，罗永浩就曾带火了多款产品。最后，李佳琦、薇娅、辛巴等头部主播，都已经被各个平台所垄断，抖音很难再去"挖墙脚"。而罗永浩的话题和关注度丝毫不逊于这些头部主播。罗永浩微博显示，其粉丝量已经达到1600万。流量、话题性、冲突性，很难说还有谁可以像他一样将这三者集于一身，而这样的符号性人物正是抖音所需要的。双方一拍即合，为了扶持罗永浩，这场直播首秀，抖音几乎是倾尽流量。从竞价签罗永浩到流量扶持、营销曝光，抖音为电商直播注入流量的决心可见一斑。

1. 直播前

（1）配合罗永浩情怀战略，在首页菜单条等各个主要界面发布罗永浩首场直播的时间及直播间，制造轰动效应。

（2）最明显的就是抖音开屏和banner位的广告宣传。

（3）抖音将一些媒体资源给到罗永浩来帮助他首秀预热，据称这些资源价值将近三个亿。

（4）邀请数位千万级粉丝量级的抖音红人，以短视频的方式与罗永浩展开互动。魔性笑声的"毛毛姐"推荐罗永浩售卖她的笑声；李雪琴建议罗永浩"往高端整，卖卫星"；李诞则邀请罗永浩到上海卖艺。

（5）"罗永浩请卖它""老罗来了"两个话题，短视频播放量就超过了8亿。同时，其中，"罗永浩你有什么好豪横的""玲姐喊话罗永浩剃胡子"等话题均登上了当天的话题热榜。

（6）公布首场直播时间后，又在短短 6 天时间内，帮助罗永浩积累了超 500 万的粉丝，从抖音"小白"一跃成为抖音"大 V"。

在这拨造势的营销下，罗永浩直播信息被大范围扩散，甚至破圈传播。用短视频为直播造势、做预告已经形成一套方法论，通过"打造短视频话题 + 生态内红人参与造势 +C 端内容"的模式，就能自然而然汇聚起海量流量。

2. 直播中

（1）几乎抖音所有直播间都有罗永浩直播间的推荐入口。

（2）直播当天上线了罗永浩的限定礼物"老罗别这样"，这次直播吸引了最高 289 万人一起观看，直播开始后半个小时达到了最高峰。

（3）直播当天，抖音专为罗永浩做了开屏宣传，小米中国区总裁卢伟冰、搜狗 CEO 王小川、极米 CEO 钟波亲到直播现场助力，并给观众带来 50 万元、10 万元、10 万元红包雨；两位大咖实力不俗，口才超好，剪了寸头的王小川还推荐罗永浩下次直播可以卖推子，影射罗永浩刮胡子，引来笑声一片。

（4）强力宣传带来了强大流量，强大流量带来了强大的粉丝量、打赏量、交易量。数据显示，罗永浩抖音粉丝数达 749 万，直播期间人数峰值 290.9 万，累计观看人数超 4892 万人，直播销售额 1.8 亿元（见图 16-3）。

图 16-3　营销造势后的直播数据

这拨神操作不仅把旧网红"老罗"再次捧上直播神坛,也让抖音借势取得了远超一投入的声量和关注。抖音直播通过话题效应,一举杀入直播领域,跟淘宝和快手三分天下。而罗永浩直播首秀中所呈现的多品类带货、直播间三小时无卡顿的流畅技术、高额的成交量,无疑是最好的电商直播的自我证明,这是抖音一次大规模的直播电商全流程测试。

更重要的是,通过罗永浩的首次直播带货,培养了新用户在抖音购物的习惯,很多人可能是第一次在抖音填地址、下单。与此同时,抖音和罗永浩也在用实际行动极力向创作者、品牌方、商家证明,"在抖音,直播电商是有发展的。"

无疑本次直播活动中,罗永浩和抖音达成了双赢的局面。

16.2.3 CEO直播不丢人化解直播尴尬

在直播中会遇到各种各样的情况,一个幽默自带笑点自黑、自嘲、自我调侃的人无疑会为直播加分,带来出其不意的效果。罗永浩所有的人生经历中,他的手机、他的英语、他的种种产品全都遭受过无数质疑。

方式一:情怀打动人。

(1)调侃去做直播是"赚钱还债",按他的微博原话就是为了还债,直言直播赚的钱不脏,接地气。

(2)直播口号是"基本不赚钱,交个朋友""交个朋友科技首席推荐官""直播带货本来是门生意"。打出这样的口号令人耳目一新。

方式二:卖个萌。

当时我给公司起的名字是"老罗和他的朋友们",这个名字听起来很酷,像是五百强企业。

分析:一个公司名字听起来像世界500强,但实际上才刚起步,萌点就在这里。其实,卖萌有时候就是一种戏谑的天真,用词、遐想好像孩子一样单纯,趣味十足。

方式三：反差式结局。

（1）代表言论：没有好美工，我就以 37 岁的高龄自学。学到后来，我认识的广告公司、设计公司的朋友们说："老罗，你这个教育机构现在倒闭也不怕，可以立刻再开一家广告设计公司。"

（2）代表言论：当我要干英语老师的时候，父母认为我疯了，问我不是最讨厌英语和老师吗？我说我就磨炼一下自己的人生意志，挑个最恶心的干干。

分析：抓住一个信息，往下顺，利用反差式的结局，产生笑点。这种方式的核心是"反差"。从"学美工"到"开广告设计公司"，从"教英语"到"磨炼意志"，既让人意外，又在情理之中。

方式四：自我调侃。

（1）直播带货中，口误说错品牌后，鞠躬道歉称"希望你看到我秃了的头皮后，体谅老年人痴呆"。

（2）"我的青春结束了，老罗开始卖别人的手机了。"这是 2020 年 4 月 1 日晚上 9 点，罗永浩直播间里出现的一句弹幕。

（3）"到现在一个飞机、一个火箭都没有？"晚上八点，罗永浩的直播以一句疑问开场。他还不太熟悉抖音直播间的规则，认为没有观众送礼物。事实上，开播的那一刻，直播间已经收到了 80 万音浪打赏，折合人民币 8 万元。

（4）"老罗把胡子刮了，我的青春结束了。"

分析：通过自我调侃化解尴尬，俗而不腻，符合逻辑但又出其不意。他的幽默技巧值得运用在演讲中或生活中。

这是一个直播带货的时代，疫情的特殊作用下，更是放大了直播带货的作用和意义。不过，这也意味着，抖音、快手、淘宝、拼多多等直播电商的竞争将会更加激烈。反观抖音，虽然凭借罗永浩的直播首秀吸引了不少眼球，但其在电商直播的发展上还有很长的路要走。电商直播是"人、货、场"的结合，有了罗永浩的抖音，还需在供应链等方面下功夫。

未来，抖音电商将走向何方、"老罗"热度能否持续，这都需要时间给出答案。

第十七章
直播电商面临挑战及对策

网红产业链运营进一步精细化，成熟度加深。从产业链趋势看，围绕网红 IP 衍生出的各类配套产业将持续兴起，并带来上下游分工的进一步精细化，以 MCN、供应链、代播机构、数据服务商等为代表的相关产业将助推行业成熟度进一步加深。以代播服务为例，

一般代播服务商都有上百名经过专业培训的主播，规模较大的配备几十、上百个直播基地，结合其对"主播+助理+直播策划+脚本编辑"一系列流程的运营经验，可以帮助品牌商快速抓住直播电商的发展风口，规范化运营势在必行。在网红经济高速发展的同时，也同样存在直播内容不过关、带货产品不达标、青少年沉迷网络等经济、社会问题，国家自 2016 年 7 月开始，先后出台各类相关政策，对网红产业存在的问题进行规范，监管政策的陆续出台将在中长期为行业的可持续发展保驾护航。

17.1 直播黑幕

光鲜亮丽的直播间背后，是主播们没日没夜的辛酸、行业泡沫之下的恶性竞争，以及逐渐扭曲的价值链。MCN 不再幻想批量制造网红，而是求变，向上游产业靠拢，争夺产业带主导权。

1. 电脑刷单

国内的数据造假已经形成了一条黑色产业链，有各类直播平台的涨粉、刷在

线人数、刷播放量、刷直播点赞、刷各种礼物，甚至有的还可以直接将该直播刷上当日直播热门。

早期，电脑程序控制。通过软件在一台电脑上不断切换账号去买东西，由于这很容易被平台风控发现，于是就招募大量的刷单手，借用他们的电脑安装一个软件，不需要他们自己操作，当他们使用电脑的时候，软件就会在后台自动下单。中期，手机集群。比较常见的是通过一个大铁架子，上面堆着几百上千台带 sim 卡手机，都用数据线连到集线器上，另一端连着电脑，一个指令可以让所有手机进行操作，比如自动打开直播间，搜索某某主播，点赞、评论、送礼物、下单。

现在，直接上"云手机"。这是 sim 卡实名制以后的先进手法。通过服务器，可以"伪造"出成千上万的手机，通过一台电脑直接向服务器传数据，下指令，服务器控制这些手机集体操作，连实体手机都不用，彻底解放了刷单"生产力"，没有了后顾之忧，数据想刷多少刷多少，不怕品牌方不买账。

2. 目标不是带货，而是骗取坑位费

现在直播带货被宣传成为是主流，能请得起头部网红的品牌毕竟是少数，更多尾部主播怎么生活？开始通过廉价的坑位费把手伸向中小微企业。

坑位费并不高，一般从几百元到几千元不等，这对中小企业比较有杀伤力，于是，可以签下（或者自己孵化）100 个小主播，每个主播账号给刷上十万粉丝，就可以元气满满地去赚取坑位费。

假设一个小主播每晚可以介绍 20 个产品，每个产品收取坑位费 500 元，那么一晚上就可以收入 1 万元。因为自知"一分钱一分货"，这些付费入了坑的小商家，即使产品直播之后的反响平平，也不会有所怨言。

3. 品牌方产品欺诈

国内直播界通常做法是品牌方与直播机构达成直播协议后，品牌方会寄一部分样品给到直播机构，品牌方寄的样品都是精挑细选，让主播误以为产品质量很好，结果在直播下单后，品牌方发的货与样品大相径庭，这也是直播行业退货奇高不下的主要原因之一。2020 年 5 月 20 日主播罗永浩推荐的鲜花，出现了鲜花凋零、枯萎现象，引起退货、补货及现金赔偿就是一个典型例子。

4. 美颜换头换人欺诈

适度美颜表现自己固然是无可厚非的，但是大多数主播的美颜程度，已经完全不能称作"美颜"了，通过在淘宝买硅胶产品，连身体都可以做得凸凹有致，在这种程度的美颜下，主播已不再是她自己了。

这样的事情屡见不鲜，已形成产业链。最典型的就是几年前闹得沸沸扬扬的"阿怡代打事件"，就是一个女主播假装自己是一个技术顶尖的游戏王者，吸引了无数崇拜者，结果不小心露馅，被发现是雇了别人代打，她只是负责在摄像头边说话假装打游戏而已。

5. 假冒伪劣虚假宣传

直播带货，不可避免地使用滤镜，使用一些夸张、夸大的词汇，使用一些表演性、蛊惑性的演出。直播的时候出现意外，会伤害品牌；用户将产品买到家发现和直播相差太大，会伤害品牌。另外，值得一提的是：直播带货的退货率很高，产品售后保障也较差。主播与商家互动的直播形式给消费者带来丰富消费体验、成为商家产品销售驱动力的同时，也逐渐暴露出许多"虚假宣传""假冒伪劣""兜售'三无'产品""维权无门"等危害消费者购物安全的问题。

"主播卖货"的销售方式，依靠主播的自身流量，凭借实景式的购物体验和较强的虚拟现场互动感，受到了不少用户的欢迎；但是，很少主播在宣传过程中，为了能达到更好的转化效果，会使用"夸大化宣传"从而可能误导消费者。

同时，若一些主播为了能快速盈利，既没有亲身体验，也没有对商品的资质、质量进行确认和严格审核的话，就很可能出现各种质量问题。甚至，还有些主播为了谋取利润，使用自己的流量和影响力直接兜售假冒伪劣产品，就会产生更大的危害！

6. 直播间托儿托场骗人气

大部分人的购物习惯是喜欢人越多越热闹越好，这也给直播间运营带来了方向。很多直播间都会请一些"托儿"，制造"抢抢抢"的氛围，帮助提高直播间带货效果。"我要这个""我要那个""这个好漂亮"，看着如此热闹的购买氛围，不明情况的消费者很容易跟风下单。

17.2 模式分配方式不健全

直播产业链的参与者主要包括 KOL/ 主播、MCN 机构、内容平台 / 短视频平台、电商平台及品牌商等环节。直播电商产业的收益来源为品牌方提供的佣金及服务费。收费模式主要分为"纯佣模式"和"佣金 + 服务费（或坑位费）模式"两种，后者一般适用于人气较高的主播，头部主播单场直播的坑位费可达几万元到几十万元不等；佣金则为商品交易金额的一定比例，通常在 20%—30% 左右，因品类与主播而异。直播电商的产业链条利益分配模式：电商平台、内容平台、MCN 机构、网红主播等产业链参与方层层分佣。分配模式主要如图 17-1 所示。

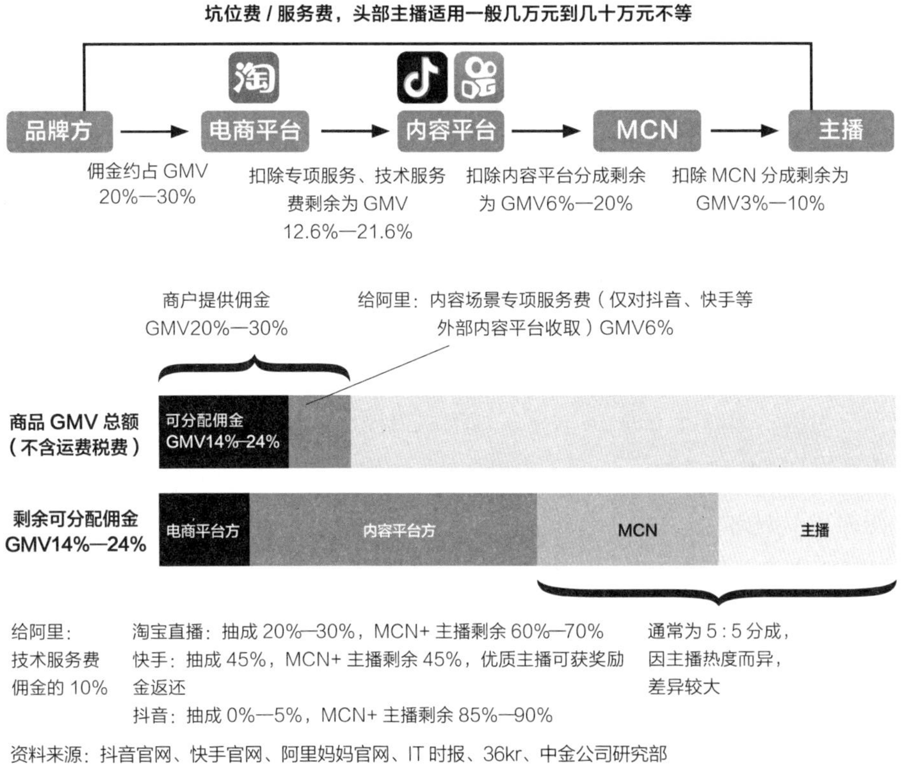

坑位费 / 服务费，头部主播适用一般几万元到几十万元不等

品牌方 → 电商平台 → 内容平台 → MCN → 主播

- 佣金约占 GMV 20%—30%
- 扣除专项服务、技术服务费剩余为 GMV 12.6%—21.6%
- 扣除内容平台分成剩余为 GMV6%—20%
- 扣除 MCN 分成剩余为 GMV3%—10%

商户提供佣金 GMV20%—30%

给阿里：内容场景专项服务费（仅对抖音、快手等外部内容平台收取）GMV6%

商品 GMV 总额（不含运费税费）：可分配佣金 GMV14%—24%

剩余可分配佣金 GMV14%—24%：电商平台方 | 内容平台方 | MCN | 主播

给阿里：技术服务费佣金的 10%

淘宝直播：抽成 20%—30%，MCN+ 主播剩余 60%—70%
快手：抽成 45%，MCN+ 主播剩余 45%，优质主播可获奖励金返还
抖音：抽成 0%—5%，MCN+ 主播剩余 85%—90%

通常为 5 : 5 分成，因主播热度而异，差异较大

资料来源：抖音官网、快手官网、阿里妈妈官网、IT 时报、36kr、中金公司研究部

图 17-1　直播电商分配模式

（1）电商平台：淘宝等电商平台通常收取佣金 10% 的技术服务费，并针对抖音、快手等站外流量收取内容场景专项服务费（GMV 的 6%）。

（2）内容平台：剩余佣金中，抖音、快手等内容平台收取平台分成，抽成比例通常在剩余佣金的10%—50%不等，因不同平台政策而异，部分平台亦将部分抽成作为奖励金返还主播方，以巩固优化平台直播生态。

（3）MCN机构：此后进入MCN机构与主播分成环节，剩余佣金中，双方通常采用五五分成模式，头部主播议价能力较强，分成比例可能更高。

（4）网红主播：经过测算，最终给到主播的分成水平大约占到商品交易GMV的3%—10%，不含服务费（或坑位费）。

上述分配方式易造成漏洞，主要问题如下。

（1）直播坑位费就是带货主播收取的商品上架费用，也可以称为服务费或者发布费。直播"坑位费"的设计对品牌方没有保证，造成主播有以赚取坑位费为目的直播模式，即不以直播带货量为目的，而以赚取坑位费为目的。淘宝大主播的坑位费基本上都是几万元起步，而快手红人的价格也很高，据网上公开资料网红坑位费价格：第一坑60万元左右，第二坑50万元左右，第三坑40万元左右，一场活动下来坑位费大概400万元。

（2）几乎所有的平台对主播及带货都有要求，在分成比例上都向头部主播倾斜，一些腰部KOL和中低层主播由于达不到平台的销量，几乎所有的销量提成都被平台方拿走了。易挫伤他们积极性，生态不利于中低层主播的培养。

（3）分佣政策上，淘宝、抖音、快手等头部平台均有向站内流量倾斜的趋势。以淘宝为例，2019年6月24日起，淘宝联盟提出，针对抖音、快手等内容场景带来的商品实际成交量，收取占成交金额6%的内容场景专项软件服务费，无形中压缩了下游内容平台、MCN机构及主播的分佣比例。同时，抖音、快手自建的直播电商平台抖音小店、快手小店的抽佣政策，亦优于向淘宝引流的抽佣政策。我们认为，各大平台的分佣政策设定目的，均是致力于在各大直播电商平台构筑自身站内私域流量体系，促使流量和商品留在自己的交易闭环体系内，从而更好地发展自身直播电商生态。

17.2.1 商业模式存在问题

直播带货商业模式指的是商家与直播网红的合作模式，目前有两种，服务费加佣金和纯佣金合作。这样看似乎没什么问题，根据下图数据服务费加佣金，服务费在几千元到几十万元不等，根据网红的粉丝量来定，佣金是多少呢？15个到20个点。和知名直播网红合作，40万元服务费加销量的20个点，是不是瞬间感觉压力倍增。那按纯佣金合作吧，相当于CPS，根据销售量分成，这样比较保险，风险也低。那么纯佣金合作的佣金是多少个点呢？50个点！试问下，大家产品的利润有几个点，假如100元钱的产品，卖出去100个，销售10,000元，要给网红5000元，自己留5000元，这5000元还有利润吗？有可能吗？有可能，部分高利润如化妆品可能可以，部分化妆品的利润可以做到90%以上。所以，我们看最开始网红直播带货是从彩妆、护肤品这个品类开始的，好处是增加了这个品类新的利润增长点，为网红变现开了个好头。坏处则是"成也萧何，败也萧何"，当其他零食、日用品进场时，发现适用于美妆的高提点模式，自己根本玩不下去。零食的利润不到10个点，要分出去销售额的一半给网红，记住是销售额，不是利润。而且更要命的是商品在直播间的价格都是地板价，本身利润极低。那些找网红做直播带货的非美妆、非护肤品类商家很多都是赔本赚吆喝。那为什么我们很少听到商家抱怨呢？从商家的角度来看，他们投了几十万给网红带货，目的是希望做品牌曝光，即便是收益不好，但对外宣传依然是我们和某某网红合作，一晚带货800万元，销量创新高，欢迎大家前来选购。这样的例子不在少数，如果你身边有找网红合作过带货的朋友，不妨旁敲侧击地问一下，日子过得还好吗？在网红带货这个模式中，网红赚了，消费者赚了，商家亏了。要知道一个商业模式顺利地运转下去，一定是参与的各方都有所得，如果品牌方一直不赚钱，这个模式还能玩得下去吗？当然不能了。真把金主爸爸当二愣子了？那为什么现在还有很多企业争破头和网红去合作呢？因为大企业不差这点钱，砸几十万刷点销量也无妨，关键是可以带来流量资源。

17.2.2 利益分配不公

在直播行业中，一般会包括主播、主播经纪公司（也叫公会）和直播平台三者。主播负责制造内容，取悦观众，让自己获得更高人气，同时选择合适的公会和平台来推动自己的事业发展。主播经纪公司（也叫公会），联结主播与直播平台，扶持明星主播，帮他们来获得更多的推广资源，制定艺人发展策略，商业变现等。而直播平台则搭建一个用户、主播、主播经纪公司三者联结的平台，通过人气、商业变现等多种模式盈利来进行分配，维系住核心的主播经纪公司与主播，从而实现平台的长期发展。三者分工明确又互相依存，所以三者均有资格获取利益，而利益的划分只是比例的问题。包括直播平台、经纪公司、主播在内的三方分配，一般情况下，直播平台会抽取很大一部分，其次就是主播最后是主播经纪公司。而分成比例并不确定。也正是因为有了这些人和事的存在和组合，搭台唱戏的直播平台、组织资源的经纪公司、有钱任性的土豪观众、左右逢源的主播们，一起组成了这个多彩的直播江湖。

如下表 17-1 所示：淘宝目前对直播电商以扶持为主，对参与直播的商家进行营销培训服务及达人对接支持，盈利模式方面，淘宝对商家成交金额进行分成（如 GMV 的 20%），阿里妈妈、淘宝直播、MCN 机构按 1:2:7 的比例进行分配。MCN 与主播之间再分成。

快手直播同样以分成为主，对快手小店魔筷精选成交收取总量的 5%，对淘宝、有赞、拼多多等成交的商家收取 10%，MCN 与主播收取 30% 左右，商家分成比例在 60%—70%。

表 17-1 抖音快手自建直播平台抽佣模式

内容平台	抖音	
商家来源	抖音小店	淘系平台
电商平台抽佣	—	7.4 元 内容场景专项费用：GMV6% 技术服务费：GMV×（佣金率6%）×10%
内容平台抽佣	1 元—10 元	0 元—0.7 元 [GMV×（佣金率6%）×（0%—5%）]
MCN+意见领袖到手佣金	10 元—19 元	11.9 元—12.6 元
详情（假设100元商品，20%佣金）	依订单来源和类目收取 1%—10% 的技术服务费	淘宝联盟先收取 GMV 的 6% 作为内容场景服务费，剩余为实际推广佣金。实际推广佣金支付给淘宝联盟 10%，抖音收取 0%—5%，剩余分给 MCN 和内容领袖

续表

内容平台	快手		
商家来源	快手小店	淘系平台	拼多多
电商平台抽佣	—	7.4元 内容场景专项费用：GMV6% 技术服务费：GMV×（佣金率6%）×10%	0元—2元 [GMV×佣金率×（0%—10%）]
内容平台抽佣	5元 GMV*5%	6.3元 [GMV×（佣金率6%）×45%]	9元—10元 实际推广佣金的50%
MCN+意见领袖到手佣金	15元	6.3元	9元—10元 实际推广佣金的50%
详情（假设100元商品，20%佣金）	收取实际订单额的5%	淘宝联盟先收取GMV的6%作为内容场景服务费，剩余为实际推广佣金，实际推广佣金支付给淘宝联盟10%，快手收取剩余佣金的50%，剩余分给MCN和内容领袖	快手和MCN机构各获得实际推广佣金的50%

内容平台	小红书
商家来源	各电商平台
电商平台抽佣	—
内容平台抽佣	实际推广佣金的20%—40%
MCN+意见领袖到手佣金	实际推广佣金的60%—80%
详情（假设100元商品，20%佣金）	电商直播仍处于内测阶段，小红书抽取佣金的40%作为服务费，现阶段会付其中的一半补贴给意见领袖，现阶段意见领袖共获得电商平台费用扣除后佣金的80%

续表

内容平台	微博	
商家来源	微博小店	淘系店铺
电商平台抽佣	—	7.4元 内容场景专项费用：GMV6% 技术服务费：GMV×（佣金率6%）×10%
内容平台抽佣	—	—
MCN+意见领袖到手佣金	—	—
详情（假设100元商品，20%佣金）	2020年3月正式推出，技术服务费暂时不详	微博抽取固定+浮动费率技术服务费，MCN与意见领袖共获得剩余佣金

2020年，抖音最新直播政策主要有三大变化：一是取消公会分级，以任务定分成比例；二是分成降低，最高从70%降为65%，且梯度缩小，最高与最低仅相差10%；三是精准分配主播和公会任务，考验运营能力。

主播：固定分成45%，最高达55%，主要包括主播固定分成和主播任务。其中，主播的固定分成为45%，主播任务分成为0—5%，分成比例总计在45%—50%之间，最高分成可达到50%。另外，如果公会为了激励主播，放弃5%的服务费，理论上主播最高能够拿到55%。

公会：基础分成5%，最高达15%，由公会服务费、公会固定分成和公会任务三个部分构成。公会的服务费占比5%，公会固定分成为5%，公会任务为0%—5%，三部分加起来最高可获分成15%。

新政策中，主播和公会的分成比例都经过了调整。原先，主播最高可占比50%，公会最多可分成15%，加上最高5%的任务加成，总计分成最高可达到70%。如今，最高分成仅为65%，较之前减少5%；固定分成为55%，较之前减少了10%。在日主播任务中，主播每日音浪突破一定的额度即可获得相应的分成奖励；在周主播任务中，主要分为音浪和有效天两个部分。主播任务与奖励是这样设置的：0%≤主播任务奖励<5%，同时，主播任务/公会任务定期调整。此外，高营收的主播可以通过签约独家来获得更高等级的奖励任务。

从以上的分配机制可以看出，直播平台在上游，有权利对利益进行分配，分配的比例多少由平台说了算，MCN 处于下游，最多分配到 70%，而主播处于下下游，分成比例完全由 MCN 来定，作为 MCN 由于要考虑市场因素，因此对主播的分配比例极低，而且要达量才能有分成，除了头部主播可以拿走 10%—20% 收益外，大部分腰部及素人主播可能颗粒无收。而主播是整个直播电商的核心。这也是造成主播动力不足的一个原因。

17.2.3　易导致劣币驱逐良币

佣金分配不合理，商家没的赚，后期网红降低佣金的比例，网红直播带货模式还有的玩。但是有一个新的情况，注定网红直播带货是个死胡同，即劣币驱逐良币。在网红直播带货中，还有另外一批玩家，他们丝毫不重视用户的体验，一切以利益为出发点。大家知道网红直播带货最大的卖点是价格低，加之佣金高，商家投不起。这里其实少打了两个字，"正规"。正规的商家投不起，非正规的商家比如驼奶、蜂蜜、皮带、品牌鞋、高仿等，看到这里，对灰色产业了解的读者应该有点明白了吧。是的，这样的产品和护肤品一样也是暴利，利润都是 300%—400% 起步的，他们也投的起。做广告投放久了，我注意到，正规的电商商家从来不会去投放信息流广告，因为利润根本覆盖不了广告费，但我们在信息流广告也能刷到电商的广告，其中的缘由大家自己猜。一是劣质产品，二是洗用户。有一次在一个千万粉丝的网红直播间，看到主播硬生生地将商家报的 29 块 9 的零食砍到了 9 块 9，我的天哪，当时我都忍不住想骂主播了，怎么能这样剥削商家呢？就算你有粉丝也不能太仗势欺人了。无奈的商家最后说，好吧好吧，就挂 100 单，当福利了。主播说，挂 5000 单，我来买单。当时感激涕零的我，心想主播人可真好，活该你粉丝多。随着对网红直播带货套路的了解，发现自己被打脸了。是的，上面那个是主播和商家联合演出的一场戏，业内称之为剧本。做网红直播带货的新人，都会有培训。29 块 9 是个价格锚，实际成本不到 5 块钱，双方演戏配合让观众觉得占了大便宜，仓促下单。这样的套路早几年在线下就被玩腻了，如今搬到了线上，竟然把我这老司机都给骗过了，江山代有才人出，前辈被拍打在沙滩上。难怪直播带货的退货率奇高，这也是其中一个原因了。这样的"劣币"商家多吗？我也不太清楚，自从知道了网红的这种套路，现在只要看到网红带货时和商家杀价，就觉得肯定是在演戏，甚至开始怀疑"一哥""一姐"的直播是不是也是这样玩的，人与人之间的信任没有了，网红直播带货还能走得远吗？

17.2.4 直播低价模式对行业危害大

直播电商采取的低价优质模式是直播电商突围的核心动力，但长期的低价模式造成行业退货率居高不下，影响企业利润，对整个社会和行业健康发展产生的危害较大。

1. 对企业的不利影响

（1）压榨企业利润，长期低价，必然导致企业没有利润，失去技术革新动力，最终会导致企业朝降低成本的道路上走，牺牲行业发展前景。

（2）不利于供应链管理，每个企业都有一套价格体系，针对不同的渠道有不同的管理，直播电商的低价打乱了企业的供应链管理，不利于企业长期稳定运营。

（3）坑位费＋佣金模式，虽带来了短期流量，却推高了企业的成本。

2. 对直播平台的不利影响

（1）拉高个别头部网红，使其获取大量流量，低价引来主播曝光，消费者依赖度加深，对中腰部及长尾主播不公平。使其很难成长。

（2）严重挤压品牌自主直播空间，如果大家都是优质优价，消费者的选择是公平的，但部分直播产品低价导致正常的品牌商的曝光机会减少。形成不正当竞争。

3. 对用户的不利影响

（1）不易培养优质优价理念，长期优质低价使消费者产生错觉，觉得价格还可以再低，到最后形成上当受骗。

（2）无法正常形成消费观念，直播培养了一批不爱思考，不去市场对比，过分依赖主播评价购物的一批人。

未来直播电商消费会逐步趋于理性，竞争会回归商品本身上，商品功效、性价化、主播专业能力、互动体验才是根本。

17.3 泡沫退去行业竞争加剧，资源逐渐靠拢头部平台

1. 直播平台多竞争加剧

随着越来越多的平台加入，直播平台千台大战在所难免，目前的直播平台已经有淘宝直播、抖音直播、快手直播、京东直播、微博直播、拼多多直播、西瓜直播、哔哩哔哩直播、虎牙直播、花椒直播、斗鱼直播、蘑菇街直播、小红书直播等众多的直播平台，还有很多垂直类平台正摩拳擦掌跃跃欲试，平台增多，但目前流量有限，必然带来竞争加剧，除了很少的头部平台可能有流量之外，众多的小平台随着热度降低，最终将流于消亡。

由于流量有限，各大平台只培养自己的主播，造成主播在各个平台之间流动困难，李佳琦和薇娅依赖淘宝，散打哥、辛巴依赖快手，各个主播在其他平台上直播并不受欢迎。

尽管很多直播平台用户有重合，但是平台的调性和社区文化不同，快手的用户更加分散更加下沉，抖音的用户更多来自一二线城市，这导致用户需要的产品不同，产品的价格也不同，一个主播不可能卖所有价格的商品，这会使得用户形成不了对主播的印象。所以这也使得直播网红对单个平台的依赖程度不断增加，跨平台的难度不断增大。

2. 对直播内容质量有更大预期

除"明星网红＋电商直播"输出 PGC 精品内容外，绝大部分时段平台难以持续输出优质内容维持较高转化率，尤其对以 UGC 内容为主的个体商户而言，产品宣传容易用相似标签词语来描述。

随着抖音、快手平台的火爆，行业开始有了专业的网红打造机构（MCN）涌入，网红的数量也在不断增加，用户观看的视频和关注的网红也越来越多，对内容的质量要求有了更大的预期，网红视频内容的质量需要不断提高才能满足用户的需求，这对其是一个很大的挑战，每周的选题、文案、发布都需要源源不断地输出创意才能满足这些需求。

直播平台大多没有可供讨论的公域，一个直播间就相当于一个单独的私域流量池，不同的直播间之间彼此很难形成天然的互动，只能靠连麦一类的工具形成

导流。这也是为什么李佳琦每次直播出现的话题点，还是得上微博热搜才能发酵，甚至李佳琦道歉也得到微博发声明，本质原因还是在于直播本身的传播性差。

与此相应地，直播还有一个特点在于，在短视频平台算法分发的影响下，直播间的管道性很强，一场直播播完，下一次直播很难保证同一批用户的重复观看，新增用户也并不容易被留存下来，流量的复用性比较差。

3. MCN 造神越来越困难

MCN 机构虽然红红火火，但痛点也明显，MCN 机构是希望培养自己的头部主播，但在现有体制下，造神越来越难，且网红高投放成本与品牌方追求"品效合一"天然矛盾；并且由于直播平台多元化，各平台运营玩法不同，跨平台复制存在难度和风险。

直播带货近万亿市场空间潜力仍足，MCN 机构突围之道在于"提升交易效率"与"为品牌赋能"。以"人"为主的网红经济不可持续，有望向"服务经济"变革，且我们预计 KOL 或与品牌方将互相"解绑"，MCN 与商家将深度"捆绑"。

一方面，主播基于对产品的丰富性要求及考虑观众审美疲劳，与单一品牌方长期合作概率较低；另一方面，大品牌上亿月销量指标对单一红人来说完成较难，需要依赖 KOC 投放矩阵，因此长期来看，品牌方与 KOL 将互相"解绑"。

同时，店铺自播遍地开花，机构影响力未来会被大幅弱化，MCN 机构唯有"提升效率"以及"创造价值"才能实现突围，因此"代运营、代播、代销、培训"等整合供应链、深度绑定商家的商家服务市场有望兴起，并且随 MCN 整合供应链能力持续升级，MCN 有望打造成直播电商的"品牌孵化基地"，MCN 机构以"人"为主的网红经济模式有望向"服务"回归。

4. 售后服务要求高，退货率高

直播带货由于主播不断地加入以及企业自己开始做直播，优质货源将变得越来越少，而由于直播中的冲动消费，退货率居高不下，对售后服务要求也越来越多，主播虽然在前期做好选品，并且由自己和团队和品牌方谈价格，但是由于处于的是一个分销商，推广者这样的角色，不能介入品牌方对于商品的运营和管理，且不能保证合作品牌产品的质量和售后服务，只能选择大品牌和参观工厂这类方式来解决这个问题。这个效率其实并不高，而且合作品牌一旦出了问题，会严重影响主播的口碑。

17.4 加强政府监管与市场引导，强化行业自律及文化建设

直播之前受低俗、暴力、色情内容的影响，发展受阻，而现在又面临着新的问题——侵权的问题，监控直播或涉嫌侵犯了他人的肖像权和隐私权。在娱乐直播平台中，网友公开向网络主播提供他人姓名、手机号码等个人信息，网络主播则在他人不知情的情况下直播通话内容。不管是网友还是网络主播，其行为都涉嫌侵犯他人隐私。直播本身是没有错的，错就错在了直播的内容和直播的方式，想要规范直播，平台还是需要对主播和观众进行约束。

1. 加大加强国家的行业监管和相应的立法工作

2019 年 11 月，广电总局发布"关于加强'双 11'期间网络视听电子商务直播节目和广告节目管理的通知"，提出了五项要求。包括各网络视听节目服务机构要坚守底线红线，节目中不得包含低俗、庸俗、媚俗的情节或镜头，严禁丑闻劣迹者发声出镜。

网络视听直播节目和广告节目用语要文明、规范、不得夸大其词，不得欺诈和误导消费者。随着直播产业的快速发展，从 2017 年以来，政策不断出台，对直播资质、直播内容等方向进行了细化，这也导致直播门槛变高，直播难度加大。

2020 年 3 月 18 日，市场监管总局等十一部门发布《整治虚假违法广告部际联席会议 2020 年工作要点》，强调对互联网广告和直播平台广告加强监管。直播电商的本质属于商业广告，带货主播往往身兼广告经营者、广告发布者、广告代言人等多重角色。在这类模式中，品牌商看重主播流量，消费者信任主播背书，如果产品出了问题，而主播不用承担任何责任，就可能出问题。因此，要加大对"直播带货"的法律约束和诚信约束力度，特别是明晰带货主播的责任。直播带货是新鲜事物，应将直播电商列入法律规制范畴，进一步厘清各方的法律责任，从而更好地健康发展。

政府对网络直播的内容监管及市场格局引导。政府的内容监管重点在完善监管体系及措施。首先是要落实网络直播责任主体机制，明确网播企业、网络主播以及网播管理部门的相关责任；其次要完善监管细则，促进直播平台及其主播行为的规范化；再次要加强技术监督，充分利用网络视频鉴"黄"等自动识别技术，将机器识别和人工审核结合起来，提高监管效率；最后是发动社会监督，对于网络直播，传统的"发牌照"式的管理方式相对较为粗疏，前置审查难以发挥实效。要发挥网友及相关利益群体的监督作用，建立网络直播的社会举报和处理机制。同时，政府相关部门也应积极探索制定相关产业扶持政策，以引导良性有序的网络直播市场格局的形成。如放宽对网络直播行业的市场准入，鼓励传媒、影视和电商等相关外围企业投身网络直播，促进竞争，通过减税和财政补贴、奖励等方式鼓励网络直播企业创新；对于与网络直播行业有一定经济业务合作的相关单位予以一定的政策优惠等。

2. 强化网络直播的行业自律

网络直播行业的自律不仅在于自觉抵制直播中"涉黄、涉暴"等社会反映强烈的问题，还包括通过制定行业规范和标准等方式，规范平台之间的竞争行为，促进行业的健康发展。加强行业自律，一是要制定明确具体、可执行性强的自律公约；二是落实平台责任，采取切实措施自查自纠，完善内部管理制度和内容审核机制；三是鼓励直播行业成员之间的监督，成立行业协会，共同促进直播行业的健康发展。

对于新业态重点进行培育，同时又要加强监管，除制定相应的法律规范外，各大直播平台应建立健全行业自律，推出主播实名制，主播在开播之前需要同意遵守公约内容才能直播，使之更加规范化，也能够及时响应国家的号召，打造健康、绿色、安全的直播环境，保护平台主播与观众的利益。

3. 建设积极健康的网络直播文化

包括提升网络主播的个人思想文化素质，加强其法律意识和品德修养；规范网民在直播互动中的言行，培养他们的网络社交礼仪和网络道德意识；在学校及其他教育途径中加强大众的网络媒介素养、相关法律知识和社会公德教育等。品牌商要及时学习相关的管理规定，也要对主播进行及时教育，直播平台除了要自己懂法之外，还有着提醒主播与对主播进行普法的责任。

4. 对于违规违禁要及时进行关停

其实有些主播是知道自己已经在法律的边缘徘徊，但由于利欲熏心，还是会进行违规直播，这时候后台监管就显得格外重要，要快速对不文明直播进行断流，关闭其直播间，并对主播进行警告，随时维护直播平台的秩序。带给用户更好的体验效果。

网络直播的发展走向，在内容上看，随着部门监管的加强、直播平台的规范化发展及公众需求的提高，其低俗化倾向必然受到遏制。直播平台内容生产有全民化趋势，但真正有影响力和关注度的内容必然走向专业化、优质化、特征化。在良性的市场竞争生态下，直播平台能够立于不败之地的终极决定因素必然是其真正有竞争力的内容生产和经营能力。直播的出现带给大众的不仅仅是娱乐更是便利，直播未来还会更好地为我们的生活服务，直播打破了时空的限制，有效提高了互动性与社交性，使得传统行业也更加完善，但现在直播行业还不够成熟，仍存有问题，这些都等着我们去解决。

17.5 成本升高推动商业模式探索，多元发展成关键

随着直播行业的发展、渗透率的提升以及行业内竞争的加剧，多元内容类型、垂直内容领域、精细化内容运营将是直播行业未来的趋势。

直播从单一向多元化方向发展：随着直播渗透率的提升，单一类型的直播内容不再能满足用户在不同场景的需求，内容类型将趋于多元化。

直播从泛娱乐向垂直方向发展：泛娱乐直播经过数十年发展，已至流量增长瓶颈，存在同质化现象，用户审美疲劳，垂直行业仍是流量蓝海，如"直播＋教育""直播＋医疗"。

直播从精放式向精细化方向发展：随着行业竞争加剧，精细化运营将成为直播的核心竞争力之一，除了直播背后的产品供应链对接能力，直播内容策划、主播能力、执行能力都影响着直播能否成功。

第十八章
国家对直播相关政策

18.1 直播电商获官方认可，政策利好产业快速发展

2020年4月20日下午，在陕西省柞水县小岭镇金米村培训中心，主播李旭瑛的直播间里，有一位特别的客人。在这个直播间，这位客人说了意味深长的一句话：电商作为新兴业态，既可以推销农副产品、帮助群众脱贫致富，又可以推动乡村振兴，是大有可为的。"史上最强带货诞生了！""直播助农有意义""我要买一包支持"……网友们的热情由此点燃。

"大有可为"——是对直播卖货，这个正当红的营销模式的一个重大推力。

在一些地方，手机已成为新农具，直播已成为新农活。对于这种新鲜事物，不少人还在观望，但领导人显然给予了特别的关注，也做出了积极的评价！

国务院扶贫办政策法规司司长陈洪波表示："通过网络直播销售扶贫产品是一个很好的方式，近年来特别是疫情期间发挥了很重要的作用。一是把扶贫地区的产品卖出去了，二是拓宽了贫困群众增收的渠道，同时也让城里人知道并且享受了贫困地区绿色优质的农产品。因此，直播带货是消费扶贫的一种重要方式。"

这一政策推出，不少网友都在讨论，国家扶贫政策鼓励直播，对于国内的营销体系来说进入了新纪元。

18.2 直播相关法律或动态路线图

电商已经成为拉动内需增长的重要动力，直播更是为电商发展提供了新动能。

随着线上消费的常态化以及疫情影响，直播电商在电商领域的渗透和战略地位的提升，各地官员也频频出现在直播电商平台为地方产品代言，央媒纷纷联合电商主播助力湖北经济复苏，政府出台政策激励相关产业发展。政府政策、央媒党媒、地方官员齐发力，助推直播电商产业快速发展。中央及地方政府有关部门纷纷出台政策，加大扶持力度，强化组织保障，助推直播电商产业有序高质发展。

2016年7月，《文化部关于加强网络表演管理工作的通知》发布。

2016年9月，新闻出版广电总局下发《关于加强网络视听节目直播服务管理有关问题的通知》。

2016年12月1日，国家互联网信息办公室发布的《互联网直播服务管理规定》正式施行。

2017年1月，文化部《网络表演经营活动管理办法》实施。

2019年1月，《中华人民共和国电子商务法》实施。

2019年11月，商务部新闻发言人高峰在谈到"网络直播带货"时说，直播带货必须符合有关法律法规。

2019年11月，国家广播电视总局发布《国家广播电视总局办公厅关于加强"双11"期间网络视听电子商务直播节目和广告节目管理的通知》。《通知》要求"双11"期间加强规范网络视听电子商务直播节目和广告节目服务内容规范，节目中不得包含低俗、庸俗、媚俗的情节或镜头，严禁丑闻劣迹者发声出镜。网络视听电子商务直播节目和广告节目用语要文明、规范，不得夸大其词，不得欺诈和误导消费者。

2020年2月，商务部出台《商务部办公厅关于进一步做好疫情防控期间农产品产销对接工作的通知》，鼓励电商企业为直播带货等渠道提供流量支持。各地方陆续推出直播电商相关政策。

2020年3月，中国消费者协会发布《直播电商购物消费者满意度在线调查报告》，报告显示有37.3%受访消费者在直播购物中遇到消费问题。

2020年3月，北京市文化和旅游局发布特别提示指出电商类等直播不属于网络表演，不需要申请办理"网络文化经营许可证"。

2020年3月，广州市商务局出台《广州市直播电商发展行动方案（2020—2022年）》，推进"个十百千万"工程，计划将广州打造成为全国著名的直播电商之都。"个十百千万"工程：构建1批直播电商产业集聚区、扶持10家具有示范带动作用的头部直播机构、培育100家有影响力的MCN机构、孵化1000个网红品牌（企业名牌、产地品牌、产品品牌、新品等）、培训10,000名带货达人。

2020年4月，四川省商务厅发布《品质川货直播电商网络流量新高地行动计划（2020—2022年）》，推进"四个一"工程，计划将四川打造为全国知名区域直播电商网络流量中心。"四个一"工程：推进实施10个特色产业直播电商网络流量基地、100个骨干企业、1000个网红品牌、10000名网红带货达人。到2022年底，实现年直播带货销售额100亿元，集聚生态企业1000家，带动产值1000亿元。

2020年5月，中国商业联合会媒体购物专业委员会牵头起草制定了《视频直播购物运营和服务基本规范》和《网络购物诚信服务体系评价指南》。

2020年5月，重庆市商务委发布重庆市加快发展直播带货行动计划的通知。要求各地大力发展直播带货。

2020年5月，人力资源和社会保障部发布关于对拟发布新职业信息进行公示的公告，在互联网营销师下设直播销售员岗位。

2020年6月，浙江省网商协会发布《直播电子商务服务规范（征求意见稿）》。拟对平台、商家、主播、MCN机构等不同主体在直播行业中的服务进行规范。

2020年6月，中国广告协会发布《网络直播营销行为规范》，要求2020年7月1日开始执行。

人民日报、央视新闻等中央媒体也通过公开评论发声和策划相关活动等方式表达了对直播电商渠道优势的认可。如，2020年4月，《人民日报》发表时评，肯定"直播带货"方式在激活消费和促进经济转型升级方面的作用；疫情稳定后，人民日报、央视新闻等央媒联合淘宝、快手等平台为湖北直播带货，助力湖北经济复苏。其中，央视新闻、快手的"祖蓝夏丹"组合湖北专场直播还登陆了《新闻联播》。如图18-1所示。

图 18-1 人民日报时评:"直播带货"创新消费方式

18.3 直播电商催生新职业大就业

直播电商高速发展,成为助推我国经济社会发展的重要新动能,尤其是在今年疫情期间,以直播电商为代表的数字经济更是发挥了不可替代的积极作用,在激活消费市场、拉动经济增长的同时,也创造了大量新增就业机会。据测算2019年仅淘宝直播一家平台就带动了400万人就业,2020年直播电商市场量级将逼近万亿元。作为数字经济时代的风口之一,迅速崛起且量级庞大的直播电商市场,势必将引领一波创业、就业新浪潮。

直播电商产业的高速发展对于就业的积极促进作用具有重要的社会意义,"其一是创造了多种新职业、新工种,产生更多新就业岗位;其二是为其他领域失业人员或想要转行的从业者提供更多就业选择机会;其三是加速推进传统产业数字化转型升级,避免因产业滞后所造成的大批从业者潜在失业风险。直播电商产业在促进就业的同时,大量人才的引进也更利于新兴电商及视频直播产业新生态的打造。直播电商除了催生出大量网红主播以外,还有很多伴生职业也随之诞生:

(1)直播电商运营:目前直播电商总值虽接近万亿,但渗透率还不到10%,有大量就业机会。目前直播电商运营极为稀缺,人才缺口很大。

(2)主播:主播是直播电商的关键环节,沟通能力强、熟悉了解产品的头部主播缺口极大,是各地争抢的主要对象,"网红一哥"李佳琦也已作为特殊人才落户上海,广州市、济南市、四川省、重庆市等多地都在加速培养和引进电商直播人才,并出台了一系列扶持措施。其中,广州市花都区计划给予优秀主播最高50万元购房奖励，直播电商企业在境内上市还将给予1000万元奖励。

（3）直播选品师：供应链选品是直播电商产业链的核心关键环节，直播效果的好坏除了与主播发挥有关系之外，选品最为关键。直播选品师不仅深度在网上看各个产品的体验，还要深入企业实际，与企业实地沟通。争取把优质的品牌产品加入到产品库中。

（4）直播培训师：当下直播电商风起云涌，企业需求量极大，但大部分人对于直播中各个平台的规则限制、直播平台设备的使用、直播效果的复盘等复杂性望而却步，直播培训师可以将在直播中体验及技巧传统给企业，帮助企业少走弯路。

（5）产品经理：工作就是对选品师选中的产品进行二次筛选，淘汰掉不符合要求的产品。

（6）产品体验师：在经过选品师、产品经理后，挑选剩余的产品会经由产品体验师试用，剔除言过其实，一些好评度很高，体验不好的产品。

（7）网红直播间装修师：各种商品类目的直播都有不同的要求和讲究，卖衣服的讲究要穿起来好看；卖化妆品的要讲究皮肤好；卖零食的，画面呈现一定要鲜艳浓郁；卖首饰的，要贴近镜头把细节看得清清楚楚；卖珠宝的，对画面色彩的要求更高。这就催生出了网红直播间装修师，他们可以根据不同的需求提供不同的直播设备、布置灯光，以及直播间的软装。价格根据客户的需求有不同的档次，一般来说不含软装的设备改造在3万元左右，含设计施工软装的全套方案在5万元—6万元。

此外，在招聘网站上搜索直播相关的职业，可以看到主播星探、经纪人、主播货品招商、直播内容策划、直播粉丝运营师等新兴职业都非常热门，这也带动了不少人加入直播行业。以淘宝直播为例，淘宝直播直接或间接创造了数百万的就业岗位。

当前及今后一段时间，电商行业招聘，将呈现出哪些趋势性特征？新业态勃兴催生一批新职业。"以人工智能、大数据、物联网为基础的技术创新不断加快，网红经济等产业链日渐清晰，直播电商、社交电商、内容电商等新业态快速发展。这些都对电商行业的渠道管理、营销方式、商业模式等带来深刻影响，更多新岗位也在涌现。"天津铸源健康科技集团董事长许德宇说，公司旗下的社交电商平台已全面启动高校招聘，在招商、线下体验店、运营等环节都有招聘计划。

以直播电商为例，无论是前端的网络主播、主播经纪人、场景包装师、直播讲师、直播内容编辑、选品师等新岗位，还是后端的技术运维，都吸引越来越多毕业生加入。无论是技术、产品还是运营，岗位需求更细分。智能终端收集的动态数据，技术人员将进行建模与分析，据此来支撑前端的运作。随着 App 的功能越来越细分，我们招聘的相关电子商务岗位也越来越细分，力图每个环节都有专业的人做专业的事，以提升用户体验。

融合发展更需要复合型人才。中南财经政法大学数字经济研究院执行院长盘和林认为，未来行业趋势将是线上和线下服务融合发展，电子商务的岗位与科技行业、社交媒体等的关联也会更紧密。懂用户、会社群营销、熟悉互联网的求职对象将会是电商行业的重点需求人才。

附录 1
直播相关制度规范

一、中国商业联合会《视频直播购物运营和服务基本规范》

1. 范围

本标准规定了视频直播购物经营的范围、术语和定义、总体要求、从业人员、商品质量、运营管理、服务、监督管理等要求。

本标准适用于商贸流通行业内视频直播购物经营等管理。

2. 规范性引用文件

下列文件对于本文件的应用是必不可少的。凡是注日期的引用文件，仅所注日期的版本适用于本文件。凡是不注日期的引用文件，其最新版本（包括所有的修改单）适用于本文件。

SB/T 10401-2006 商品售后服务评价体系

SB/T 10965-2013 媒体购物经营要求

SB/T 10519-2009 网络交易服务规范

SB/T 11115-2015 媒体购物术语

YZ/T 0128-2007 快递服务

3. 术语和定义

3.1 社交媒体 Social Media

互联网上基于用户关系的内容生产与交换平台。

3.2 社交电商 Social commerce

基于人际关系网络，利用互联网社交工具，从事商品或服务销售的经营行为。

3.3 网络视频直播 Video Webcast

一种新兴的网络社交方式,可以同一时间透过网络系统在不同的交流平台观看影片或表演。

3.4 网红 Influencer

即网络红人,指在现实或者网络生活中因为某个事件或者某个行为而被网民关注从而走红的人或长期持续输出专业知识而走红的人。

3.5 直播带货 Live goods

明星、网红、社会名人或公众人物对某一商品有意无意助销。

3.6 网络交易 network transaction

发生在企业(或其他组织机构)之间、企业(或其他组织机构)与消费者之间、消费者与消费者之间通过网络手段缔结的商品或服务交易。

[SB/T 10519-2009,2.1]

3.7 网络交易方 network transaction party

通过网络进行交易的双方,分为:

1)卖方:利用网络出售商品或提供服务。

2)买方:利用网络购买商品或获得服务。

[SB/T 10519-2009,2.3]

3.8 网络交易平台 network transaction platform

为网络交易提供商品或服务交易的系统。

[SB/T 10519-2009,2.4]

3.9 网络交易平台提供商 network transaction platform provider

为网络交易提供交易平台,并进行平台运营和管理的法人或法人行为主体。

[SB/T 10519-2009,2.5]

3.9.1 网络支付平台 network payment platform

为网络交易提供交易安全支付服务的系统。

[SB/T 10519-2009,2.6]

3.9.2 网络支付平台提供商 network payment platform provider

为网络交易提供交易安全支付平台,并进行平台运营和管理的法人或法人委派的行为主体。

[SB/T 10519-2009，2.7]

4. 总体要求

4.1 参与社交媒体和视频直播购物经营者，应遵守：

a）国家颁布的相关法律法规，以及相关部门制定的规章制度等；

b）相关的技术标准和安全规范等；

c）诚信自律的原则；

d）国家有关知识产权的规定，不得侵害他人的专利权、商标权、著作权等，并有权利保护相关知识产权；

e）不应通过媒体从事法律法规和国家其他有关规定禁止的违法犯罪行为，如传销、贩卖毒品、禁药、盗版软件、淫秽商品和服务等；

f）不应提供和买卖未经国家批准、未取得商品生产许可证的商品和服务等。

4.2 社交媒体视频直播购物出镜者，应遵守：

a）年龄不得低于 18 周岁；

b）取得相关机构核准；

c）具有相关专业资质；

d）经过专业培训；

e）必须进行过消费体验，不得为其未使用过的商品或者未接受过的服务做推荐、证明；

f）严格遵守广告法有关规定。

4.3 社交媒体和视频直播购物经营者应为销售商品提供盖有公司印章的正式发票，并根据消费者意愿适时送达消费者。

4.4 社交媒体和视频直播购物经营者应采取措施确保消费者信息安全。

4.5 消费者在接到货物 7 天内，在不影响二次销售的情况下想要退货的，社交媒体和视频直播购物经营者应无条件接受消费者退货，同时按原价退款。

5. 商品质量

5.1.1 商品应包括实物商品和服务商品。

5.1.2 为消费者提供的商品应符合国家产品质量、标准、计量等法律法规的要求。

5.1.3 经营者应对确定销售的商品进行审查，确认商品应具有生产、销售许可证明、产品质量合格证明等。

5.1.4 为顾客提供的商品说明书应符合 GB/T 9969 规定的要求。

5.1.5 属于药品、保健品、化妆品、美容产品、健身及体育器材等商品，还应有主管部门审批文件批号，以及出厂日期、质量保证期、使用注意事项等。

5.1.6 商品外包装上，应有清晰的标识，其标识内容包括产品质量合格证明、产品名称、规格、型号，生产厂名称、地址，执行标准编号，生产日期、安全使用期、失效日期，警示标志、警示说明等。

5.1.7 对于进口的产品商品，应标示原产国国名或地区区名（如香港、澳门、台湾），以及在中国依法登记注册的代理商、进口商或经销者的名称、地址和联系方式，可不标示生产者的名称、地址和联系方式。

5.1.8 产品质量合格证明应与商品、产品使用说明书等一起发送给消费者；没有产品质量合格证明、产品使用说明书的商品，消费者可拒绝付款，并可无任何条件退货。

6. 从业人员

6.1 社交媒体和视频直播购物从业人员应参加相关部门组织的专业培训，取得相关媒体购物管理师等职业资格等上岗资格证书，并在专业机构备案登记后上岗。

6.2 参与社交媒体和视频直播购物全流程过程的从业人员，应具备：

a) 熟悉与工作岗位相关的国家法律、法规、标准、规范，并能在工作中执行、运用；

b) 熟悉本企业（公司）内部管理规章制度，并认真遵守；

c) 具备一定的沟通协调能力、计算机应用及文字表达能力；

6.3 从业人员还应口齿清楚，表达准确，不应运用虚假语言诱惑消费者购买商品。

6.4 特定岗位从业人员应具有相应的从业资格证，经理人应取得由媒体购物行业主管机构核发的从业资格证。

7. 运营管理

7.1 职责分工管理

7.1.1 社交媒体和视频直播购物经营者应当通过内部管理制度汇编、员工手册、组织结构图、业务流程图、岗位描述、权限指引等适当方式，使员工了解和掌握内部机构设置及权责分配情况，促进企业各层级员工明确职责分工，正确行使职权，并加强对权责履行的监督。

7.1.2 职责分工控制要求根据企业目标和职能任务，按照科学、精简、高效的原则，合理设置职能部门和工作岗位，明确各部门、各岗位的职责权限，形成各司其职、各负其责、便于考核、相互制约的工作机制。

7.2 商品采购管理

7.2.1 采购管理机制

7.2.1.1 社交媒体和视频直播购物经营者应设立专门的商品采购部门或商品开发部门，负责与生产厂家洽谈商品合作。

7.2.1.2 社交媒体和视频直播购物经营者的商品采购部门应配备相应结构和数量的专业人员。

7.2.1.3 社交媒体和视频直播购物经营者应制定完善的商品采购流程和规章制度，整个流程要统一、规范、合理，具备可操作性，并保证员工能够严格依照流程照章开展工作。

7.2.1.4 社交媒体和视频直播购物经营者对员工进行商品采购知识和机能的培训，使员工能够胜任工作。

7.2.2 供应商选择

7.2.2.1 应选择具备合法的主体资质条件的供应商，认真审核其有效的营业执照、生产许可证或准产证、食品卫生许可证、产品质量检验合格证明和国家规定的其他证明等。

7.2.2.2 对在政府主管部门或政府指定的企业信用档案管理系统中被列入信用黑名单的企业不应作为供应商。

7.2.3 商品审核管理

7.2.3.1 商品销售审核工作由企业的商品采购部门承担。

7.2.3.2 社交媒体和视频直播购物经营者应制定完善的商品审核流程和审核规范，并严格执行。未通过商品销售审核的商品应视为不合格商品，社交媒体和视频直播购物经营者应不予销售。

7.2.3.3 社交媒体和视频直播购物经营者应对员工开展商品销售审核技能培训，使员工掌握商品审核工作应熟悉的法律、法规、质量标准等知识。

7.2.4 采购过程的信息记录管理

7.2.4.1 社交媒体和视频直播购物经营者应建立采购过程信息管理台账，保证采购过程信息的真实性、完整性和可追溯性，并完整保存三年。

7.2.4.2 采购过程信息管理台账应记录下述信息：

（1）供应商基本信息（企业名称、注册地址、目前办公地址、法定代表人、许可证代码、联系电话等）；

（2）采购商品基本信息（名称、产地、种类、数量、批次、标准、价格、订货日期、到货期限等）。

7.3 售后服务管理

售后服务管理应符合 SB/T 10401-2006 中规定的条款要求。

8. 服务

8.1 物流外包管理

8.1.1 服务商选择

8.1.1.1 应选择具备合法的主体资质条件的服务商，认真审核其有效的营业执照、执业许可证和国家规定的其他证明等。

8.1.1.2 所选择的服务商应符合 YZ/T 0128-2007 的规定要求。

8.1.2 外包服务管理

8.1.2.1 社交媒体和视频直播购物经营者应与服务商就消费者订单信息数据的交流方式、数据汇集交换方式、物流服务质量约定、费率、代收款资金结算方式、数据保密方式等方面与服务商订立完善的合作规则，以保证物流服务质量和消费者信息安全。

8.1.2.2 社交媒体和视频直播购物经营者应要求服务商按规范填写物流或快递单据，单据上应完整填写本企业的名称、商品名称和规格、本企业的联系方式等信息。

8.1.2.3 社交媒体和视频直播购物经营者应要求服务商提供开箱验货后付款服务。

8.1.2.4 社交媒体和视频直播购物经营者应就上述及其他合作事项与服务商达成意向并签署书面合作协议。

9. 监督管理

9.1 监管体系

9.1.1 社交媒体和视频直播购物的运营应设监管部门,该部门有适当的人员配备和良好的运转机制。

9.1.2 社交媒体和视频直播购物经营者的负责人或指定的人员为监管部门的负责人。

9.1.3 社交媒体和视频直播购物经营者对监管部门工作人员进行专业培训,使相关人员能够胜任监管部门的工作。

9.2 监管制度

9.2.1 社交媒体和视频直播购物经营者应制定完整的上级监管机构下发的监管文件的传达与处理制度,以协调播出机构内部各个相关部门的工作。

9.2.2 社交媒体和视频直播购物经营者对上级监管机构下发的监管文件的传达与处理制度应以企业文件形式体现。

9.2.3 社交媒体和视频直播购物经营者监管部门的工作人员应严格执行上述制度。

9.3 监管流程

9.3.1 社交媒体和视频直播购物经营者应建立完善的监管流程,整个流程应统一、规范、合理,具备操作性,能够使监管工作处于有序状态。

9.3.2 社交媒体和视频直播购物经营者内部相关部门和人员严格按照监管流程开展工作。

9.4 监管实施工作

9.4.1 监管机构应按照监管内容和流程推进网络购物和手机移动购物的监管工作。

9.4.2 监管机构妥善处理与被监管广告相关的物资、资金等环节。

9.4.3 监管机构依照上级监管机构下发的监管文件完成相关监管工作,在没有得到上级监管

机构废止通知的情况下,网络广告发出机构应长期执行。

9.5 备案工作

监管机构的监管工作执行完毕后,相应的监管记录应作为档案,由监管部门长期保管。

9.6 监管工作的监督

9.6.1 监管机构通过适当的方式及时、主动地向直接的上级监管部门反馈监管工作结果。

9.6.2 监管机构的监管工作受上级监管部门的监督和检查。

参考文献

[1] 中华人民共和国广告法 主席令8届24号

[2] 中华人民共和国消费者权益保护法 主席令12届7号

[3] 广播电视广告播出管理办法 国家广播电影电视总局令第61号

[4] 广电总局关于加强电视购物短片广告和居家购物节目管理的通知 国家广播 电影电视总局发第71号

[5] 关于整顿广播电视医疗咨询服务和电视购物节目内容的通知 广发社字（2006）24号

[6] 关于进一步加强广播电视医疗和药品广告监管工作的通知 广发[2009]8号

二、中国商业联合会《网络购物诚信服务体系评价指南》

前　　言

本标准根据 GB/T 1.1-2020 给出的规则起草。

本标准由中国商业联合会媒体购物专业委员会提出。

本标准由中国商业联合会归口。

本标准起草单位：中国商业联合会媒体购物专业委员会

网络购物诚信服务体系评价指南

1. 范围

本标准规定了网络购物企业诚信经营的基本要求、经营原则、管理与社会监督、评价指标体系、评定等级划分及评定程序等内容。

本标准适用于境内网络购物企业的诚信经营管理、监督管理及评价或认证等。

2. 规范性引用文件

下列文件对于本文件的应用是必不可少的。凡是注日期的引用文件，仅所注日期的版本适用于本文件。凡是不注日期的引用文件，其最新版本（包括所有的修改本）适用于本文件。

GB/T 18106-2004　零售业态分类

GB/T 27922-2011　商品售后服务评价体系

SB/T 10965-2013　媒体购物经营要求

3. 术语和定义

3.1 网络购物　on line shopping

以互联网发布信息为主向消费者进行商品展示，并网上下单订购、支付完成购买后通过物流配送，送达消费者的零售业态。

3.2 无店铺零售　non-store retailing

不通过店铺销售，由厂家或商家直接或间接将商品递送给消费者的零售业态。

[GB/T 18106-2004，4.2]

3.3 售后服务　after-sale service

向顾客售出商品或从顾客接受无形产品开始，所提供的有偿或无偿的服务。

[GB/T 27922-2011，3.1]

3.4 网络购物企业　broadcast and television on line shopping company

利用网络发布商品订购信息的方式，获得商品订单以实现销售的企业。

4. 基本要求

4.1 应遵循国家有关诚信经营的法律、法规的规定，做到合法合规经营。

4.2 应坚持以人为本，恪守职业道德。

4.3 应建立企业诚信经营监督机制，建设信用文化。

4.4 应参加由政府部门、中介机构、行业协会等组织的诚信经营创建活动。

5. 经营原则

5.1 依法经营

5.1.1 应遵守国家有关工商管理、行业管理、产品质量、合同、广告、反不正当竞争、消费者权益保护等方面的法律、法规及强制性标准的规定，合法开展经营活动。

5.1.2 应依法履行财务制度，照章纳税。

5.1.3 应执行国家相关物价价格政策。

5.2 诚实守信

5.2.1 建立完善的网络购物质量管理体系，确保经营网络购物商品的质量。

5.2.2 网络购物商品应明码标价，货真价实，质价相符，计量准确。价格文字表述应遵循真实、诚信原则。

5.2.3 网络购物节目表述应实事求是，真实反映商品的性能、质量及相关信息。

5.2.4 按照合同规定行使权利、履行义务，严守商业信用。

5.2.5 维护市场公平竞争秩序和竞争规则，反对采用不正当手段进行恶性竞争。

5.2.6 应尊重他人知识产权，培育和维护自主知识产权。

5.3 健全规章制度

5.3.1 应制定完整的商品供应管理、质量管理、配送管理、合同管理、财务管理、信用管理、人力资源、安全生产、品牌管理、危机管理等制度、规范和相应的操作流程。

5.3.2 应执行网络购物行业管理的相关规定、规范和准则，按照国家有关规定购进、销售符合标准要求的商品。

5.3.3 应建立企业诚信经营管理制度与机制，并做到监督保障措施完善，职责明确，奖惩分明。

5.3.4 应加强企业信用风险的评估与控制，做好公共关系管理、危机预警与处理工作。

5.4 规范服务

5.4.1 应坚持顾客至上的服务宗旨，为客户和消费者提供优质服务。

5.4.2 应制定覆盖售前、售中和售后全过程的服务准则和服务流程，践行服务承诺，对服务流程进行管理和控制，收集客户信息，定期回访客户，维护客户与消费者的合法权益。

5.4.3 应正确介绍所经营商品的信息，做到信息合法、真实、准确。

5.5 履行责任

5.5.1 认真履行网络购物全过程安全的义务，保障经营商品质量，消费者能够正确、安全地使用商品。

5.5.2 认真履行政府赋予企业的责任，承担突发事件和公共卫生事件应急供应任务，发挥网络购物行业的优势和作用，救死扶伤，保障供应。

5.5.3 认真履行社会公益责任，积极提供公益健康教育，努力回馈社会。

5.5.4 遵守劳动保障法律法规，严格执行劳动合同，善待员工，建立和谐劳动关系，保障企业员工的合法权益。重视员工职业教育，提高员工专业知识和服务技能水平，为员工提供职业发展机会。

5.5.5 认真履行环境保护责任，杜绝环境污染，发展绿色、低碳经济，建设环境保护型、资源节约型企业。

5.5.6 严格遵守安全管理法律法规，消除各类安全隐患，确保劳动者人身、财产安全。

6. 管理与社会监督

6.1 诚信经营的管理

6.1.1 应重视企业诚信经营的管理，确定领导分管职责，设定企业信用管理部门或管理人员，定期检查和考核。

6.1.2 应建立供应商信用档案，做到真实、准确、可追溯，并对诚信记录的标识、存放、保护、检索、留存和处置做出明确规定。

6.1.3 应定期组织诚信经营方面的自律教育，树立良好职业道德，开展诚信经营企业创建活动，建立内部自查改进机制。

6.1.4 应将诚信经营情况纳入企业年度工作报告或社会责任报告，公布企业坚守诚信经营原则、履行社会责任现状、规划与措施，主动接受员工与社会的监督。

6.1.5 应建立和完善企业信用内部评价体系，具体评价要求见附录 C。

6.1.6 应参加行业协会组织的诚信培训、行业诚信评价等诚信体系建设工作。

6.2 诚信经营的社会监督

6.2.1 公开服务公约、服务项目和举报投诉电话，自觉接受政府、社会和舆论监督，认真对待公众投诉，做到及时处理与反馈。

6.2.2 应配合政府及有关部门开展的依法打击制售假冒伪劣商品和商业欺诈等违法行为的活动，为客户与消费者维权提供便利和支持。

7. 评价指标体系

7.1 网络购物诚信经营服务体系定量指标

包括合同履约率、商品合格率、客户投诉处理率、客户满意率以及订单放弃率等。具体计算方法与公式参见附录 A。

7.2 定性指标

应包括但不限于：

——企业应建立相关法律法规资料档案，有关领导和责任人应熟悉国家、行业的法律法规。

——企业应建立与诚信经营相关联的管理制度。

——企业应建立客户投诉台账，并对客户投诉处理结果进行记录。

——企业定期收集客户意见。

——企业应定期对员工进行诚信教育，使员工在日常工作行为中始终保持诚信理念。

8. 评定等级划分

8.1 网络购物企业诚信服务评价标准分为四个等级，分别是 AAAA、AAA、AA、A 级。

8.2 评定或认证组织。AAAA、AAA 级诚信企业由国家主管行业协会组织评定或认证，AA、A 级诚信企业由国家主管行业协会授权省市级地方行业协会组织评定或认证。

8.3 网络购物诚信企业等级评定细则参见附录 B 执行。

9. 评价程序

9.1 总体要求

9.1.1 企业应根据本标准的要求建立健全诚信服务体系，开展企业自评。

9.1.2 企业根据自评分数，自愿向主管机构提出诚信评价申请。

9.1.3 受理企业诚信评价评审的机构，应按照相关评审细则或办法要求，对申请企业进行评审。

9.2 评价方法

9.2.1 诚信评价评审机构应依据本标准规定，对网络购物企业诚信服务经营评价。

9.2.2 诚信评价机构应成立评价工作组执行具体工作。评价工作组由媒体购物评审员组成，评价工作组组长须有高级媒体购物评审员担任，工作组成员应由媒体购物评审员担任，每个工作组不少于三名人员组成。

9.2.3 企业诚信服务经营评价应制订计划，计划包括评价范围、申请评价等级。

9.2.4 评价时宜采用文件调查和现场考察的方式，包括查阅文件盒记录、询问工作人员、观察现场、访问顾客等。

9.3 评分

9.3.1 依据本标准附录 B 规定的评分标准，以及附录 C 规定的评分细则进行评分。

9.3.2 评分结果汇总后得出总分，由评审工作组按总分确定诚信服务等级。

9.3.3 评审工作组应编写评价报告，将评价结果反馈给企业。

9.3.4 企业对评价结果有异议，可在收到评价报告 15 个工作日内，与评价工作组沟通。评价结果由评价工作组组长负责解释。

9.4 评价管理

9.4.1 根据评价结果评定企业诚信服务水平，并以不同等级（按附录 B）区分优质程度。

9.4.2 获得 AAAA 级诚信服务企业称号的企业为国家 AAAA 诚信服务企业，由国家媒体购物行业管理机构授予相应证书和奖牌。

9.4.3 获得 AAA 级诚信服务企业称号的企业为国家 AAA 诚信服务企业，由媒体购物行业管理机构授予相应证书和奖牌。

9.4.4 获得 AA 级、A 级诚信服务企业称号的企业为地方诚信服务企业，由地方媒体购物行业管理机构授予相应证书和奖牌。

附录 A

网络购物企业诚信评价指标

（资料性附录）

A.1 合同履约率，%。表征企业履行合同的诚信和能力。

合同履约率（%）= 已履行完成的合同数量（个）/ 企业与客户签订的合同总量（个）×100%

A.2 商品合格率（%）。表征企业所售出商品质量，按照相关标准检验的合格情况。

商品合格率（%）= 企业售出商品合格数量 / 企业售出商品总数 ×100%

A.3 客户投诉处理率（%）。反映客户投诉后企业正确处理客户意见的态度。

客户投诉处理率（%）= 企业对客户投诉处理的数量 / 客户投诉总量 ×100%

A.4 客户满意率，%。反映客户对商品服务的满意程度。统计期内，一批抽样样品中，客户满意的数量与抽样客户的总数之比。

客户满意率（%）= 客户满意的数量 / 抽样客户总数量 ×100%

A.5 退货率（%）。在统计期内，已经产生订单，但又退货的。

退货率（%）= 退货订单 / 订单总数 ×100%

附录 B

网络购物诚信企业等级划分原则

（资料性附录）

B.1 评分标准

网络购物诚信企业评定采用量化方法打分，其中基本分为 90 分，加分 10 分，满分为 100 分。其中：

评为 A 级诚信企业，应：

——基本分达到70分以上。

评为 AA 级诚信企业，应：

——基本分达到75分以上；

——或基本分达到70分以上，总分达到80分以上。

评为AAA级诚信企业，应：

——基本分达到80分以上；

——或基本分达到75分以上，总分达到85分以上。

评为AAAA级诚信企业，应：

——基本分达到85分以上，且总分达到95分以上；

——或基本分达到80分以上，总分达到98分以上。

B.2 具体评分内容包括：

1）企业诚信经营的基本要求（22分）；

2）企业经营商品要求（23分）；

3）网页制作要求（12分）；

4）商品评价要求（10分）；

5）物流配送要求（9分）；

6）支付和售后服务要求（14分）；

7）加分项目（10分）。

网络购物企业诚信评价评分细则见附录C。

B.3 报告和记录

1）检查记录表；

2）评价评分表。

附录C

网络购物企业诚信评价评分细则

（资料性附录）

网络购物企业诚信服务评价评分细则共有七部分组成，具体见表C.1。

表C.1 网络购物企业诚信评价评分细则

指标类别	指标名称	考核标准
企业诚信经营的基本要求（22分）	1.企业的方针、目标（2分）	有符合企业实际的方针和目标的得2分。仅有方针得1分；仅有目标得1分
	2.企业的组织机构图和职责划分（2分）	有完善的组织机构图含企业诚信经营管理机构图，并制定诚信管理职责，得2分。仅有组织机构图得1分，有诚信管理职责并划分清楚得1分
	3.诚信管理人员要求（2分）	有诚信管理专、兼职人员，得2分
	4.诚信管理培训（2分）	有全员诚信管理培训计划并包含具体培训内容，得1分；有培训记录（含实践、地点、人数、培训内容、授课教师），得1分
	5.诚信管理规划和计划（2分）	有完整的企业发展规划，得1分；有完整的企业诚信经营管理计划，得1分
	6.诚信管理法律法规健全（2分）	有收集的法律法规等信息，并进行整理、登记、存档，得1分； 能及时了解有关法律法规发布、修订、更改、废止的信息，保证企业执行的法律法规具有良好的时效性，得1分
	7.企业履行合同能力（8分）	合同履约率达到100%，得8分； 合同履约率≥98%以上，得6分； 合同履约率≥96%以上，得5分； 合同履约率≥94%以上，得3分； 合同履约率≥92%以上，得2分； 合同履约率≥90%以上，得1分； 合同履约率<90%以上，得0分
	8.客户满意率，%（2分）	客户满意率≥90%以上，得2分； 客户满意率≥80%以上，得1分； 客户满意率<80%，不得分
企业经营商品要求（23分）	9.商品合格率，%（5分）	商品合格率达到100%，得5分；否则，不得分。该项为否决项
	10.客户投诉处理率，%（5分）	规定时间内，客户投诉处理率100%，得5分； 规定时间内，客户投诉处理率≥98%，得4分； 规定时间内，客户投诉处理率≥95%，得3分； 规定时间内，客户投诉处理率≥92%，得2分； 规定时间内，客户投诉处理率≥90%，得1分

续表

指标类别	指标名称	考核标准
企业经营商品要求(23分)	11. 商品检验证明（2分）	有商品检验证明，得2分；否则，不得分
	12. 商品质量合格证（2分）	有商品质量合格证，得2分；否则，不得分
	13. 商品说明书（2分）	商品说明书规定内容符合要求，执行标准合法、现行有效，得2分
	14. 商品生产许可证（2分）	有商品生产许可证，得2分。否则，不得分
	15. 商品包装（5分）	按包装规定进行包装，且包装上有生产日期、质量保证期、使用日期、警示标志、生产厂地址、生产厂名称、标准号码等，得5分；否则，每缺一项扣0.5分
节目制作要求（12分）	16. 基础设施设备、装备配备情况（5分）	有制作网购基础设施设备和装备，且满足企业实际需要，得5分。 注：外包制作且满足要求的，得5分
	17. 商品介绍人要求（2分）	具有相关专业大专以上学历，并持有上岗资格证书，得2分
	18. 节目形态要求（5分）	对商品信息介绍全面，商品展示外形、功能演示恰当真实，得2分； 自始至终会在网络画面上显示销售、咨询、订购的免费电话，得1分； 节目没有"叫卖式"夸张配音、语调、动作等，得2分
呼叫中心要求（10分）	19. 呼叫中心建设（5分）	有符合要求的呼叫中心，且座席、话务人员符合要求，得3分。 注：租赁呼叫中心系统，配置齐全符合要求，得3分
	20. 呼叫人员要求（2分）	呼叫人员普通话标准、反应敏捷、语音清晰，且持证上岗，得2分
	21. 呼入电话放弃率，%（3分）	呼入电话放弃率＜5%，得3分； 呼入电话放弃率≥5%且＜8%，得2分； 呼入电话放弃率≥8%且＜10%，得1分； 呼入电话放弃率≥10%，得0分

续表

指标类别	指标名称	考核标准
物流配送要求（9分）	22.物流配送中心（5分）	自建物流配送中心的企业应达到 SB/T 10965-2013 第6.4的要求，得5分； 注：外包物流配送应签署正式合同，达到 SB/T 10965-2013 第6.4的要求，得3分
	23.物流配送人员（2分）	物流配送人员要经过培训，具有上岗资格证书，得2分
	24.物流配送服务（2分）	物流配送人员能对照订单，确保商品货物送达，并由收货人签收，得2分
支付和售后服务要求（14分）	25.支付（2分）	有明确的支付方式，并有消费者正确使用说明，得2分
	26.售后服务（12分）	制定了明确的售后服务总则和细则且实施，得2分； 有具体的服务承诺且实施，得2分； 有具体的服务流程且实施，得2分； 制定了退换货流程且实施，得2分； 有详细的退款说明且实施，得2分； 有保证客户信息安全的措施，得2分
加分项目（10分）	27.诚信认证（2分）	通过媒体购物行业诚信注册认证，并获得可追溯查询证书，得2分
	28.参与国家、行业、地方标准制修订（2分）	企业参与国家标准制修订工作，得2分； 企业参与行业标准制修订工作，得1.5分； 企业参与地方标准制修订工作，得1分
	29.质量、环境、卫生等认证（2分）	企业获得 ISO 9000 系列认证证书，得1分； 企业获得环境、卫生、安全等其他认证证书，每得一个证书加0.2分，但总加分不得超过1分
	30.企业诚信信息化管理（2分）	建立了客户信息数据库，并实施信息化管理，加2分
	31.企业诚信管理工作有突出成效，近5年内获得国家、行业或地方政府部门表彰。包括名牌产品、免检产品、质量管理奖、科技进步奖以及诚信管理先进单位等。（2分）	获得国家级政府部门奖励，得2分； 获得行业级包括行业管理部门、行业学协会、学术组织等奖励，得1分； 获得省级地方政府部门奖励，得1分。 该项总加分不得超过2分

参考文献

[1]《中华人民共和国广告法》

[2]《中华人民共和国消费者权益保护法》

[3] GB7718-2011 食品安全国家标准预包装食品标签通则

[4] SB/T 10518-2009 电子商务模式规范

[5] SB/T 10519 网络交易服务规范

[6] SB/T 10693-2012 网络购物术语

三、中国广告协会《网络直播营销行为规范》

前言

网络直播营销作为一种社会化营销方式，对促进消费扩容提质、形成强大国内市场起到了积极作用。规范网络直播营销活动，促进其健康发展，需要在现行法律框架下，构建包括政府监管、主体自治、行业自律、社会监督在内的社会共治格局。

网络直播营销活动的诸多要素带有明显广告活动功能和特点，广告活动的各类主体也积极参与投入网络直播营销活动，是网络直播营销新业态发展的重要力量。中国广告协会密切关注广告活动的变化以及网络直播营销新业态的发展，经过充分调研，征求意见，并得到国家市场监管总局有关单位、中国消费者协会的大力支持，制定了网络直播营销活动行为规范。

中国广告协会将不断倡导自律规范先行，依法加强行业自律，提供自律公共服务和引导市场主体自治，推进行业诚信建设。

本规范侧重为从事网络直播营销活动的各类主体提供行为指南。非直播网络视频营销，属于广告活动的，应当符合《中华人民共和国广告法》规定；属于其他营销活动的，可参照本规范进行自律。

第一章　总则

第一条　为营造良好的市场消费环境，引导网络直播营销活动更加规范，促进网络直播营销业态的健康发展，根据《中华人民共和国电子商务法》《中华人民共和国消费者权益保护法》《中华人民共和国广告法》《中华人民共和国产品质量法》《中华人民共和国反不正当竞争法》等法律、法规、规章和有关规定，制定本行为规范。

第二条　本规范适用于商家、主播等参与者在电商平台、内容平台、社交平台等网络平台上以直播形式向用户销售商品或提供服务的网络直播营销活动。

第三条　网络直播营销活动应当认真遵守国家法律、法规，坚持正确导向、诚实信用、信息真实、公平竞争原则，活动内容符合社会主义精神文明建设和弘扬中华民族优秀传统文化的要求。

鼓励网络直播营销平台经营者积极参与行业自律，共同推进网络直播营销活动社会共治。

第四条 网络直播营销活动中所发布的信息不得包含以下内容：

（一）反对宪法所确定的基本原则及违反国家法律、法规禁止性规定的；

（二）损害国家主权、统一和领土完整的；

（三）危害国家安全、泄露国家秘密以及损害国家荣誉和利益的；

（四）含有民族、种族、宗教、性别歧视的；

（五）散布谣言等扰乱社会秩序、破坏社会稳定的；

（六）淫秽、色情、赌博、迷信、恐怖、暴力或者教唆犯罪的；

（七）侮辱、诽谤、恐吓、涉及他人隐私等侵害他人合法权益的；

（八）危害未成年人身心健康的；

（九）其他危害社会公德或者民族优秀文化传统的。

第五条 网络直播营销活动应当全面、真实、准确地披露商品或者服务信息，依法保障消费者的知情权和选择权；严格履行产品责任，严把直播产品和服务质量关；依法依约积极兑现售后承诺，建立健全消费者保护机制，保护消费者的合法权益。

第六条 网络直播营销主体不得利用刷单、炒信等流量造假方式虚构或篡改交易数据和用户评价；不得进行虚假或者引人误解的商业宣传，欺骗、误导消费者。

在网络直播营销中发布商业广告的，应当严格遵守《中华人民共和国广告法》的各项规定。

第七条 网络直播营销主体应当依法履行网络安全与个人信息保护等方面的义务，收集、使用用户个人信息时应当遵守法律、行政法规等相关规定。

第八条 网络直播营销主体应当遵守法律和商业道德，公平参与市场竞争。不得违反法律规定，从事扰乱市场竞争秩序，损害其他经营者或者消费者合法权益的行为。

第九条 网络直播营销主体应当建立健全知识产权保护机制，尊重和保护他人知识产权或涉及第三方的商业秘密及其他专有权利。

第十条 网络直播营销主体之间应当依法或按照平台规则订立合同，明确各自的权利义务。

第十一条 网络直播营销主体应当完善对未成年人的保护机制，注重对未成年人身心健康的保护。

第二章 商家

第十二条 商家是在网络直播营销中销售商品或者提供服务的商业主体。商家应具有与所提供商品或者服务相应的资质、许可，并亮证亮照经营。

第十三条 商家入驻网络直播营销平台时，应提供真实有效的主体身份、联系方式、相关行政许可等信息，信息若有变动，应及时更新并告知平台进行审核。

第十四条 商家销售的商品或者提供的服务应当合法，符合网络直播营销平台规则规定，不得销售、提供违法违禁商品、服务，不得侵害平台及任何第三方的合法权益。

第十五条 商家推销的商品或提供的服务应符合相关法律法规对商品质量和使用安全的要求，符合使用性能、宣称采用标准、允诺等，不存在危及人身或财产安全的不合理风险。

商家销售药品、医疗器械、保健食品、特殊医学用途配方食品等特殊商品时，应当依法取得相应的资质或行政许可。

第十六条 商家应当按照网络直播营销平台规则要求提供真实、合法、有效的商标注册证明、品牌特许经营证明、品牌销售授权证明等文件。

第十七条 商家发布的产品、服务信息，应当真实、科学、准确，不得进行虚假宣传、欺骗、误导消费者。涉及产品、服务标准的，应当与相关国家标准、行业团体标准相一致，保障消费者的知情权。

商家营销商品和服务的信息属于商业广告的，应当符合《中华人民共和国广告法》的各项规定。

第十八条 商家应当依法保障消费者合法权益，积极履行自身做出的承诺，依法提供退换货保障等售后服务。

商家与主播之间约定的责任分担内容和方式等，应当遵守法律、法规规定，遵循平台规则。

第三章 主播

第十九条 主播是指在网络直播营销活动中与用户直接互动交流的人员。

第二十条 主播应当了解与网络直播营销相关的基本知识，掌握一定的专业技能，树立法律意识。

主播入驻网络直播营销平台，应提供真实有效的个人身份、联系方式等信息，信息若有变动，应及时更新并告知。

主播不得违反法律、法规和国家有关规定，将其注册账号转让或出借给他人使用。

第二十一条 主播入驻网络直播营销平台应当进行实名认证，前端呈现可以采用符合法律法规要求的昵称或者其他名称。

主播设定直播账户名称、使用的主播头像与直播间封面图应符合法律和国家有关规定，不得含有违法及不良有害信息。

第二十二条 主播的直播间及直播场所应当符合法律、法规和网络直播营销平台规则的要求，不得在下列场所进行直播：

（一）涉及国家及公共安全的场所；

（二）影响社会正常生产、生活秩序的场所；

（三）影响他人正常生活的场所。

直播间的设置、展示属于商业广告的，应当符合《中华人民共和国广告法》规定。

第二十三条 主播在直播营销中应坚持社会主义核心价值观，遵守社会公德，不得含有以下言行：

（一）带动用户低俗氛围，引导场内低俗互动；

（二）带有性暗示、性挑逗、低俗趣味的；

（三）攻击、诋毁、侮辱、谩骂、骚扰他人的；

（四）在直播活动中吸烟或者变相宣传烟草制品（含电子烟）的；

（五）内容荒诞惊悚，以及易导致他人模仿的危险动作；

（六）其他违反社会主义核心价值观和社会公德的行为。

第二十四条 主播发布的商品、服务内容与商品、服务链接应当保持一致，且实时有效。法律、法规规定需要明示的直接关系消费者生命安全的重要消费信息，应当对用户进行必要、清晰的消费提示。

第二十五条 主播在直播活动中，应当保证信息真实、合法，不得对商品和服务进行虚假宣传，欺骗、误导消费者。

第二十六条 主播在直播活动中做出的承诺，应当遵守法律法规，遵循平台规则，符合其与商家的约定，保障消费者合法权益。

主播应当遵守法律、法规，遵循平台规则，配合网络直播营销平台做好参与互动用户的言论规范管理。

第二十七条 主播在网络直播营销活动中不得损害商家、网络直播营销平台合法利益，不得以任何形式导流用户私下交易，或者从事其他谋取非法利益的行为。

第二十八条 主播向商家、网络直播营销平台等提供的营销数据应当真实，不得采取任何形式进行流量等数据造假，不得采取虚假购买和事后退货等方式骗取商家的佣金。

第二十九条 主播以机构名义进行直播活动的，主播机构应当对与自己签约的个人主播的网络直播营销行为负责。

第四章 网络直播营销平台

第三十条 网络直播营销平台是指在网络直播营销活动中提供直播技术服务的各类社会营销平台，包括电商平台、内容平台、社交平台等。

第三十一条 网络直播营销平台经营者应当依法经营，履行消费者权益保护、知识产权保护、网络安全与个人信息保护等方面的义务。

鼓励、支持网络直播营销平台经营者积极参与行业标准化、行业培训、行业发展质量评估等行业自律公共服务建设。

第三十二条 网络直播营销平台经营者应当要求入驻本平台的市场主体提交其真实身份或资质证明等信息，登记并建立档案。对商家、主播告知的变更信息，应当及时予以审核、变更。

第三十三条 网络直播营销平台经营者应当在以下方面建立、健全和执行平台规则：

（一）建立入驻主体服务协议与规则，明确网络直播营销行为规范、消费者权益保护、知识产权保护等方面的权利和义务；

（二）制定在本平台内禁止推销的商品或服务目录及相应规则；

（三）建立商家、主播信用评价奖惩等信用管理体系，强化商家、主播的合规守信意识；

（四）完善商品和服务交易信息保存制度，依法保存网络直播营销交易相关内容；

（五）完善平台间的争议处理衔接机制，依法为消费者做好信息支持，积极协助消费者维护合法权益；

（六）建立健全知识产权保护规则，完善知识产权投诉处理机制；

（七）建立便捷的投诉、举报机制，公开投诉、举报方式等信息，及时处理投诉、举报；

（八）有利于网络直播营销活动健康发展的其他规则。

第三十四条 网络直播营销平台经营者应当在以下方面加强服务规范，努力提高服务水平，促进行业健康发展：

（一）遵守法律法规，坚持正确导向；

（二）建立和执行各类平台规则；

（三）加强本平台直播营销内容生态审核和内容安全治理；

（四）规范主播准入和营销行为，加强对主播的教育培训及管理；

（五）明确本平台禁止的营销行为，及对违法、不良等营销信息的处置机制；

（六）依法配合有关部门的监督检查，提供必要的资料和数据。

第三十五条 电商平台类的网络直播营销平台经营者，应当加强对入驻本平台内的商家主体资质规范，督促商家公示营业执照及与其经营业务有关的行政许可信息。

第三十六条 内容平台类的网络直播营销平台经营者应当加强对入驻本平台的商家、主播交易行为规范，防止主播采取链接跳转等方式，诱导用户进行线下交易。

第三十七条 社交平台类的网络直播营销平台经营者应当规范内部交易秩序，禁止主播诱导用户绕过合法交易程序在社交群组进行线下交易。

社交平台类的网络直播营销平台经营者，应当采取措施防范主播利用社交群组进行淫秽色情表演、传销、赌博、毒品交易等违法犯罪以及违反网络内容生态治理规定的行为。

第五章 其他参与者

第三十八条 网络直播营销主播服务机构，是指培育主播并为其开展网络直播营销活动提供服务的专门机构（如MCN机构等）。

网络直播营销主播服务机构应当依法取得相应经营主体资质，按照平台规则与网络直播营销活动主体签订协议，明确各方权利义务。

第三十九条　主播服务机构与网络直播营销平台开展合作，应确保本机构以及本机构签约主播向合作平台提交的主体资质材料、登录账号信息等真实、有效。

主播服务机构应当建立健全内部管理规范，签约具备相应资质和能力的主播，并加强对签约主播的管理；开展对签约主播基本素质、现场应急能力的培训，提升签约主播的业务能力和规则意识；督导签约主播加强对法律、法规、规章和有关规定及标准规范等的学习。

主播服务机构应当与网络直播营销平台积极合作，落实合作协议与平台规则，对签约主播的内容发布进行事前规范、事中审核、违规行为事后及时处置，共同营造风清气正的网络直播营销活动内容生态。

第四十条　主播服务机构应当规范经营，不得出现下列行为：

（一）获取不正当利益，如向签约主播进行不正当收费等；

（二）未恰当履行与签约主播签署的合作协议，或因显失公平、附加不当条件等与签约主播产生纠纷，未妥善解决，造成恶劣影响；

（三）违背承诺，不守信经营，如擅自退出已承诺参与的平台活动等；

（四）扰乱网络直播营销活动秩序，如数据造假或作弊等；

（五）侵犯他人权益，如不当使用他人权益、泄露他人信息、骗取他人财物、骚扰他人等；

（六）故意或者疏于管理，导致实际参与网络直播营销活动的主播与该机构提交的主播账户身份信息不符。

第四十一条　用户是指使用互联网直播信息内容服务购买商品或者服务的组织或者个人，即网络直播服务的最终用户。

用户在参与网络直播互动时，应遵守国家法律法规和平台管理规范，文明互动、理性表达，不得利用直播平台发表不当言论，侵犯他人合法权益。

第六章　鼓励与监督

第四十二条　鼓励网络直播营销活动主体响应国家脱贫攻坚、乡村振兴等号召，积极开展公益直播。

公益直播应当依法保证商品和服务质量，保障消费者的合法权益。

公益直播应当遵纪守法，不得损害国家机关及其工作人员的名誉和形象。

第四十三条 中国广告协会将加强对本规范实施情况的监测和评估，向社会公示规范实施情况，鼓励自律自治。对违反本规范的，视情况进行提示劝诫、督促整改、公开批评，对涉嫌违法的，提请政府监管机关依法查处等，切实服务行业自律、服务行业维权、服务行业发展。

第四十四条 本规范自 2020 年 7 月 1 日起施行。

四、广州市商务局《广州市直播电商发展行动方案（2020—2022）》

广州市直播电商发展行动方案（2020—2022 年）

为贯彻落实习近平总书记视察广东重要讲话精神、《粤港澳大湾区发展规划纲要》和《中华人民共和国电子商务法》，大力发展电子商务新业态，创新商业新模式，推动我市经济高质量发展，助力广州加快推进国际商贸中心建设，特制定本行动方案。

一、指导思想

以习近平新时代中国特色社会主义思想为指导，深入贯彻党的十九大和十九大二中、三中、四中全会精神，紧紧扭住粤港澳大湾区建设这个纲，坚持新发展理念，以改革创新为引领，以规范化系统化市场化建设为抓手，充分发挥广州"直播货"多、供应链完备等优势，积极发动行业商协会，培育一批头部直播机构、MCN 机构，孵化一批网红品牌，培养一批网红带货达人，营造浓厚的直播电商发展氛围，推动实体经济高质量发展，为实现广州老城市新活力、"四个出新出彩"贡献电商力量。

二、发展目标

到 2022 年，推进实施直播电商催化实体经济"爆款"工程——"个十百千万"工程。即：构建 1 批直播电商产业集聚区、扶持 10 家具有示范带动作用的头部直播机构、培育 100 家有影响力的 MCN 机构、孵化 1000 个网红品牌（企业名牌、产地品牌、产品品牌、新品等）、培训 10000 名带货达人（带货网红、"网红老板娘"等），将广州打造成为全国著名的直播电商之都。

三、主要任务

（一）加强直播电商顶层设计。

1. 建立直播电商行业智库。以行业商协会和联盟为主体,邀请大专院校、科研机构以及直播电商企业的专家学者和直播行业权威人士参加,组建一个直播电商行业智库(专家委员会),承担广州市直播电商行业发展规划研究,提出行业发展建设性意见,为政府部门决策提供智力支撑。

2. 定期发布行业分析报告。依托相关行业商协会、电商平台企业,组织专业力量进行市场调研和行业研究,定期发布直播电商行业发展情况报告,客观反映我市直播电商行业发展现状,为政府决策引导、企业经营发展提供指导。

(二)打造直播电商产业集群。

3. 培育一批直播电商基地。在各大产业带推动内容制造、视频技术、直播场景等"一站式"直播基础设施建设,吸引和集聚国内优质直播电商平台、直播机构、MCN 机构、直播电商经纪公司、直播电商服务机构入驻,形成行业集群效应,打造"直播网红打卡基地"。发动直播电商企业积极申报直播基地,培育一批特色突出、示范性强的直播基地,推动直播电商产业快速发展。

4. 做大做强直播电商主体。综合利用我市产业政策优惠、供应链完备等优势资源,着力引进一批头部网红、头部直播电商机构、MCN 机构在我市集聚发展。大力培育我市直播电商企业,做大业务规模,丰富网红资源,提高网红服务能力和运营能力,鼓励优质直播电商企业成为各大直播电商平台官方认证的 MCN 机构,带动壮大我市直播电商市场主体。

(三)推动直播电商在商贸领域应用。

5. 推动直播电商赋能专业批发市场。利用直播电商能够有效压缩中间环节、重塑交易方式、线上线下融合互动的特质,推动直播电商赋能专业批发市场转型疏解。为直播电商企业和专业批发市场融合发展搭建交流平台,培养一批"网红老板娘"。对接我市主要直播电商流量平台,启动专业市场直播电商全平台、全产业链的战略合作,探索尝试多层次、全方位深度融合模式,打造产业链品牌 IP 化,实现线上线下商贸的全面繁荣。

6. 加快直播电商在扶贫领域应用。利用 5G 时代流量经济带来的巨大变化,发动我市直播电商企业参与脱贫攻坚国家战略。通过直播电商引流带货,帮助贫困地区优质农特产品、滞销农产品线上销售,带动贫困地区增产增收。培育农村直播人才,开展直播技能培训,提升农户直播操作、运营技能,助力农户长效脱贫。

借助头部网红影响力，邀请国内著名头部网红直播"名特优新"农产品，提升农产品知名度，培育一批网红品牌。鼓励中小电商企业，通过网络直播将全国各偏远地区优质农产品输送到全国各地，助力我市消费扶贫工程。

7.鼓励直播电商与"夜经济"融合发展。利用广州夜间经济传统优势，发挥直播电商"带货"神器功能，为我市夜间消费注入新动能。鼓励电商平台企业设立广州夜间消费专题，借助直播电商、微信直播组件等新业态，为消费者提供丰富的餐饮、购物等导购服务，提升夜间线上消费体验。与阿里集团签署合作协议，在口碑平台组织"网红探店""商户吃播"等夜消费商圈直播活动，向用户和粉丝介绍特色店铺和菜品，打造一批网红旅游打卡点，带动夜消费人气和流量。

8.鼓励直播电商促进传统商贸领域转型升级。充分发挥直播电商全天候带货特点，引导商场最大限度利用品牌货和线下店两大资源，开拓"线下打烊、线上开播"新运营模式。坚持与专业市场货源错位竞争，鼓励商场传统品牌参与电商直播，用直播带动销量。利用现有大型商场场地资源，推动直播基地进驻大型商场，组织商圈电商直播节，培育一批网红品牌，推动我市传统商贸业转型升级。

9.探索多元化直播电商应用场景。积极引导住宿、餐饮、旅游、汽车、教育等企业开展直播电商业务，发展"线上引流＋实体消费"的新模式。鼓励直播电商企业运用5G技术，促进直播与VR、AR技术融合，提高消费者消费体验。支持企业开展直播新业态和运营模式创新，提升直播效果。借助直播电商数字化升级，推动商贸主体突破传统营销模式，向数字化、网络化、智能化、服务化方向发展。

（四）构建直播电商人才支撑体系。

10.开展公益普及性培训。开设"直播带货一起上"云课堂，指导行业商协会定期举办网红经济专题讲座、直播电商基础知识授课和直播电商技能大赛，吸引民众了解直播、参与直播。组织传统商贸企业、专业市场商家、传统电商从业人员、大学生等从事或者计划从事直播电商的单位或者个人进行直播电商专业基础知识培训，引导相关单位和个人学习直播电商、应用直播电商，培养一批网红主播苗子。

11.组织新人主播培养。依托专业直播电商培训机构、主播孵化机构，重点组织对新人主播进行个性化包装设计，学习自媒体、短视频、电子商务等业务知识,培训粉丝互动技巧,培养良好的心理素质和吸粉能力,通过直播带货实操,培育与产品匹配的主播与团队,帮助专业市场商家和商贸企业培育输送专业对口的主播与直播团队,培养一批腰部及腰部以下网红主播。

12. 扶持培育网红达人。依托直播机构和 MCN 机构,在机构资源和资本的有力支持下,针对专业主播进行包装和打造,保障内容的持续输出,整合电商平台、供应链等行业资源,帮助主播与外部品牌或者资源合作,从而最终实现商业效益,力争培养一批头部网红。

(五)营造直播电商发展良好氛围。

13. 建立直播电商"诚信规范经营"认证机制。制定直播电商"诚信规范经营"的标准体系,采取政府指导、协会组织、社会参与的方式,对广州市直播电商从业人员和机构进行"诚信规范经营"评选认证,对符合标准的授予"诚信规范经营直播电商达人"或"诚信规范经营直播电商单位"牌匾,树立行业标杆,推动行业可持续健康发展。

14. 组织直播电商发展高峰论坛。依托行业商协会,每年举办一期"中国直播电商发展(广州)高峰论坛",邀请各大主流电商平台、直播电商企业、MCN机构、供应链企业、网红主播参加,分析广州直播电商发展现状,展望未来发展方向;同步组织"中国直播电商广州交易会",遍邀国内外直播电商行业的客商参加,打造广州直播电商新名片。

15. 举办直播电商带货大赛。联动各大直播电商平台,与广州本地电视台合作,每年举办直播电商带货大赛等具有行业影响力的大型活动,评选一批素人网红、培育一批网红品牌,扩大广州直播电商的知名度和影响力,营造良好产业发展氛围。

16. 加大舆论宣传力度。充分利用政府内部刊物、学习强国、广州日报、南方日报等新闻媒体资源,大力宣传我市直播电商产业发展情况,宣传品牌直播机构、MCN 机构、网红品牌和带货达人,营造浓厚的直播电商发展氛围,推动直播电商产业健康快速发展。

四、保障措施

(一)加强组织领导。各级商务主管部门要高度重视直播电商新业态发展,将发展直播电商列入年度商务重点工作。要加强工作研究,及时协调解决直播电商发展过程中遇到的困难问题，帮助企业营造良好的发展环境。电商、市场、商贸、特商等业务处室要加强协同配合，按照职能分工，指定专人负责，有序推进各项工作落实。

（二）建立工作机制。建立政府部门、行业协会、电商企业、专业批发市场（商贸企业）共同参与的联合工作机制，组织"直播电商+"对接活动，促进直播电商与商贸领域融合发展。建立调研机制，赴直播电商发展较好的城市调研，学习借鉴先进城市经验做法，指导我市直播电商行业发展；加强对我市重点企业实地调研，了解企业发展情况，协调解决困难问题，推动企业做强做大。

（三）优化政策支持。严格落实《关于推动电子商务跨越式发展的若干措施》，全力支持以直播电商为代表的电子商务新业态发展。发挥财政资金杠杆作用，对发展绩效好、示范效应强的直播电商企业项目予以支持；对行业带动作用明显、影响力强的直播电商企业，优先考虑认定为广州市电子商务示范企业，并给予一次性资金奖励，同时积极向国家、省推荐参评电子商务示范企业，树立行业发展标杆。

（四）发挥行业商协会作用。充分调动行业商协会主观能动性，指导广州电子商务行业协会、广州专业市场商会等相关行业商协会，编写直播电商行业规范，筹划组织直播电商行业峰会、直播电商与专业市场（商贸企业）对接大会、直播带货大赛等具有行业影响力的大型活动，形成政府引导、市场主导、行业协会"搭桥"的政企联动局面，推动我市直播电商行业健康快速发展。

五、重庆市商务委员会《重庆市加快发展直播带货行动计划》

为深入贯彻落实习近平总书记视察重庆重要讲话精神和中央关于把在新冠肺炎疫情防控中催生的新型消费、升级消费培育壮大起来的决策部署，按照市委、市政府关于推动服务业高质量发展、加快发展线上业态线上服务线上管理的工作要求，通过创新电子商务新业态、新模式，实现"线上引流、线下消费"，全方位宣传推介重庆，推动直播带货和"网红经济"发展，增添我市经济发展新动力、新亮点，特制定本行动计划。

一、指导思想

以习近平新时代中国特色社会主义思想为指导，全面贯彻党的十九大和十九届二中、三中、四中全会精神，坚持新发展理念，把直播电商带货作为推动电子商务产业高质量发展的重要举措，发挥"网红"城市效应，加快重构"人—货—场"关系，促进传统产业提质增效，推动线上线下深度融合，更高质量助力经济转型、创新发展。

二、发展目标

围绕国际消费中心城市与数字经济创新发展试验区建设，积极发展直播电商，大力实施电商直播带货"2111"工程，到2022年，全市打造20个以上产地直播基地，至少发展100家具有影响力的直播电商服务机构，孵化1000个网红品牌，培育10000名直播带货达人，力争实现直播电商年交易额突破百亿元，将重庆打造成为直播应用之都、创新之城。

三、工作任务

（一）培育主体，壮大直播电商产业集群。培养发展一批优质主播。加大主播个性化包装设计和技能培训力度，推动主播培育与网货供应链建设协同发展，支持主播与品牌资源深化合作，形成一批优质头部、腰部主播。孵化引进一批直播电商机构。孵化和引进国内外优质直播电商第三方云计算服务公司、直播电商平台、直播机构、MCN机构、直播电商服务机构等，提升直播电商服务能力和运营能力。建设打造一批直播电商基地。推动各大产业带加快内容制造、视频技术、直播场景等"一站式"直播基础设施建设，打造一系列"直播+"集聚区，集聚直播电商上下游资源，形成有效衔接、高效协同的集聚区。

（二）扶持产业，推动直播电商供应链完善。丰富直播电商内容。强化"渝品渝有味"等网销产品的设计、生产、营销，丰富以美食吃播、城市旅游等为代表、凸显重庆网红特色的各类直播服务，打造多品类、有特色、供应足的直播电商产品与服务内容。建设直播电商产品产业带。按照直播电商带货需求，打造工业消费品、农产品等直播电商产品产业带，以销定产，实现产品电商化包装设计和规模生产供应，推动重庆造、重庆产"卖全国""卖全球"。构建直播电商新型供应链。建立适应直播电商带货要求的供应链快速灵活响应机制，打通设计研发、生产制造、流量达人、品牌打造、内容分享、线下网点、仓储物流等全渠道资源，提高行业运转效率。推动直播电商带货与消费品工业协同发展。鼓励生产厂家开展厂地直播，推进自产直销，高效触达终端消费者。围绕汽车零部件、消费电子、食品饮料等传统优势产业，推进"C2M超级工厂计划"，推动反向定制与柔性生产，打造智能制造工厂。

（三）深化应用，推动行业直播电商发展。鼓励利用直播电商缓解农产品卖难问题。推进"直播+农业""直播+扶贫"，开展农业产地、基地直播，拍摄农产品短视频，加大原生态农产品与扶贫产品营销力度，倡导优质优价，促进贫困地区农特产品卖得掉、卖得快、卖得好、卖得远。鼓励利用直播电商助推商业转型升级。推动"直播+商圈""直播+批发市场""直播+夜经济"等，引导商贸服务行业向数字化、可视化、智能化、社交化方向发展。鼓励开展跨境电商直播。支持跨境电商直播机构培养精通语言、了解产品和消费习惯的跨境电商主播，鼓励跨境电商整合国内外产业链资源，利用电商直播实现进口与出口双向流通。探索多元化直播电商应用场景。推动餐饮住宿、制造、租赁、商务服务、教育、文化旅游等行业企业开展直播带货，营造全品类直播的良好氛围，实现"一切皆直播"的新消费场景。

（四）健全生态，推动直播电商创新发展。探索5G直播电商应用。鼓励建设5G直播电商场景基地，深化直播电商5G、VR/AR等技术应用，支持利用5G推动赛事直播、远程教育等应用场景与直播电商融合，促进新型信息消费。支持利用大数据等技术分析直播消费需求。加大直播电商消费数据分析研究力度，引导国内外优质产业链对接，推动直播电商与新零售相互支撑，帮助形成国内强大消费市场。支持建立研发科技成果转化合作基地。加强三维直播、在线试穿等技术研发与转化，打造虚拟主播、虚拟客服，提升直播电商科技研发与转化能力。

（五）营造氛围，不断优化直播电商发展环境。建立直播电商行业智库与联盟。组建直播电商行业智库，定期发布直播电商行业发展情况报告。推动成立直播电商行业联盟，推进直播电商项目对接、行业自律等。举办直播电商各类活动。着力优化直播电商发展环境，鼓励举办直播电商节庆、论坛，开展"直播电商助力脱贫攻坚"等主题活动，以直播电商带货为突破口进一步提振消费。加大直播电商宣传力度。推动传统媒体与新媒体结合，大力宣传推介直播电商，挖掘报道直播电商机构、头部带货主播、领导干部直播带货等工作典型，营造各行各业共同发展直播电商的良好氛围。

四、保障措施

（一）加强组织领导。充分发挥全市电子商务工作联席会议作用，形成各部门共同推动直播电商发展合力。各区县商务主管部门要高度重视直播电商发展，加强工作研究和调度，加大直播电商招商引资力度，积极引导相关行业、企业开展直播带货，努力实现"天天有直播"，常态化开展相关活动。鼓励整合行业资源，采取市场化运作方式举办直播带货节庆活动。鼓励和支持各级党政干部为扶贫产品、区域公共（公用）品牌等代言带货，及时协调解决发展过程中遇到的困难与问题。

（二）优化政策支持。严格落实《重庆市鼓励电子商务产业发展若干政策》，加大直播电商主体支持力度。鼓励出台机构引进、培训补贴等直播电商扶持政策，积极引进直播电商平台、MCN机构、网红达人等，对发展绩效好、示范效应强的相关企业给予奖励。

（三）加大人才支撑。围绕直播电商人才培训，指导区县与行业协会等举办直播专题讲座、技能提升培训班。鼓励市内大中专院校与国内知名直播电商平台或服务机构深化合作，开展直播电商人才培养，推动国家职业教育体系流通数字化运营岗位等试点，积极储备直播电商人才。

（四）完善监管体系。实行包容审慎监管方式，健全纠错容错机制。加强对直播电商平台及商家经营行为的监测与指导，推动主播合法合规开展直播电商带货，督促平台承担网店、内容生态、交易安全、广告等相应监管责任，鼓励建立行业信用信誉评定、奖惩等机制，着力保障消费者合法权益，禁售假冒伪劣产品，促进直播电商健康、有序、创新发展。

六、人力资源和社会保障部《关于对拟发布新职业信息进行公示的公告》

为助力新冠肺炎疫情防控，促进劳动者就业创业，根据《中华人民共和国劳动法》有关规定，受人力资源社会保障部委托，中国就业培训技术指导中心面向社会公开征集关于抗击疫情促进就业的新职业信息。经有关行业部委、行业协会（学会）、企业及研究机构申报建议和专家评审论证等程序，现将拟发布的新职业、新工种及调整的职业（工种）信息公示如下。

一、拟新增职业信息（按职业编码排序）

（一）区块链工程技术人员（2-02-10-15）

定义：从事区块链架构设计、底层技术、系统应用、系统测试、系统部署、运行维护的工程技术人员。

主要工作任务：

1. 分析、研究分布式账本、非对称加密、共识机制、智能合约等技术；

2. 设计区块链平台架构，编写区块链技术报告；

3. 设计、开发区块链系统应用底层技术方案；

4. 设计、开发区块链性能评测指标及工具；

5. 处理区块链系统应用过程中的部署、调试、运行管理等问题；

6. 提供区块链技术咨询及服务。

（二）社区网格员（3-01-01-06）

定义：运用现代城市网络化管理技术，巡查、核实、上报、处置市政工程（公用）设施、市容环境、社会管理事务等方面的问题，并对相关信息进行采集、分析、处置的人员。

主要工作任务：

1. 操作信息采集设备，巡查、发现网格内市政工程（公用）设施、市容环境、社会管理事务等方面的问题，受理相关群众举报；

2. 操作系统平台对发现或群众举报的网格内市政工程（公用）设施、市容环境、社会管理事务等方面的问题进行核实、上报、记录；

3. 研究网格内市政工程（公用）设施、市容环境、社会管理事务等方面问题的立案事宜，提出处置方案；

4. 负责通知问题相关的责任单位，并协助解决问题；

5. 核实上级通报的问题，协助责任单位处置，并反馈处置结果；

6. 收集、整理、分析相关信息、数据，提出网格内城市治理优化建议。

（三）互联网营销师（4-01-02-07）

定义：在数字化信息平台上，运用网络的交互性与传播公信力，对企业产品进行多平台营销推广的人员。

主要工作任务：

1. 研究数字化平台的用户定位和运营方式；

2. 接受企业委托，对企业资质和产品质量等信息进行审核；

3. 选定相关产品，设计策划营销方案，制定佣金结算方式；

4. 搭建数字化营销场景，通过直播或短视频等形式对产品进行多平台营销推广；

5. 提升自身传播影响力，加强用户群体活跃度，促进产品从关注到购买的转化率；

6. 签订销售订单，结算销售货款；

7. 负责协调产品的售后服务；

8. 采集分析销售数据，对企业或产品提出优化性建议。

本职业包含但不限于下列工种：

直播销售员

（四）信息安全测试员（4-04-04-04）

定义：通过对评测目标的网络和系统进行渗透测试，发现安全问题并提出改进建议，使网络和系统免受恶意攻击的人员。

主要工作任务：

1. 分析研究网络与信息系统安全攻防技术，并跟踪其发展变化；

2. 利用信息收集工具及技术手段，采集并分析评测目标的相关信息；

3. 制定评测目标的安全测试方案及实施计划；

4. 利用漏洞检测工具定位、识别评测目标存在的安全漏洞，并进行技术核查与评估；

5. 利用渗透工具对评测目标进行深度测试，验证安全漏洞引发的网络与系统安全隐患；

6. 编制安全评测报告，协助专业人员对评测目标进行安全恢复及技术改进。

（五）区块链应用操作员（4-04-05-06）

定义：运用区块链技术及工具，从事政务、金融、医疗、教育、养老等场景系统应用操作的人员。

主要工作任务：

1. 分析、研究在区块链应用场景下的用户需求；

2. 设计系统应用的方案、流程、模型等；

3. 运用相关应用开发框架协助完成系统开发；

4. 测试系统的功能、安全、稳定性等；

5. 操作区块链服务平台上的系统应用；

6. 负责系统应用的监控、运维工作；

7. 收集、汇总系统应用操作中的问题。

（六）核酸检测员（4-08-05-08）

定义：使用仪器和试剂，对核酸样品进行管理、提取、检测并出具相应检测报告的人员。

主要工作任务：

1. 负责样品的入库、存放和出库；

2. 提取、纯化核糖核酸或脱氧核糖核酸；

3. 对提取后的核酸进行实时荧光定量聚合酶链式反应检测；

4. 构建文库，并根据测序标准进行文库质量的检测与鉴定；

5. 使用高通量测序仪对核酸文库进行碱基序列的测定；

6. 分析高通量测序仪得出的数据并出具报告；

7. 对高速冷冻离心机、恒温振荡器、移液器等仪器进行日常清洁、维护和管理；

8. 配置、存放和管理核酸提取试剂、建库试剂和测序试剂。

（七）在线学习服务师（4-13-99-02）

定义：运用数字化学习平台（工具），为学习者提供个性、精准、及时、有效的学习规划、学习指导、支持服务和评价反馈的人员。

主要工作任务：

1. 对学习者进行学情分析，提出针对性的学习规划和学习建议；

2. 为学习者提供全方位、全周期的个性化指导、支持和课程管理服务，解决学习者学习过程中的技术、内容、方法等问题；

3. 负责在线学习的班级管理，为学习者建立和维护在线交互社群，激发学习者的学习动机，提高学习兴趣；

4. 运用分析和评价工具对学习者的学习活动和学习成果进行综合评价并及时反馈；

5. 根据学习者体验，对学习平台、学习工具、学习资源等提出优化建议。

（八）社群健康助理员（4-14-01-04）

定义：运用卫生健康及互联网知识技能，从事社群健康档案管理、宣教培训、就诊、保健咨询、代理、陪护及公共卫生事件事务处理的人员。

主要工作内容：

1. 运用互联网共享卫生健康资源，提供健康咨询、培训、代理、监护及网约就诊、保健等服务；

2. 为社群成员建立健康档案，采集、上报健康风险因素及公共卫生健康信息；

3. 为社群成员提供健康探访、体检、就诊、转诊等代理或陪护服务；

4. 为患者提供预约挂号、缴费、取药、办理住院手续等协助服务；

5. 为有养生、体检、心理咨询等健康需求的社群成员推荐机构及技师，提供预约、出行陪护及接送等服务；

6. 开展社群卫生健康防护，提供消毒、清洁、送药、看护等防疫及生活保障服务，协助相关物资的登记、统计、购置、发放等工作；

7. 利用互联网技术参与公共卫生事件的健康预警、监视。

（九）老年健康评估师（4-14-02-05）

定义：为有需求的老年人提供生活活动能力、认知能力、精神状态等健康状况测量和健康照护需求评估的人员。

主要工作任务：

1. 采集、记录老年人的基本信息和健康状况；

2. 评估老年人日常生活活动能力；

3. 测量与评估老年人认知能力、精神状态、感知觉与沟通能力、社会参与能力；

4. 依据测量与评估结果，确定老年人能力等级和健康照护需求；

5. 出具老年人能力综合评估和健康照护需求报告；

6. 提供老年人能力恢复和健康照护建议。

（十）增材制造（3D 打印）设备操作员 L（6-20-99-00）

定义：从事增材制造设备安装、调试、维修和保养，及生产操作和运行管理的人员。

主要工作任务：

1. 安装、调试增材制造设备；

2. 操作增材制造设备进行生产，负责增材制造设备的运行管理；

3. 负责增材制造设备的故障排查、设备维修及保养；

4. 为客户提供设备操作和日常保养培训；

5. 协助客户解决设备常见问题，并收集客户反馈意见建议；

6. 分析研究增材制造设备生产过程中的技术问题。

二、拟新增工种信息

（一）在"心理咨询师（2-07-09-03）"职业下增设"心理干预指导师"工种。

（二）在"互联网营销师（4-01-02-07）"职业下增设"直播销售员"工种。

（三）在"道路客运汽车驾驶员（4-02-02-01）"职业下增设"汽车代驾员"工种。

（四）在"网络与信息安全管理员（4-04-04-02）"职业下增设"互联网信息审核员"工种。

（五）在"银行信贷员（4-05-01-02）"职业下增设"小微信贷员"工种。

（六）在"企业人力资源管理师（4-07-03-04）"职业下增设"劳务派遣管理员"工种。

（七）在"保健调理师（4-10-04-01）"职业下增设"中医健康管理师"工种。

（八）在"壁画制作工（6-09-03-07）"职业下增设"泥板画创作员"工种。

三、拟调整职业（工种）信息

（一）将"公共卫生辅助服务人员（4-14-04）"小类下"公共卫生辅助服务员（4-14-04-00）"职业取消，将该职业下的"防疫员""消毒员"和"公共场所卫生管理员"等工种上升为职业。具体为："防疫员（4-14-04-01）""消毒员（4-14-04-02）"和"公共场所卫生管理员（4-14-04-03）"。

（二）将"电子竞技员（4-13-99-00）"的职业编码更改为"4-13-99-01"。

附录 2
MCN 及 KOL 模式创新

"直播推"推动 MCN 创新

一场疫情改变了很多企业,也改变了整个行业生态,图霍曼服饰 2019 年底尝试转型直播带货,在疫情期间,借力"直播推"平台,用最低的成本让平台近 100 位网红主播带货,每天 500—1000 万的品牌曝光量和在 2020 年 4 月份现每天 200 万以上的成交,全月突破 8000 万销量!

"直播推"就是采用了直播电商,首创基于网红大数据化模式而建立庞大的商家达人对接服务平台,目的是希望打造"直播界的滴滴打车模式",充分利用 KOL、KOC 流量矩阵服务品牌的同时完善人货场的闭环生态,从而帮商家链接精准达人、帮达人匹配优质商品。"直播推""打造大数据平台 + 商学院 + 达人爆款"模式,开业以来屡创佳绩,在行业内引起了较大关注。

直播推简易商业模式

电商或传统企业 —入驻→ 直播推 —对接→ 网红主播

纯佣金结算

直播推网红带货平台的亮点：

1. 平台模式

品牌传播带货模式，针对独家优选的品牌，以品牌宣传（刊例）覆盖＋佣金带货结合的合作模式

需做到快速覆盖以达到品宣及快速卖爆的效果，平台负责议价及协调统一性从而提升卖货效率，达到KOL+KOC齐发力，快速增加影响力，同步拉升带货量

2. 免费申请海量爆款商品

平台目前已有几百家品牌方入驻，数十万爆款商品。涵盖美妆个护、玩具母婴、服饰箱包、生活家居、食品饮料、日用家纺、果蔬生鲜、数码家电等八大商品品类。

构建商家与申领样品达人信用评级服务，且为双方提供样品担保双保险服务，保障平台双方利益，有效地构建健康良好的生态链。

3. 抖音优质达人推荐

合作达人超100000+，平台达人带货金额达50亿，国内首创独特的大数据AI智能算法，通过"体检"与货品数据匹配，为达人更精准地提供粉丝画像、账号风格、受众人群分析，精准对接符合爆款商品用户画像的带货达人，规模化打造爆品。

4. 数据实时更新

平台为商家与达人提供审核和效果监控，视频数据与直播数据服务，全程订单详情跟踪，成交结果反馈等，并提供查看、下载、在线分析等功能。